集人文社科之思 刊专业学术之声

集 刊 名：唐廷枢研究

主办单位：澳门科技大学唐廷枢研究中心

主　　编：林广志

TONG KING SING STUDIES VOL.3

第3辑

集刊序列号：PIJ-2019-369

中国集刊网：www.jikan.com.cn

集刊投约稿平台：www.iedol.cn

澳门科技大学唐廷枢研究中心 ／主办
澳门基金会资助出版

林广志 ／主编

唐廷枢研究

第 3 辑

TONG KING SING STUDIES

Vol.3

社会科学文献出版社
SOCIAL SCIENCES ACADEMIC PRESS (CHINA)

唐廷枢研究（第3辑）

· 专题论文 ·

· 《唐廷枢年谱长编》样稿选登 ·

· 学术动态 ·

·专题论文·

香山买办如何登上近代中国政商舞台

——以唐廷枢、徐润、郑观应为例

张富强[*]◎

【摘　要】　洋务运动是 19 世纪 60～90 年代晚清洋务派主持进行的一场"自强运动"。它以兴办近代民族军事和民用工业为开端,通过引进和改造西方先进机器设备和科学技术,以"自强""求富"为口号,"内促变法","外争利权",以尽快摆脱备受西方列强欺凌的"积贫积弱"困局,实现民族复兴、国家强盛。而唐廷枢、徐润和郑观应等近代香山买办绅商群体,之所以能够在民族利权外溢、国家急需兴办企业人才的关键时刻,响应国家召唤,牢牢抓住历史赐予的机遇,从外资企业中拥有充足资本和企业经营经验的买办,迅速转型为勇于创新的近代首批杰出的民族企业家、教育家和启蒙思想家,成功地登上近代中国的政商舞台并做出卓有成效的贡献,显然受影响于十分复杂的国际、国内和个人等因素,而概要述之,则着重表现为"势""义""利"的三大因素相互交织。

【关键词】　近代买办;民族企业家;招商局三杰;政商融合

---

　* 张富强,历史学博士,澳门科技大学社会和文化研究所特聘教授、博士生导师。

《唐廷枢研究》第 3 辑,第 1～32 页。
Tong King Sing Studies

一 兴办民族企业以求民富国强已成中华民族救亡图存的必然之势

"势" 是个多义词，有权力、权势、声势、形势、情势、势头、趋势等多种词义；"势"也是一个哲学名词。老子说，"道生之，德畜之，物形之，势成之"。① 道为本体，代表最原始的生命力，为含有生命力的种子。种子要发芽成长，需要土地与肥料，需要阳光雨露，这就是所谓的"地之德""天之德"。"德"就如阳光雨露，是用来培育万物的，即所谓"德畜之"。由于道与德的共同作用，万物的形象及机制就形成了。万事万物的生成与衰退，离不开"势"的作用，如春生夏长，秋收冬藏，这是一年四季的"势"，顺之者昌，逆之者亡。据此，可以将"势"理解为体现事态特征变化趋向的"加速度"及其对该"加速度"运行的影响力，由此形成的系统综合状态称为"势态"，并派生出趋势、大势、谋势、集势、蓄势、借势、乘势、顺势、造势等多重含义。在这里，我们用"大势所趋"来指以维护"中国经济利权"、争取"民族复兴"为宗旨的轮船招商局等近代大型民用企业崛起的必然性和迫切性。

鸦片战争后西方列强利用强加于中国人民头上的不平等条约体系，加紧对我国经济利权的侵夺，激起国内有志之士的民族经济主义情感，进而为我国民族民用企业的兴办、为香山买办群体成功转型为首批近代企业家并在近代中国政商舞台留下不可磨灭的历史印痕提供了必然性和不可阻挡性。欧美国家凭借工业革命带来的"坚船利炮"轰开中国大门，又是割地又是索赔款，肆意侵夺我国经济利权，致使各口通商以来，"江

---

① 《道德经》第五十一章，汉程网，http://guoxue. httpcn. com/html/book/TBXVKOPW/CQK-OXVRNIL. shtml。

海各口门户洞开，已为我与敌人公共之地"，① 中国沿海沿江之利，尽为外国商轮侵占。

据统计，1862~1863 年，在华洋杂居的上海，至少有 20 家洋行经营轮船业务，其中美商有旗昌、同孚、琼记和合渥（Howard & Co.），英商有怡和、宝顺、广隆（Lindsay & Co.）、吠礼查（Fletcher & Co.）、百亨（Byrns & Co.）和丰裕（Fogg & Co.）等，每家商行都经营 1~2 艘轮船。在激烈的竞争中，或被美国旗昌洋行挤垮或被迫与旗昌妥协。1867 年 1 月，旗昌与英国怡和、宝顺等洋行在不断的竞争中达成"协议"，同意均沾我国内河沿海轮运利权。②

在上海通向华北的沿海航线上，1862~1864 年先后出现英商天祥洋行代理的中日（沿海及长江）轮船公司［China & Japan（Coast & Yangtze River）S. N. Co.］和上海天津航运公司（Shanghai and Tientsin Navigation Company）类似扩张与垄断的趋向。③ 至于广东内河兼营沿海航线，则由香港英籍巨商拿蒲那（D. Lapraik）与美国琼记等洋行于 1865 年集资 75 万元创办的"省港澳轮船公司"（Hong Kong, Canton and Macao Steamboat Co.）垄断。为此，拿蒲那还与琼记、怡和签订一项在华南沿海及珠江航线"彼此不得争夺贸易"的合约，与旗昌订立"旗昌不行驶广东内河航线，省港澳不得染指长江轮运"的合约。④

外国轮船公司对我国长江内河的沿海航线的垄断，对我国旧式航运业构成致命的打击，而承担着官粮运漕任务的沙船业更是濒临破产。如何保持江南诸省漕粮北运京城的顺畅，成为清朝统治者深感棘手的难解

① 《筹议海防折》，顾廷龙、戴逸主编《李鸿章全集》第 6 卷，安徽教育出版社，2008，第 159 页。
② Kwang-Ching Liu, *Anglo-American Steamship Rivalry in China, 1862－1874*, Cambridge：Harvard University Press, 1962, pp. 38－39；聂宝璋：《十九世纪六十年代外国在华洋行势力的扩张》，《历史研究》1984 年第 6 期。
③ 转引自聂宝璋《十九世纪中叶中国领水主权的破坏及外国在华轮运势力的扩张》，《中国经济史研究》1987 年第 1 期。
④ 转引自聂宝璋《十九世纪中叶中国领水主权的破坏及外国在华轮运势力的扩张》，《中国经济史研究》1987 年第 1 期。

之题。"欧洲诸国百十年来，由印度而南洋由南洋而东北，闯入中国边界腹地，凡前史之所未载，亘古之所未通，无不款关而求互市，我皇上如天之度，概与立约通商以牢笼之，合地球东西南朔九万里之遥，胥聚于中国，此三千余年一大变局也。"① 作为洋务派领袖之一的李鸿章始终认为，西人之所以能横行于我国，所仗恃的无非近代化的"枪炮轮船之精利"，而正是这些用"坚船利炮"武装的西方列强，给中华民族带来了"数千年来一大变局"和数千年未有之"强敌"。② 如想阻止列强从海上侵我之疆域、夺我之利权，我中华唯有"变法自强"，而"自强之道在乎师其所能，夺其所恃耳"。何况西方列强拥有现代化的枪炮轮船，实也不过"百数十年间"，如果我国能"深通其法，愈学愈精，愈推愈广"，怎么会在百数十年之后"不能攘夷自立"，③ 最终完成"内求富强""外争利权"的双重历史使命呢？

在洋务运动初期创办的江南制造局、金陵机器局、天津机器局和福州船政局四大官办军工企业，制造的是事关国防建设，旨在抵御外敌内患的枪炮、弹药和军舰，因而并未寻求私人投资或交由私人经营，但结果是有投入没收入，致使晚清政府的财政更加吃紧。李鸿章等洋务派十分期待通过兴办民用企业，寻找到"求富"及养护"军工"的重要突破口。但兴办民用企业有一个逐渐推广的过程，首先得从涉及民生日用的众多行业中遴选出一个或几个能对其他行业起示范作用的核心行业，如航运业、纺织业或采矿业，且在该行业最先创办的龙头企业必须能引领其他行业也迅速建成相应的龙头企业，从而带动全国民用领域各行各业的协同发展。在李鸿章等洋务派官员看来，这个核心行业非轮运业不可，这个龙头企业非轮船招商局不可。

其实，曾国藩早在 1867 年 3 月 7 日就授意幕僚同知容闳、道员许道身起草《联设新轮船公司章程》及相关文件并递交总理衙门，希望能够

① 《筹议海防折》，顾廷龙、戴逸主编《李鸿章全集》第 6 卷，第 159 页。
② 《筹议制造轮船未可裁撤折》，顾廷龙、戴逸主编《李鸿章全集》第 5 卷，第 107 页。
③ 《筹议制造轮船未可裁撤折》，顾廷龙、戴逸主编《李鸿章全集》第 5 卷，第 107 页。

由官方出面组建轮船招商局以"与外商争利权",但一直未得到确实的支持而被搁置。① 到了1872年,制造轮船之议再起,朝廷征求各地方大吏的意见,李鸿章先后上《筹议制造轮船未可裁撤折》、《试办招商轮船折》、《致总署论试办轮船招商》和《轮船招商请奖折》等,再三提出创办轮船招商局的必要性。他指出,"海防非有轮船不能逐渐布置,必须劝民自置。无事时可运官粮客货,有事时装载援兵军火"。② 只有商战与兵战兼备,才有可能建"数千年未有之伟业",才有可能"借纾商民之困,而作自强之气"。③ 在李鸿章等洋务派的努力推动下,此事终于得到朝廷的批准。1872年12月26日中国近代第一家民族轮船运输企业——采用"官督商办"体制的轮船招商局,正式登上历史舞台。

创办中国民族企业很难,确定企业体制不易,但更困难的是遴选优秀的经管人才。李鸿章清楚地意识到,在突遭外国轮船闯入我国领海内河、肆意侵夺我国航运利权的危难时刻,要在身边众多洋务人才中,发现并遴选出有经营近代企业经验、在商界享有崇高威望、有人脉、能筹资、适应官督商办体制的优秀的企业经管之才,何其困难。

事实上,在轮船招商局筹备之际,李鸿章一直费尽心思物色人才,最初把遴选的范围定格在有协办洋务经验的幕僚或属下身上。例如,早在1872年前后,李鸿章就先后让亲信幕僚天津海关委员林士志、津海关道陈钦、江海关道沈秉成和盛宣怀参与招商局的筹划并起草轮船招商章程,林士志建议从广东富商中遴选特色人才,并于1872年初向李鸿章递交了《与广帮众商雇搭洋船者议呈九条》,其中提出两种方案:一是"公凑本银三十万,公举总商承揽,由官稽查";二是"请发公款若干,照股均摊生息"。第一种就是官督商办,而第二种则为官商合股,但仅仅是提纲式的条款,没有太多具体的措施,其可操作性不强。而盛宣怀在1872年夏递交《轮船章程》,提出了"委任宜专、商本宜充、公司宜立、轮船

---

① 《致总署论试办轮船招商》,顾廷龙、戴逸主编《李鸿章全集》第30卷,第484页。
② 《轮船招商请奖折》,顾廷龙、戴逸主编《李鸿章全集》第6卷,第257页。
③ 《轮船招商请奖折》,顾廷龙、戴逸主编《李鸿章全集》第6卷,第257页。

宜先后分领、租价宜酌定、海运宜分与装运"等采用官督商办体制的六条具体措施，且倾向于着重通过华商认股来为招商局提供运行资金。该章程虽较为详细具体，却未能确切地反映李鸿章的想法，至于陈钦和沈秉成等的方案虽各有特色，却没有什么特别的创意足以引起李鸿章的重视。因而上述亲信幕僚自然无法成为李鸿章理想的经理人选，特别就盛宣怀而言，虽有"家道殷实"的名声，其实财力并不雄厚，且从其办局的思路及其在商界的人脉来分析，对招徕"在沪股商"投资似乎并不会有太大的吸引力。

最后，李鸿章经多方寻觅及相关人员的荐举，终于物色到一位"承办海运已十余年，于商情极为熟悉，人亦明干"① 的人选，他就是时任漕运局总办、海运委员、浙江候补知府朱其昂。朱其昂早年与人合伙在上海经营南北洋贸易致富，后大规模经营沙船，同时与美商在山东烟台合伙设立清美洋行，经营烟台、上海、天津等通商口岸的华洋贸易，并在上海、广东、天津、北京等地设立丰汇、华裕等银号，旋捐纳入官，先为通判，累至三品衔道员，成为十里洋场有名的"官商兼通"式传奇人物。

朱其昂对经办招商局表现出极大的热情，且主动表示愿以"身家作抵"。他草拟的《招商章程》20条及《商局条规》，将招商局定性为"官商合办"，股本由商户筹集，接受福州船政局和江南制造局的船只作为"官股"，轮船承运官方漕粮并按照浙江沙宁船章程办理，在纳税方面享受外国船只同等待遇等，"以广招徕，期于此事之必成，而示众商以可信"。②

李鸿章认为朱其昂的方案较为可行。但考虑到当时闽沪两局并无商船可领，觉得"自无庸官商合办，应仍官督商办"，③ 并经总理衙门批准，正式确定招商局为"官督商办"民用企业。然而经办仅半年时间，李鸿章就发现朱其昂并非轮船招商局的理想人选。

① 《试办招商轮船折》，顾廷龙、戴逸主编《李鸿章全集》第5卷，第258页。
② 《致总署论试办轮船招商》，顾廷龙、戴逸主编《李鸿章全集》第30卷，第484页。
③ 《致总署论试办轮船招商》，顾廷龙、戴逸主编《李鸿章全集》第30卷，第485页。

首先，他缺乏筹资能力，虽经多方筹划，"力排众议，独任其难"，[1]但殷实华商或因畏惧洋商嫉妒，或出于其他原因，均不愿投资入股。即使原与朱其昂一起筹办招商局的上海著名商人胡光墉（字雪岩）和李振玉也不愿认股。前者借口"畏洋商嫉忌，不肯入局"，后者则"以众论不洽，又经辞退"。[2]

其次，朱其昂虽有丰富的海运和漕运经历，却缺乏经营新式轮船的经验，经手购买的4艘轮船，既不实用，购价又比洋行新造的头等轮船都高。

最后，他不精通业务且不懂交涉术，在与洋行打交道及开展业务过程中，经常受骗吃亏，半年之内，竟亏损42000多两，致使招商局濒临倒闭。

情急之下，李鸿章请他的属下四出劝募合适绅商，皆因"赀力不厚，未敢妄允"，后又接受道员孙士达招募财力雄厚的闽粤商人入局的建议，考虑选派与买办商人过从甚密的广东香山籍上海知县叶廷眷"入局会办"，以便"招致粤商"，[3]但结果还是不了了之。恰在此时，盛宣怀向李鸿章推荐了在上海商界享有盛名、富有经营轮船业务经验且已捐资入仕、现尚任职英国怡和洋行总买办的香山人唐廷枢。[4]

唐廷枢身为买办，协助洋行开拓丝茶、航运、地产和采矿业等业务，赚取了大量利润。同时，他又是个独立的投资人和生意人，先后投资两家香港的当铺、三家上海的钱庄；与徐润一起创办丝业、茶业等同业公所；独自经营上海修华号棉花行，兼做外国洋行购买中国棉花的代理商；参股谏当保险行、公正轮船公司、北清轮船公司和美记等洋行船队，且

[1] 《为朱其昂请恤折》，顾廷龙、戴逸主编《李鸿章全集》第8卷，第84页。
[2] 《复孙竹堂观察》，顾廷龙、戴逸主编《李鸿章全集》第30卷，第491页。
[3] 《复孙竹堂观察》，顾廷龙、戴逸主编《李鸿章全集》第30卷，第491页。
[4] 李鸿章后来向朝廷汇报时奏道："臣于派委唐廷枢、徐润之初，因与该二员素不相识，由盛宣怀为之介绍。"参见《招商局局务陈情片》，顾廷龙、戴逸主编《李鸿章全集》第9卷，第314页。另盛同颐亦记道："府君（指盛宣怀——引者注）请于文忠（指李鸿章——引者注），号召熟悉商务之粤绅唐廷枢、徐润为总董，倡招华股，以乘其后。"参见盛同颐《盛宣怀行述》，中国史学会主编《洋务运动》（八），上海人民出版社、上海书店出版社，2000，第44页。

是华海轮船公司的最大股东。在华商的眼里，唐廷枢是他们利益的代表人物，"他们全都要我代表他们与外国洋行做生意"。[①] 在英商怡和洋行看来，唐廷枢在华商中享有崇高的威望，"简直成了它能获得华商支持的保证"。美国旗昌洋行老板也认为，唐廷枢"在取得情报和兜揽中国人的生意"方面，"都能把我们打得一败涂地"。[②] 同时，唐廷枢在担任怡和买办期间，捐买了福建道的官衔，因而已具有亦商亦官的双重身份。

李鸿章听了相关的介绍，觉得唐廷枢虽为效力洋行的买办，且没有追随他经办洋务的经验，但毕竟人才难得，可以不拘常例一试。于是，他先行派遣天津海关的洋务官员林士志和招商局总办朱其昂，于 1873 年 5 月赴上海约请唐廷枢和徐润会面，[③] 在大致了解唐廷枢的意向之后，二人就主动邀约唐廷枢赴天津面谒李鸿章细谈。

唐廷枢于 1837 年 6 月初如约赴天津面谒李鸿章，在招商局的官督商办体制、商主商务等一系列问题上达成大致的共识。李鸿章也进而表示可将"轮船招商公局"的"公"字删除，以更好地体现"商主商务"的原则。

1837 年 6 月 25 日李鸿章正式札委唐廷枢为招商局商总，[④] 并命其悉心经理轮船揽载事务，招募各省股商，对其寄以莫大的期望。[⑤] 而唐廷枢在向怡和洋行辞去总买办之职后，即就任招商局总办。[⑥] 同时，在唐廷枢

---

① "唐廷枢致机昔（1868 年 10 月 8 日）"，转引自刘广京《唐廷枢之买办时代》，台北《清华学报》1961 年第 2 期，第 164 页。

② "旗昌洋行的福士（F. B. Forbes）致爱德华·金能亨（Edward Cunningham）（1872 年 6 月 11 日）"，转引自刘广京《唐廷枢之买办时代》，台北《清华学报》1961 年第 2 期，第 93 页。

③ Kwang-Ching Liu, *Two Steamship Companies in China, 1862 – 1877*, Harvard University Press, 1956, p. 112；刘广京：《唐廷枢之买办时代》，台北《清华学报》1961 年第 2 期，第 169 页。但也有一说是广东人林搓赴上海邀请唐廷枢。"津海关道员陈钦禀明直隶督臣李鸿章，派候补同知广东人林姓往上海，邀怡和洋行管事之道员唐廷枢凑集商股数十万，竭力补救，已有起色矣。"参见中国史学会主编《洋务运动》（六），第 38 页。

④ 《近代上海大事记》，第 298 页，转引自汪敬虞《唐廷枢——中国工商业现代化的开拓者》，珠海出版社，2010，第 169 页。

⑤ 张后铨主编《招商局史（近代部分）》，人民交通出版社，1988，第 44 页。

⑥ 《教会新报》1873 年 6 月 28 日，转引自汪敬虞《唐廷枢——中国工商业现代化的开拓者》，第 170 页。

的推荐下，有着丰富经营航运和外贸经验的徐润被李鸿章委任为招商局的会办，协助经理轮运事务，同时兼任上海分局的商董。[①]

徐润（1838～1911）曾是宝顺洋行的总买办，协助洋行经手巨额进出口贸易和航运业生意，并在拓展日本横滨、长崎、神户等埠业务上出力不少。而当时宝顺洋行在上海总行及各地分行的进出口总值平均每年达到数千万两，徐润可按其经办的业务额提取3%的佣金，因而积累了相当可观的财富。徐润在宝顺洋行任帮账和买办时，就开始有了自营的生意，且愈做愈大，例如，与人合营的"绍祥"商号，自内地收购生丝、茶叶等货物，再销售给上海各洋行。1868年，徐润结束宝顺洋行的买办生涯，开始自立门户，利用在洋行时积累的外贸经验和人脉，与各口岸华洋商行进行茶、丝贸易，并投资房地产生意，逐渐发展成为上海名列前茅的茶叶出口商和房地产商。[②] 而正值此时，旗昌轮船公司也想聘用徐润为上海总买办，"我正努力把阿润（徐润——引者注）弄来，但愿成功，虽然他同中国公司（轮船招商局——引者注）的关系是一个严重的困难"，[③] 并以高薪劝诱之。徐润毅然拒绝了旗昌公司的"好意"，迅速加入招商局。

此外，唐廷枢还设法将原琼记洋行买办刘绍宗和著名茶商陈树棠招募入招商局，请"刘绍宗、陈树棠、范世尧三人充当商董，分管汉口、香港、汕头三处事务，俾期联络"。[④]

数年后，大约在唐廷枢奉命担任开平矿务局总办后，招商局经营和上海机器织布局筹备遭遇困难之际，他又向李鸿章强力推荐了他的另一位香山同乡兼合作伙伴、时任太古洋行总买办、同样有着经营航运和外

---

① 《复张君弼士书》，夏东元编《郑观应集·盛世危言后编》（三），中华书局，2013，第1020页。

② 徐润：《徐愚斋自叙年谱》，梁文生校注，江西人民出版社，2012，第1～3、18页。

③ "F. B. 福士（上海）致 S. G. 罗斯（S. G. Rose）函"，1873年7月22日，F. B. 福士函简，转引自郝延平《十九世纪的中国买办——东西间桥梁》，李荣昌等译，上海社会科学院出版社，1988，第32页。

④ 陈玉庆整理《国民政府清查整理招商局委员会报告书》，社会科学文献出版社，2013，第571页。

贸丰富经验的郑观应，出任轮船招商局帮办和织布局会办。"乞清宪台札委郑道帮办招商局，专管揽载事宜，以资臂助。"①

郑观应（1842~1921），早年考秀才未中，就奉父亲郑文瑞之命离乡远赴上海，投奔时任新德洋行买办的叔父郑廷江（即秀山叔），边听差，边习英文；1859 年经同乡徐润介绍进入英商宝顺洋行，次年任买办。此后，利用业余时间进英国传教士傅兰雅开办的英华书馆上夜课，专攻英文两年，从那时起，他就对西方国家的政治学说、科学技术以及社会状况表现出浓厚的兴趣。在宝顺期间，协助洋行开辟江西、福州等处揽载行，掌管丝楼及轮船揽载事项，同时投资中外商人合办的公正轮船公司；1869 年和 1870 年，先后捐资赈灾而获授员外郎和郎中；1873 年，参与创办太古轮船公司，并投资入股轮船招商局；次年，受聘担任太古轮船公司总理并兼管账房、栈房等事，积极开拓太古洋行在长江沿岸主要港口的业务，设立了不少金融和商务机构。与此同时，郑观应踊跃投资参股各类民族企业，包括开平矿务局、津沪电报局、上海机器织布局和上海造纸公司等。作为闻名上海滩的富有绅商，郑观应与经元善等创办筹赈公所，与徐润、盛宣怀等人创办义赈公所，为山西、直隶、河南、陕西等遭遇灾荒的地区捐资赈济，颇得社会各界的尊重。

从此，唐廷枢、徐润和郑观应作为"轮船招商局三杰"，以唐廷枢为核心，相互扶持，相互配合，为轮船招商局、上海机器织布局和开平矿务局等中国首批大型民用核心企业的兴办和发展竭尽心力，做出了卓越的贡献。

二 兴办近代工业理当成为爱国绅商"争利权""求自立"的神圣义务

"义"，是指"责任""职责""道义"，它构成了中国传统文化的基

---

① 《复张君弼士书》，夏东元编《郑观应集·盛世危言后编》（三），第 1960 页。

础，同时也是中国立国的基础。中华文明一开始就是道义文明，中国就是道义国家。《易经》讲"贞吉""贞凶"，"贞"就是守正，就是践行道义。孔子说："道之以政，齐之以刑，民免而无耻。道之以德，齐之以礼，有耻且格。""道之以政，齐之以刑"是基于利益、强权的，也是法家式的、反中国传统的；"道之以德，齐之以礼"则是基于道义的、共识的，也是儒家式的，符合中国传统对"天下兴亡，匹夫有责"的追求。当天灾人祸降临时，每个中国人都会很自然地从内心迸发出"天下一家，中国一人"的道义观或舍身报国、舍身救人的牺牲精神，这在唐廷枢、徐润和郑观应从买办转型为近代民族企业家的过程中得到充分的体现。

唐廷枢等"轮船招商局三杰"虽从小接受西式教育，受到西方文化的熏陶，长期担任洋行买办，又受到西方经营理念和经营规则的影响，是典型的"半西化人"。特别是唐廷枢，穿的大多是西装，日常进出的是洋行、洋场，接触的多是洋人，交流用的是英文，处理日常事务使用的是英式方式，"写一手极好的英文"，[1] 连美国商人都认为他说起英语"像个不列颠人"。[2]

唐廷枢、徐润、郑观应在担任买办期间，其收入大致可以分为以下四种来源。

第一，雇主提供优厚的薪水、佣金和其他合法收入。据记载，1865年，唐廷枢可从洋行获得5774两的业务开支费用，其中包括他本人的薪水1500两。从理论上说，他无权再抽取佣金。[3] 但19世纪60年代后期，

---

① "威廉 - 克锡（上海）致詹姆斯·惠代尔（香港）函，1864年9月27日"，怡和档。转引自郝延平《十九世纪的中国买办——东西间桥梁》，第102页。

② "R-I-费伦致 A.F. 侯德函"，1873年1月6日，琼记档，HM-43。"我［订约人黄顺记（Wang Sunkee 音译）］在怡和洋行出示两份英文写的备忘录，由被告（怡和洋行上海大班 F·B·约翰生）的买办译成中文。"参见《北华捷报》1873年7月12日，第36页。转引自郝延平《十九世纪的中国买办——东西间桥梁》，第100页。

③ "威廉·克锡（上海）致詹姆斯·惠代尔（香港）函（1865年12月2日）"，怡和档，转引自刘广京《唐廷枢之买办时代》，台北《清华学报》1961年第2期，第147页。

上海买办对每笔交易抽取大约 2% 的佣金却是司空见惯的,[①] 有时甚至可高达 5%。[②]

第二，洋行提供的各种福利。为笼络买办尽心为洋行谋取利润，洋商往往给予他们多种福利。例如，太古洋行在郑观应任职买办时，就采用给回扣、补贴房租、可推荐人为买办等办法，"以此羁縻，使其勤奋，为我招来"。[③] 怡和洋行为了鼓励买办为自己开拓业务，赚更多的利润，也会向买办提供一些赚钱的机会，例如，曾将谏当保险公司和怡和轮船公司盈利甚丰的股票让售给唐廷枢及有影响的买办。[④]

第三，买办可以利用特殊的身份获得种种额外的利益。"买办的主要收入来源既不是薪水，也不是佣金"，而是买办利用华洋贸易 "居间人" 的身份，利用各种机会 "榨取" 的好处，[⑤] "比一般中国人或一般欧洲人所享有的，何止十倍以上"。[⑥] 而这主要又分几种情况。一是买办可以利用自己担任洋行司库的便利，把行号的现金和钱庄庄票贷放给可靠的钱庄，然后将所收利息悉归自己。根据琼记洋行 A. F. 侯德的估计，"仅此一项，买办每年可得 5000～6000 元的外快"。[⑦] 二是洋行买办享有一项不成文的特权，就是可将洋行资金挪用于私人用途，为自己的生意救急。[⑧] 据怡和洋行约翰生的报告，1871 年唐廷枢为渡过自营生意的资

---

① "威廉·克锡（上海）致詹姆斯·惠代尔（香港）函（1865 年 12 月 2 日）"，怡和档，转引自刘广京《唐廷枢之买办时代》，台北《清华学报》1961 年第 2 期，第 148 页。

② "小福士（John. M. Fogbes, Jr. 广州）致金能亨（上海）函"，旗昌档，实例 26，转引自郝延平《十九世纪的中国买办——东西间桥梁》，第 112 页。

③ 《商船下》，夏东元编《郑观应集·盛世危言》（下），第 411 页。

④ "约翰逊致机昔函（1868 年 12 月 29 日、1872 年 4 月 18 日）"，怡和档，转引自刘广京《唐廷枢之买办时代》，台北《清华学报》1961 年第 2 期，第 156 页。

⑤ 郝延平：《十九世纪的中国买办——东西间桥梁》，第 112 页。

⑥ 买办向华商收取佣金的做法应始于 19 世纪 40 年代末。参见小奥斯蒙德·蒂法尼《广州的中国人，或旅居中国的美国人》，广西师范大学出版社，2019，第 215 页。

⑦ "A. F. 侯德致约翰·侯德函（1859 年 9 月 17 日）"，琼记档，HL - 14，转引自郝延平《十九世纪的中国买办——东西间桥梁》，第 113 页。

⑧ "A. F. 侯德致约翰·侯德函（1859 年 9 月 17 日）"，琼记档，HL - 14，转引自郝延平《十九世纪的中国买办——东西间桥梁》，第 113 页。

金危机，用洋行托他代管的"尚未到期约 80000 两庄票贴现，并且一直没有归还"。① 三是由于外商只熟悉洋行业务中主要的土货和进口洋货的情况，而买办作为业务上的副手，可以进一步"榨取"好处。例如，对于其他土货，可假造一份定价高的报价单，将从货主处多得的钱装入自己的腰包。这种"榨取"的陋规在当时是随处可见的。但唐廷枢在 1868 年写信给怡和洋行威廉·克锡时承诺"我从未象大多数中国雇员那样，对贵行有丝毫的盘剥或榨取"。② 四是买办还可以利用洋行的仓库来存放自己的茶叶等货物。③ 五是买办拥有的洋行背景有助于他们免受官府的不法勒索，而这是普通华商所无法避免的。例如，清官员曾向两淮盐商和广州十三行行商索取巨额报效，而买办则可大大地节约这笔开支。

第四，买办被允许以独立商人的身份经营自己的生意。要做好自营的生意，最重要的是"信誉"，而买办"最大的资本乃是因同洋行有着密切关系而享有的信誉"，④ 正是这种信誉，保障买办能更顺利地以独立商人的名义来经商，⑤ 帮助他们比"大多数人更好地开拓其本人的生意"。⑥ 唐廷枢、徐润和郑观应等人在相当长的一段时间内，既以买办为主业，同时又以独立商人的身份经营轮船、钱庄、典当、茶栈、盐业和揽载行等，从中赚取了巨额利润。唐廷枢甚至明确向怡和洋行老板汇报，他在香港拥有四家当铺，每年可获 25%～45% 的利润。⑦ 而在 1869 年唐廷枢经清政府批准成为独立的盐商，仅"从扬州运盐至汉口，希望赚到 47%

---

① "约翰生（上海）致威廉·克锡（香港）函（1871 年 6 月 1 日）"，怡和档，转引自刘广京《唐廷枢之买办时代》，台北《清华学报》1961 年第 2 期，第 149～151 页。
② 参见"唐景星（上海）致威廉·克锡（香港）函（1868 年 10 月 8 日）"，怡和档，转引自刘广京《唐廷枢之买办时代》，台北《清华学报》1961 年第 2 期，第 165 页。
③ 参见《北华捷报》1854 年 1 月 7 日的报道。
④ 郝延平：《十九世纪的中国买办——东西间桥梁》，第 115 页。
⑤ 郝延平：《十九世纪的中国买办——东西间桥梁》，第 107 页。
⑥ 郝延平：《十九世纪的中国买办——东西间桥梁》，第 107 页。
⑦ "唐廷枢致怡和洋行机昔函（1866 年 1 月 4 日）"，转引自刘广京《唐廷枢之买办时代》，台北《清华学报》1961 年第 2 期，第 157 页。

的年利"。① 徐润早在担任宝顺洋行买办期间就同时有自己的茶庄等独立的生意，离开洋行后，即在上海开设了宝源祥茶栈，随后又在湖南、湖北产茶区增设了多处茶栈，形成一个茶业网络，针对英、美、俄等国消费者的不同喜好，源源不断地向各国洋行提供合适的出口货源，后成为上海最大的经营出口茶叶的茶栈，他被誉为"近代中国的茶王"。19 世纪 60 年代，他就开办房地产公司，仅在 1863 年，在上海"入地二千九百六十余亩，造屋二千零六十四间"。② 此后房地产生意不断扩大，"在租界者"或"近租界者"，先后建造"房屋三千余间"，仅租金一项收入"每日可得租金四百二十两"。③ 如按年计算，约可得租金 15.33 万两。④

以上可见，唐廷枢等三人的买办生涯及其相关的投资或自营生意，早已使他们富甲一方，而现在需要他们做出决断，弃买办职业而转型投身国家的近代工业，其中存在不小的不可预测性。

当时郑观应确实有过犹豫，从时间上论，他从买办转而成为民族企业家要比唐廷枢、徐润晚得多。而且不同于唐廷枢、徐润，他还有过一段两种身份兼有的"双面人"的"过渡性"时期，即在担任太古洋行总买办的同时，竟兼任着上海机器织布局会办、上海电报局总办等重要的职位。显然，郑观应的犹豫主要在于"所虑官督商办之局，权操在上，不若太古知我之真，有合同可恃，无意外之虑"。⑤ 具体而言，他对晚清官场的不确定性感到忧虑。例如，加入官督商办企业后，他的经济收入

---

① "唐景星（上海）致 F. B. 约翰生（上海）函（1865 年 1 月 5 日）"，怡和档，转引自刘广京《唐廷枢之买办时代》，台北《清华学报》1961 年第 2 期，第 160～161 页。

② 徐润：《徐愚斋自叙年谱》，第 18 页。

③ 徐润：《徐愚斋自叙年谱》，第 141～142 页。

④ 据估算，在 1883 年金融危机爆发前，徐润的投资额已达到 430 万两之巨，其中向 19 家近代工矿企业投资（股票值）达 126.5 万两，房地产投资 223.7 万两，向 8 家当铺投资 34.8 万两，应收股票担保 39.7 万两。据此估计，其财产额至少达到 600 万两。当时人们将他与胡光墉一起，称为"上海最富有的二个商人"。徐润《徐愚斋自叙年谱》，第 47～48 页；郝延平：《十九世纪的中国买办——东西间桥梁》，第 123 页；郝延平：《中国近代商业革命》，陈潮、陈任译，上海人民出版社，1991，第 370 页。

⑤ 《复津海关道郑玉轩观察书》，夏东元编《郑观应集·盛世危言后编》（三），第 958 页。

是否会形成较大的落差；他的经营主张和想法能否得到尊重；他的管理才能或潜力能否得到充分的发挥；等等。这些显然都有可能成为他的考量因素。"是以弟不计薪水之多寡，惟恐舍长局而就短局。"① 对他个人而言，在李鸿章未给他明确的承诺之前，继续做买办无疑是"长局"，放弃买办职务而进招商局则有可能是"短局"。

可以想象，有这种顾虑的绝对不会只有郑观应，无论唐廷枢还是徐润，在如此重大的抉择面前，同样也都会有所顾虑。但他们毕竟是生在中国、长在中国的中国人，长期受中国传统道义的熏陶且从未放弃过作为中国人对国家、对人民所担负的道义和责任。唐廷枢永远不会忘记入读澳门教会学校时，正值鸦片战争爆发，澳门海关被炸毁的场景。唐廷枢回忆道："幼时偶与二三友人到澳门一游，将及澳，见官汛、炮台、房屋，枕行倾倒，志其故，为番人滋事所致。及抵澳，见番人楼台庙宇，宏壮可观，其炮台船只坚固，却与内地不同。"② 强烈的反差在他幼小内心世界留下了深深的伤痕，悲愤地发出他们"从何而来，所然何事"之问。③ 正是从那一刻起，唐廷枢萌发了强烈的爱国主义情感。

同时，唐廷枢等人虽较长时期为洋行对华贸易效力，但当他们有自己投资的轮船公司或轮船也不可避免地遭受到洋人航运公司的倾轧，特别当唐廷枢目睹洋人轮船老板歧视中国乘客"待之不如羊"的做派，④ 其内心的愤懑自然是日益强烈。但即使他们已经拥有巨额的财富，即使他们已经拥有自营的外贸企业，仅凭借他们个人的微薄之力，能够公开与外国人进行有效的竞争，从而在某种程度上阻止肆无忌惮的外国资本的

---

① 《致招商局总办唐景星观察书》，夏东元编《郑观应集·盛世危言后编》（三），第959页。
② 唐廷枢：《英语集全》，纬经堂刻本，1862，自序。
③ 唐廷枢：《英语集全》，自序。
④ 1873年，唐廷枢辞去待遇极厚的买办，担任困难重重的上海轮船招商局总办。郑观应致张振勋信解释道："官应前闻唐君景星云，伊昔年由沪赴港，其船避风，（洋）船主给每客水一铁壳，约重一磅，日中解渴洗面均在内；惟船中有羊百余头，则满桶水任其饮，待人不如羊，殊为可恨！于是在港集股银十万元，先租两船往来港、沪。适直隶候补道盛君杏荪、朱君云浦亦集股购船，往返津沪，禀请北洋大宪。李傅相札委唐君景星总理揽载事务。"参见《复张君弼士书》，夏东元编《郑观应集·盛世危言后编》（三），第1020页。

入侵吗？显然不可能。而要达到抵御外国侵略的目的，只有借助国家之力。一旦国家下决心组建本国航运企业，不仅要设法夺回被洋人洋轮侵占的经济利权，而且将有计划有步骤地兴办民族民用企业，为民生日用提供便利，为国创造财富，为民族自强自立创造条件，更何况自己被位高权重、识大势懂大体而又能不拘一格降人才的李傅相看中并委以大任，面对国家变法鼎新的大势、建"数千年未有之伟业"这种难能可贵的历史机遇，能够通过自己的经验和才智兴建本国的轮船公司，为国家效力，同洋人商战，何乐而不为呢？

正如唐廷枢、郑观应等人创办的一份报纸《汇报》所发表的文章《论丝茶宜出洋自卖》写道："今火船往来中国者正多，获利亦巨，各国皆有轮船公司，在华人亦应会合公司，专造轮船运货出进，自取其利，无庸附搭他国也。"[1] 这种发展中国新式轮运业、同洋商争夺经济权利的鲜明主张，可谓清晰地反映了唐廷枢等人进招商局的主导思想。更何况，他们不仅对自己"初学商战于外人，继则与外人商战，欲挽利权以塞漏卮"[2] 有充分的信心，而且对于李鸿章设计官督商办体制发展民族工业事业也寄予了厚望。在外商横行中土、肆意侵夺我国经济利权的情况下，采取官督商办体制无疑是个相当理想的选择，正如郑观应分析道：如果也像早期军工企业一样，采用官办机制，其弊不少，"全恃官力，则巨费难筹，兼集商资，则众擎易举"；如"全归商办，则土棍或至阻挠，兼倚官威，则吏役又多需索"，[3] 肯定难获其成；而唯有采用"官督商办"体制，则官、商结合而"各有责成"，"商招股以兴工，不得有心隐漏，官稽查以征税，亦不得分外诛求。则上下相维，二弊俱去"。[4] 在李鸿章设计的官督商办体制下，企业由"商"经营，"官有保护之责，无干预之权"，[5] 等于企业

---

① 汪敬虞：《唐廷枢研究》，中国社会科学出版社，1983，第 181 页。
② 《复考察商务大臣张弼士侍郎》，夏东元《郑观应集·盛世危言后编》（二），第 748 页。
③ 《开矿上》，夏东元编《郑观应集·盛世危言》（下），第 475 页。
④ 《开矿上》，夏东元编《郑观应集·盛世危言》（下），第 475 页。
⑤ 《工艺》，夏东元编《郑观应集·盛世危言后编》（二），第 668 页。

有了足够硬的靠山，无论面对与外商的商战、政府官员的阻力或是国内投资的压力，都有可能迎刃而解。在对官府支持十分乐观甚至有些盲从的情形下，他们毅然决然地放弃了买办职位而投身于民族企业的创办事业。长期的买办生涯和自营的外贸生意为他们积累了高额的财富，却从未妨害他们做一个忧国忧民的爱国者。

唐廷枢在1883年赴欧美进行商务、矿务考察，为随行人员袁祖志出版记载这次考察行程的《瀛海采问纪实》一书作序时写道："事事以利我国家、利我商民为务，而不为纸上凿空之谈。"[1] 这正是对他自己一生理想、信念和矢志不渝的追求的最真实写照。在长期与洋人打交道的过程中，他对于洋行洋轮肆意侵夺我国经济权益的行为早已痛恨于心。早在1858年，唐廷枢就经常根据华商的要求，代表他们的利益，同外国洋行交涉。"只要我能腾出几分钟时间，我总是帮助我本地朋友工作……为了照顾他们的利益，我已经被他们推举为公正和北清两轮船公司的董事。"[2] 1872年即在接手兴办轮船招商局之前，他就和徐润、叶顾之、潘爵臣等人一起积极倡议创立广肇公所，旨在团结在沪广东同乡，"联乡里而御外侮"。[3] 而他在接办轮船招商局后，更是以学于洋行的商战经验同洋行开展良性的竞争，从而使洋人深感这种竞争所带来的压力。"当唐氏在东方一家第一流的外国公司（怡和洋行）任职时，获得了丰富而广阔的经验，他正在运用这个经验去损伤这些外国公司。"[4]

至于郑观应在同治元年已经开始"究心政治、实业之学"，考虑从政治、经济两个重要的领域探索救国之道。[5] 1863年就开始酝酿写作，并在1872年就已将《救时揭要》一书基本编著完成，序中表达了他"角景伤时，略陈利弊"的想法，其中24篇文章有11篇涉及反对外国侵略者贩

① 袁祖志：《瀛海采问纪实》，鄢琨校点，岳麓书社，2016，第1页。
② "唐廷枢致机昔（1868年10月8日）"，转引自刘广京《唐廷枢之买办时代》，台北《清华学报》1961年第2期，第164页。
③ 徐润：《徐愚斋自叙年谱》，第23页。
④ 寿尔：《田凫号旅行记》，张雁深摘译，中国史学会主编《洋务运动》（八），第402页。
⑤ 夏东元编著《郑观应年谱长编》上卷，上海交通大学出版社，2009，第21页。

卖猪仔和奴役，而其中在 1872 年前后写的《论商务》和《论中国轮船进止议》等文章，对我国内河沿海"洋船往来，实获厚利，喧宾夺主"的情况表示了强烈的不满，明确指出"凡西人长江轮船，一概给价收回"，"庶长江商船之利，悉归中国独擅利权。为民为国，婿不是乎在矣！"①

因而，当唐廷枢面谒李鸿章，聆听李鸿章有关面对三千年变局、当建三千年未见之伟业的宏论以及通过兴办民族企业，实现"内要自强、外争利权"宏伟目标，正好同自己内心所思所想相吻合时，自然是热血沸腾，不仅自己最终放弃买办的职位，而且还说服徐润一起参与，并动员郑观应等众多著名绅商一起集商股支持招商局的发展。而郑观应后来也在李鸿章的感召之下、唐廷枢和徐润的影响下，最终放弃了续任买办的机会，先后投身于招商局、上海机器织布局的管理者行列，为近代民族工业做出了重要的贡献。

此后，中国工业近代化的走向也正如唐廷枢他们所预料的那样，继轮船招商局之后，上海机器织布局、开平矿务局和天津电报局等民族民用企业涌现，而它们又大多采用了官督商办下股份制形式。据有关部门统计，在 1875～1894 年，仅在采矿业方面就兴办了 24 家近代企业，其中有 23 家采用了官督商办的形式。可见，"官督商办"企业在中国工业近代化早期，确实起到了吸引、积聚民族商业资本，将它们成功地转化为民族工业资本的作用，② 有力地促进民族工业的顺利发展。从"求强"到

---

① 《论商务》，夏东元编《郑观应集·救时揭要》（上），第 200 页。

② 根据郝延平教授的研究，中国和西方商业发展的一个显著差别是，西方商业资本主义主要是自然的、自发的进展，而在近代中国，商业资本主义主要由西方强加，没形成真正的"民族经济"，而仅是由英国支配的全球资本主义体系的一个边缘方面。它的自然后果是 19 世纪中国商业革命的步伐更快，曾在西方缓慢发展的商业机构，在几十年内便由西方传入中国。中国资本主义和荷兰对手的不同之处在于，中国商业资本主义是在一个极其古老的帝国经济的周围繁盛，而后者仍表现为一个城市的统治，其大部分商品资本被引向金融经营，但中国沿海相当部分新的商业财富却设法流入工业。在 19 世纪的中国，具有头等重要意义的是商业，而不是工业。从商业企业的投资份额、雇佣人数、价值增加以及收入的分配来看，商业活动显然支配着工业企业。近代经济部门中，最大份额的利润不是来自制造业，而是来自贸易和金融业。在贸易中，最大部分的货物不是从工业获得，而是从传统部门（农业和手工业）中获得。参见郝延平《中国近代商业革命》，第 383、384 页。

"求富"，从仿造枪炮到仿行轮运、纺织、电报、开矿、铁路，体现了中国由封建主义手工劳动落后的生产方式向采用机器工业的资本主义生产方式的转型，而唐廷枢等人正是顺应这一历史发展趋势，才有可能转型为对中国工业近代化做出重要贡献的民族企业家。

三 弃洋行而接办民族企业于国于民于己皆为"万世可行之利"

所谓利，指的是利益。我国为传统的道义国家，但随着商品经济的发展，特别是西方资本主义因素的渗透，也毫无疑问地引发了"逐利"的倾向。对于每一个参与市场经营的人士来说，无论对于投资或是职业、职位的选择，免不了从是否"有利"的角度来考量或权衡。"以利合者，必以利离"，"以利交者，利尽必散"。义利之辩，就涉及道义与利益的关系问题。对于长期在洋行工作且拥有丰厚报酬的唐廷枢、徐润和郑观应而言，要他们毅然决然地放弃优厚稳定的买办收入，投身于民族企业的建设，单纯运用爱国热情或民族重任来解释，确实不那么有说服力。毕竟他们是商人，在商言商，必然会涉及一定的利益考量。当然，这既涉及狭义的个人利益的考量，也可能涉及个人与国家整体利益的关系的考量。因而李鸿章在运用民族大义的感召之外，肯定也对他们前景的发展做出了一定的承诺，而他们也肯定会对自己职业转型的利弊得失做出较为客观的评估。

中国自秦汉以来的大一统封建专制王朝，形成官为本、商为末的政商关系思维定式，士子入仕成为士大夫公认并追求的理想，尽管随着近代中外贸易的日益频繁，买办绅商发家致富的增多，捐纳入仕的增多，开始逐渐改变传统的政商生态。但对于其中大部分绅商而言，即使有了"红顶商人"的桂冠，也并不意味着他们已能够体面地踏入晚清政权的"官场系统"，成为大清王朝行政体系中可以"入编"的正式官员。只要他们仍然停留在"候补"的层次，而没有得到实授的官职，无论他们拥有多少财富，或在国内拥有多少资源、人脉，只能永远属于有虚衔而没有实权、没有话言权的旁观者。只有获得实授的官衔或实际的职位，或实际进入政府体制，或在李鸿章等地方大员的麾下当幕僚或帮办，才有可能得到社会上所认可的那种传统的"体面"，才有可能实现他们毕生所追求的"光宗耀祖"。

自鸦片战争以来，买办通过捐纳获得实职的相当稀少，仅有先后实授为苏松太道（即上海道）兼江海关监督的香山人吴健彰和杭州人吴煦以及实任苏松太道的宁波人杨坊，实为当时上海华洋杂居，中外交涉事件频频发生而官员中懂洋务、会外文、善交涉的人士实在太少所形成的特例，此后这一现象再难重现。对于唐廷枢他们来说，即使几次三番捐纳入官，官衔不断提升，但都是"候补"虚衔。因而通过由买办转型为有官方背景的企业家，成为国内首家官督商办民用企业（虽是公司，却因为由清政府批准设立而称为"局""官局"，其负责人不称"经理"而称"总办"）的负责人，同样能得到清政府的正式任命。

至少在郑观应等人的理解里，招商局、上海机器织布局、开平矿务局、电报局等为何都称局而不称公司？因为它们有着皇恩浩荡的"奏准"和"奏设"，维系着国家意志、国家利权，事关国计民生，而非一般的私营公司可同日而语。"按西例：由官设立办国事者谓之局，由绅商设立为商贾事者谓之公司。……今中国禀请大宪开办之公司，虽商民集股，亦谓之局。……所以各局总办，道员居多。"[1] 凭借如此别具一格的"官衔"[2] 而

---

① 《商务二》，夏东元编《郑观应集·盛世危言》（下），第 384 页。

② 关于招商局设局的原委，当时总理衙门的看法则是，"查招商局由李鸿章奏设，局务应由李鸿章主政"。由于"李鸿章倡设此局，洞悉情形。唐廷枢等均系李鸿章派委之员，该大臣责无旁贷，凡有关利弊各事，自应随时实力整顿，维持大局"[参见《光绪七年四月十四日总理各国事务奕䜣等奏》，中国史学会主编《洋务运动》（六），第 68 页]。而两江总督刘坤一指出，"该局（招商局——引者注）本系奏办，在局员董由官派委，只以揽载贸易，未便由官出场，与商争利。且揽载必与华洋商人交涉，一作官局，诸多掣肘，兼之招股则众商必不踊跃，揽载则市面亦不乐从，不得不以商局出名，其实员董由官用舍，帐目由官稽查，仍属商为承办，而官为维持也"[《光绪七年正月十五日两江总督刘坤一奏》，中国史学会主编《洋务运动》（八），第 44 页]。刘坤一和总理衙门的上述说明，事实上将官督商办民用企业的本质特征清楚地概括了出来。虽属官方的解释，却得到商界的认可。

率先亮相于晚清华洋杂居之海上"仕林",他们虽仍与传统科举及第大相径庭,但毕竟成为当时全国买办华商界万众瞩目的翘楚,体现着从商生涯的巨大成功。①

尽管他们清楚地知道,进入洋务企业并非进入真正的官场,但至少可以在权高位重的李鸿章支持或庇护下,为国家自强、民族自立、发展实业、造福民众做些实际的工作,因而接受李鸿章的邀请兴办民族企业,对于他们来说,无疑是一件值得引以为傲的事情,是千载难逢的机遇。在他们看来,买办生涯已经使他们腰缠万贯,增加财富不再是他们的唯一目标。而他们迫切想做的,就是将自己通过买办生涯积聚的财富、从洋行学到的商战经验,用于创办或投资近代工矿的实践,以实现"外争利权"、国家自强、民族自立、民众富有的宏伟目标,同时体现他们的自身价值和能量,实现他们"光宗耀祖"的夙愿和理想。

李鸿章在唐廷枢等人入局前就明确地规定了官督商办体制下"商主商务"的原则。② 唐廷枢深谙洋商的经济活动得依赖华人的短处,所以相信通过自己的经营能够使招商局获得比洋商更多的利润。他和徐润等人在入局之前,就筹划过一个预算方案,面对外国轮船公司的竞争,唐廷枢、徐润通过分析中外轮船公司的力量对比,以商人的专业眼光,指出招商局具备三方面条件,在与外商抗衡过程中具有较大的优势:一是有官方从南方往京师的漕粮专运业务,二是仓库劳工等管理费用都比洋商低,三是更容易承接本国商人托运的货物。因而他们估计,在投资50万两、购买4艘轮船的情况下,因有漕粮补贴,再加上搭客运货,每年只要航行3个月,就有足够的把握获得净盈利10.8万两,利率高达20%。因此,他十分认同李鸿章的观点,接办招商局"固创千古未有之局,亦为万世可行之利",③ 于国于民于己都有好处,何乐而不为?因而,唐廷枢和徐润就抓住了时代赋予的机会,由洋行买办或放弃洋行的高薪邀约

---

① 郝延平:《十九世纪的中国买办——东西间桥梁》,第170页。
② 《致总署论试办轮船招商局》,顾廷龙、戴逸主编《李鸿章全集》第30卷,第484页。
③ 《交通史航政编》第1册,交通铁道部交通史编纂委员会编印,第147~148页。

转而成为近代民族企业家。

　　当然，唐廷枢、徐润和郑观应之所以能够下决心进入官督商办企业，在很大程度上，也为李鸿章为国敢于担当的领袖人格魅力和礼贤下士的气度所折服。李鸿章作为洋务派领袖之一，主持了当时四大军工厂的建设，敢于面对民族经济所遭遇的严重威胁，敢于从民族大义出发，提出了大力发展事关国计民生的民用企业的主张，意在"与洋商争衡，庶逐渐收回权利"，①"以土产敌洋产，力保中国商民自有之利权"，②"然与其任洋人在内地开设铁路铜（电）线，又不若自行仿办，权自我操，彼亦无可置喙"。③ 针对洋商擅自修建吴淞铁路一事，应警示英领事，"告以中华自主之国，若创兴此举，须得自办，断不能由人强勉"，④ 并将兴办企业与国家开源、保利、收权、求富紧密地结合起来，"所关系国家体制，华民生计极巨"，⑤ 其目标在于建设一个自立于世界民族之林、既富又强的独立主权国家。显然，这一宏伟的目标与唐廷枢等人作为中国人的爱国志向和追求的目标是一致的。

　　同时，李鸿章早就清楚地意识到，目前国家经济建设急需人才，但"人才之难得"，"饷力人才实有未逮"，因而求才似渴，不拘一格，"使天下有志之士无不明于洋务"，⑥ 故敢力排众议，起用唐廷枢等这些长期被边缘化的买办群体，派要员专程赴上海会见唐廷枢等人，并邀约单独会面，对唐廷枢有关经办招商局的见解和建议更是表现出言听计从，从而使唐廷枢深感李鸿章的诚意，并使其创办民族企业的潜能得到充分的发挥。对此，徐润也是深有同感的，他认为"唐君得国中最有权力、极高明之贵人李鸿章以为庇护之主，诚大幸也"，⑦ "唐君诚为明见远识之

---

①《遵议维持商局折》，顾廷龙、戴逸主编《李鸿章全集》第 11 卷，第 325 页。

②《重整上海织布局片》，顾廷龙、戴逸主编《李鸿章全集》第 15 卷，第 215 页。

③《筹议修约事宜折 附清折》，顾廷龙、戴逸主编《李鸿章全集》第 3 卷，第 168 页。

④《致冯卓儒观察》，顾廷龙、戴逸主编《李鸿章全集》第 31 卷，第 379 页。

⑤《遵议维持商局折》，顾廷龙、戴逸主编《李鸿章全集》第 11 卷，第 325 页。

⑥《筹议海防折》，顾廷龙、戴逸主编《李鸿章全集》第 6 卷，第 160 页。

⑦ 徐润：《徐愚斋自叙年谱》，第 74 页。

人，为余等从来所未经遇见"，而当时得李鸿章知遇之恩，足见李鸿章"深谋远虑而能善用之也"。"此二公若能如余等所望，得享永年，于国中之商务，大有进步者也。"①

关于这一点，连外国商人都深感来自唐廷枢的竞争压力。"（招商）公司是由唐景星很能干地经营着，不过他在思想上与其说是中国人，毋宁说是外国人。他是李鸿章关于西方思想的一切事情上的机密顾问……航船公司的创立和扩大就是他建议的。"② 特别是对于李鸿章有关官督商办体制下"商主商务"的办局原则以及有关官方如何提供必要的"维持"政策、如何在财政和道义上支持等方面的承诺，唐廷枢深以为然，深感久久蕴藏在心头的"为国效力"抱负将得以实现。

而在轮船招商局开办之后，李鸿章确实提供了大力支持，给予唐廷枢在局务处理上很大的自主权，使唐廷枢能够通过重订《轮船招商局规》和《轮船招商章程》，依规治理公司，将轮船招商局改组为"商主商务"的真正的"官督商办"企业，即企业由商人出资，资本为商人所有，在政府监督之下，"盈亏全归商办，与官无涉"。李鸿章对官督商办的解释是"赖商为承办，尤赖官为维持"。③ 唐廷枢则对此做出更为具体的诠释："所谓维持者，盖恐商人办事不能经久，故拨漕粮和拨借官帑，以固其根。"④

李鸿章对招商局的维持实可谓无微不至。无论在唐廷枢采用西法经营、实行合股投资体制、向社会公开发行股票之时，或在遭遇旗昌、太古和怡和轮船公司的恶性竞争以及唐廷枢、徐润等人决意收购旗昌轮船公司之时，李鸿章都在政策上和经济上予以强有力的支持，数次上奏朝廷先后赋予招商局四项特权。

一是拨供官款予以支持。"督同"各司道台局在 1876 年《烟台条约》

---

① 徐润：《徐愚斋自叙年谱》，第 74 页。

② 寿尔：《田凫号旅行记》，中国史学会主编《洋务运动》（八），第 401 页。

③ 《招商局局务陈情片》，顾廷龙、戴逸主编《李鸿章全集》第 6 卷，第 316 页。

④ 张后铨主编《招商局史（近代部分）》，第 56 页。

签订后，"赶紧筹拨官款五十万"，并动员各省地方筹集"官款二百万两"，① 迅速帮助招商局解决了因拓展业务、购置轮船而运营资金匮乏的窘况。

二是允准缓还官款及其利息。针对招商局面对旗昌、怡和等外国轮船公司的压价竞争所面临的急需资金流的状况，奏准"仿照钱粮缓征、盐务帑利缓交之例"，允许招商局缓期三年归还上述实际筹借到的 198.8 万两官款，至 1880 年起均分四年归还本金，第五年起"再酌量分年补缴此七年之息"，使招商局有充实的财力战胜洋商的恶意竞争，并在成功收购旗昌轮船公司后扩大经营规模，先后开拓至新加坡、菲律宾和日本等处，甚至远抵美国夏威夷、旧金山和英国伦敦等的国际航线，使中国龙旗漂洋过海，一彰国威。

三是增加运漕、统运官物及享优惠税费。针对漕粮及官物运输遭遇洋商轮船争相揽载，致"中国自有之利"被肆意侵夺的状况，奏请安排给招商局承运更多的漕粮。"必准其兼运漕粮，方有专门生意，不至为洋商排挤"，② 建议"自光绪四年起，苏、浙海运漕米必须照四五成一律加拨，不准再有短少。又得江、鄂岁拨采办漕粮，多多益善，以后洋商虽争衡不懈，商局挹彼注此，足与周旋，必不至有蹉失"。③ 而且"沿江沿海各省遇有海运官物，应需轮船装运者，统归局船承运"，④ 并让招商局享受优惠运价，"另有运漕耗米及带货二成免税"⑤ 以及"所有保险局存本及新收局船保险银两，应并归招商局统算，无须作为浮存照市付息，亦无庸另提九五局用，别立一局"⑥ 等优惠，不仅以此增加招商局的经济收入，更力争保障运漕"为中国独擅之利，彼族不敢攙与，以自立根基"。⑦

① 《致总署论维持招商局》，顾廷龙、戴逸主编《李鸿章全集》第 32 卷，第 146 页。
② 《筹议制造轮船未可裁撤折》，顾廷龙、戴逸主编《李鸿章全集》第 5 卷，第 109 页。
③ 《致总署论维持招商局》，顾廷龙、戴逸主编《李鸿章全集》第 32 卷，第 147 页。
④ 《海运官物统归商局片》，顾廷龙、戴逸主编《李鸿章全集》第 7 卷，第 499 页。
⑤ 《整顿招商局事宜折》，顾廷龙、戴逸主编《李鸿章全集》第 7 卷，第 497 页。
⑥ 《整顿招商局事宜折》，顾廷龙、戴逸主编《李鸿章全集》第 7 卷，第 498 页。
⑦ 《致总署论维持招商局》，顾廷龙、戴逸主编《李鸿章全集》第 32 卷，第 147 页。

四是准令招商局轮船通行全国水域。参照"西国通例，准令华商轮船在沿江、沿海及内河不通商口岸自行贸易，外人断不能觊觎均沾"。李鸿章认为，"查泰西各国专以商务立富强之基，故于本国轮船莫不一力保护"而"不至为他船侵夺"，尤可参照日本保护本国轮船权益的做法，明确规定"不通商口岸既不准洋船贸易"而"准华船任意揽载"。当然，由于"长江则有条约明文，自不得援引此例"，但"此外则全由中国自主"。①

轮船招商局正是通过以上四条措施，维持招商局正常运行，抵御洋行的恶意竞争，在设局最初七八年时间里，不断克服资金上的短缺，且化亏为盈，有力地保障招商局的稳健发展。特别在"归并旗昌以后，轮船添至三十余号，各码头栈房悉占江海形胜，局势益形展拓"，从而发展成为雄踞中国最大的轮船公司，"迄今长江生意，华商已占十分之六，南北洋亦居其半，固非归并旗昌不能及此"。② 对于"借分洋商利权，以固华商心志"起到积极的促进作用，"富强之效应可立待"，"其裨益于国计民生殊非浅鲜"。③

在轮船招商局兴办有起色之后，唐廷枢受李鸿章的委派和支持，先后主持创办开平矿务局等近代新式企业多达47家，其中属于国内或地区内首创的就有6家，且在近代经济史上创造了许多个"中国第一"：第一家大型"官督商办"的商办民用企业——轮船招商局，第一家机械煤矿企业——开平矿务局，第一条铁路——唐胥铁路，第一台蒸汽机车——"龙号"火车头，第一家保险公司，第一家水泥厂，第一家机器棉纺厂，钻探出中国第一座油井，铺设中国第一条电报线。

至于徐润，在担任招商局会办期间，协助唐廷枢做了大量的工作，同时还创办了中国第一家民族保险公司——仁济和水火保险公司、第一家民族机器印刷厂；在担任开平矿务局会办期间，大胆聘用英国工程师，应用近代技术采掘煤炭，使开平煤炭迅速取代洋煤占领天津地区市场，

---

① 《致总署论维持招商局》，顾廷龙、戴逸主编《李鸿章全集》第32卷，第147页。
② 《招商局局务陈情片》，顾廷龙、戴逸主编《李鸿章全集》第9卷，第315页。
③ 《致总署论维持招商局》，顾廷龙、戴逸主编《李鸿章全集》第32卷，第147~148页。

并逐渐扩大到国内其他口岸，为北洋舰队以及地方工业提供了必需的燃料。同时，主持修筑中国第一条铁路线，成功地将煤炭运输到天津；先后投资平泉铜矿、天华银矿、建平金矿和金州煤矿等 10 余处矿产，为发展中国近代采矿业做出了杰出的贡献。

郑观应在担任太古轮船公司买办期间，就已先后参股轮船招商局、上海机器织布局、开平矿务局、津沪电报局和上海造纸公司等"官督商办"民族民用企业；投资山东登、莱、青、莒四府和东北锦州的五金矿等企业。最终应李鸿章之邀，毅然弃买办职业而全身心地经营民族企业，先后担任上海机器织布局会办和总办、上海电报局总办、开平煤矿粤局总办、汉阳铁厂总办、吉林矿务公司驻沪总董、粤汉铁路购地局总办、广州商务总会协理和广东商办粤汉铁路有限公司总办、招商局公学的住校董事兼主任和上海商务中学的名誉董事等重要职位，为我国首批民族民用企业的创办和发展、我国近代教育事业贡献了智慧和心力。

当然，唐廷枢、徐润和郑观应不仅以近代企业家的身份出现在近代工业化舞台上，而且以社会慈善家、教育家、外交家和思想家的多重身份出现在近代中国的政商舞台。唐廷枢是个社会慈善活动家，长期热心社会公益事业，创办了上海历史上第一家医院——仁济医院，这也是中国人创办的第一家西医医院；出资赞助普育堂、辅元堂、清节堂等慈善机构；每当国内遭遇旱灾水灾，或倡议设立慈善机构，或发起劝捐赈灾活动，或组织救灾赈灾。唐廷枢关心贫困儿童的成长，1875 年，倡议开设抚养局，收留流浪儿童，并在其中设立一所公益学校，制定专门章程，贫困家庭子弟也可以前来读书。在自己所开办的企业，规定童工在工余时间必须入学读书，并提供免费的生活学习用品。① 由于致力于赈灾助捐和慈善事业，唐廷枢多次受到朝廷的"传旨嘉奖"。

唐廷枢热心近代文化教育新闻事业，早在 1862 年他 30 岁时，就主持

---

① 《开平矿务局局规》中规定，所有童工"除作工时刻之外，即入学堂读书"；"其幼童被帐、衣帽与及学堂医所所需各物，均由杂务处办理"。

编著《英语集全》共6卷，这是中国人编纂的第一部汉英词典，而他编纂该词典则"因睹诸友不通英语，吃亏者有之，受人欺瞒者有之，或因不晓英语，受人凌辱者有之"。[①] 1872 年，唐廷枢与驻上海英领事麦华陀一起倡议开设格致书院，请外国学者定期开设各类科学讲座，分别介绍西方天文、制造、化学、地质、绘图等科技地理知识，并在书院内陈列西方科技书籍的中文译本以及各种科技仪器仪表和矿物标本等，供国人参观学习，"以冀将来艺学振兴，储备人才，施储实用"。同年，在容闳建议下，清政府决定分四年选派 120 名幼童留学美国。为了顺利推进这项计划，唐廷枢亲自回到家乡，推荐选拔留学幼童。120 名幼童中有三分之一来自他的家乡香山，其中包括他的族侄、日后成为民国首任总理的唐绍仪，清华大学首任校长唐国安。留美幼童回国后，唐廷枢亲自指派洋矿师对分配到开平矿务局的人员进行悉心指导，培养出了詹天佑、邝景阳、邝荣光等中国首批铁路和矿业工程师。唐廷枢深知培养掌握西方科学技术的人才对国家办洋务的重要性，把招商局、开平矿务局作为培养洋务人才的基地，明确规定所有聘用的洋人必须向中国人传授技术。[②] 1874 年，唐廷枢的香山同乡、澳门教会学校的同学，我国近代首位归国效力的留美博士容闳创办，他另一位同乡郑观应具体规划的《汇报》正式出版，对于这份旨在推广资本主义新思想、新文化的报纸，唐廷枢不仅表示支持，还给予了经济上的资助。

唐廷枢还积极参与李鸿章、丁日昌等洋务派首领主持的对外交涉事件，例如，1876 年起协助福建巡抚丁日昌处理福厦电线案和日本索伯拉那船案。在福厦电线案中，英、法、美、德四国领事在未得到当地政府允许的情况下，擅自修建从福州到厦门的电话线，遭到当地绅民的阻挠而无法施工，清政府决定买回自办，唐廷枢受派处理此事时，发现合同正本为英文，解释权在洋人手里，经过与对方十多次来回辩论，最终成

---

① 唐廷枢等：《英语集全》，"序"，转引自刘广京《唐廷枢之买办时代》，台北《清华学报》1961 年第 2 期，第 170 页。

② 参见《重订轮船招商章程》和开平矿务局《洋人司事专条十二则》的有关规定。

功撤销原合同，重新用中文订立合同，收回电线由晚清政府接办。在处理日本索伯拉那船案时，唐廷枢亲自到案发地调查取证，并赴厦门与日本领事交涉，经多次谈判，据理力争，历时 15 年，最终迫使日本领事不得不承认事实，成功化解了一场即将爆发的战争。同年，李鸿章在烟台处理"马嘉里"案件和"吴淞铁路"案件，唐廷枢受李鸿章之命，全程担任翻译，协助谈判，其间，针对外国使臣的无理要求和要挟，凭借多年和洋人打交道的经验，据理力争，充分体现了一位弱国翻译不卑不亢，有理有节的气节和风度，尽最大可能维护了国家的权益和尊严，深得李鸿章的赏识。

追随李鸿章参与多项洋务活动，不仅使唐廷枢有了更多为中国近代化事业贡献才智的机会，也为他提供了政治上的晋升台阶。在唐廷枢进入招商局之前，他就已通过捐纳获得了同知官衔。此后，他的官衔随着他举办近代企业、参与涉外交涉以及各种社会事业的成就而上升，不仅由同知逐级升为二品候补道，更是得到李鸿章"堪备各国使臣"[①] 的保荐。唐廷枢为国效力的能力和人品得到殊多洋务派官僚的称誉。福建巡抚丁日昌十分赏识唐廷枢，称赞他是个"才识练达、器宇宏深，于各国情形以及洋文洋语，罔不周知"[②] 且"措施悉合机宜，深资其力"[③] 的洋务之才，因而曾奏请朝廷，命李鸿章、沈葆桢等人派唐廷枢迅速赴闽协办洋务。而两江总督沈葆桢、湖广总督李瀚章也都因为唐廷枢办事干练而试图将其调入自己的幕府，但都为李鸿章所婉拒，而一直把他留在自己的幕府，协助处理棘手的内政外交事务，唐廷枢也成为晚清时期政商融合的典范。

1878 年 6 月，上海《远东月报》载文称赞唐廷枢主持近代新式轮运企业"破除旧时之锢习，采用新法，集国人之资，用众人之功……均以

---

① 《光绪十年十月二十六日茂盛昱奏》，中国史学会主编《洋务运动》（六），第 76 页。
② 中研院近代史研究所编《海防档·乙·福州船厂》下册，中研院近代史研究所，2015，第 686 页。
③ 中研院近代史研究所编《海防档·乙·福州船厂》下册，第 686 页。

西法经营，又得国人之信任。所见之明，无可及也。伊为中国未经创见、最大方略之领袖"，①"我西人日与华人互相周旋，惟此君之广识博览，实令人钦佩也"。②

1892 年 10 月，唐廷枢在天津病逝，他的死讯当时刊登在中国几乎所有报刊上，甚至多个国家驻天津的领事馆下半旗志哀；唐山百姓为他建立"唐公祠"；李鸿章为他主持葬礼。《北华捷报》发表了一份讣告，其中这样评说道："他的一生，标志着中国历史上的一个时代。他的去世，对外国人和中国人，都是一个持久的损失"，③"要找一个人来填补他的位置，那是困难的"。④ 他的友人和同僚郑观应给予相当中肯的评价："盖此公一生精力尽销磨于商务、洋务之中，数十年来备尝艰苦，凡事不因仇怨，顾全大局，力图整顿，洵为吾粤中办洋务之特出者。"⑤ 徐润也以崇敬的心情寄托他的哀思："景公诚人杰乎哉！高山仰止，景行行止，心窃向往焉。"⑥ 甚至到了 1982 年，怡和洋行在纪念该洋行创办 175 周年的特刊上刊文，还特称唐廷枢"既爱国，又有世界眼光"。在唐廷枢去世近一个世纪之后，仍有外国企业纪念他并做出如此高的评价，可见唐廷枢作为爱国者给有悠久历史的怡和洋行留下了多么深刻的印象。

徐润在近代中国政商舞台做出了杰出贡献。作为企业家，他协助唐廷枢把招商局办成中国首个真正的商办股份制企业，他创办和参与创办了中国第一家保险公司、第一家机器印刷厂和第一家机械化的大型煤矿企业——开平矿务局。

1887 年秋，徐润已年近五旬，应李鸿章的委派，首次出关塞勘矿，并在此后近 20 年的漫长岁月里，北出长城，南至广东，东赴台湾基隆等

---

① 参见徐润《徐愚斋自叙年谱》，第 734 页。
② 参见徐润《徐愚斋自叙年谱》，第 734 页。
③ 《北华捷报》1892 年 10 月 14 日，第 562 页。
④ 《北华捷报》1892 年 10 月 14 日，第 562 页。
⑤ 在创办招商局的"三杰"中，唐廷枢对郑观应的关照和影响最大，郑观应所著《盛世危言》中有不少的思想观点源自唐廷枢。
⑥ 徐润：《徐愚斋自叙年谱》，第 73 页。

各个矿区，或深入矿井验看，或翻山越岭踏勘，为开发利用中国的矿产资源鞠躬尽瘁。徐润在担任开平矿务局会办期间，推广应用近代技术采掘煤炭，促使开平煤炭迅速占领天津地区市场，将进口煤炭从天津市场挤了出去，并逐渐扩大到国内其他口岸，为北洋舰队以及地方工业提供了必需的燃料。通过修筑中国第一条成功的铁路，将煤炭用铁路运输到天津，同时，还发展了焦炭、水泥等一批附属企业。他是开平煤矿的大股东，并先后投资过平泉铜矿、宜昌鹤峰州铜矿、孤山子银矿、三山银矿、天华银矿、潭州银矿、建平金矿、金州煤矿、贵池煤矿等 10 余处矿产，为中国近代采矿业的发展做出了应有的贡献。

徐润积极推动中国教育文化福利事业近代化，参与创办格致书院、仁济医院、中国红十字会和同文书局等，特别通过创办同文书局，陆续影印了《古今图书集成》、二十四史、《资治通鉴》、《全唐诗》、《佩文韵府》、《康熙字典》等中国典籍，对于保存和弘扬祖国的文化遗产具有重大的意义；而他主持翻译出版的大量西学图书，为此后的维新运动、辛亥革命带来启蒙的先声，具有特殊的推广和宣传价值。[1]

在人才培养方面，徐润积极配合选派中国幼童官费赴美留学工作，并在留美学生被意外召回和备受冷落的情况下，主动出资担保，设法将他们分派到政府部门和电报、铁路、轮船、矿务等近代企业工作，使他们"学以致用"，从中涌现出铁路工程师詹天佑、矿冶专家吴仰曾、北洋大学校长蔡绍基、清华大学首任校长唐国安、民国政府首任总理唐绍仪和民初外交部部长梁如浩等杰出人物，在不同的领域推动了中国近代化的进程。[2]

郑观应不仅是位较为成功的民族企业家，同时还是中国近代最早具有完整维新思想体系的理论家、启蒙思想家，他早年在洋行当买办和投身民族民用企业的经历以及他在英国传教士傅兰雅开办的英华书馆上夜

---

① 倪俊明：《徐润与中国近代出版业》，林广志主编《唐廷枢研究》第 2 辑，社会科学文献出版社，2022，第 133 页。
② 徐润：《徐愚斋自叙年谱》，第 68~72 页。

课期间所接触和了解到的西方资本主义国家社会政治学说和先进科学技术知识，使他对国家命运、民族独立和体制改革等问题产生了浓厚兴趣，先后出版了具有爱国主义和改良主义思想倾向的系列论著。

1862年写成的《救时揭要》一书（1873年出版），通过针对当时存在的贩卖华工、鸦片危害、救灾恤贫、慈善救济、航运利权、溺女婴等社会焦点问题，切中时弊，同时对症下药地提出解决之道，体现了他作为爱国人士的强烈的时代责任感。[1]

1871年写成的《易言》一书（2卷36篇），以极大的爱国主义热情，揭露欧美列强的侵略野心，主张通过学习西方以求"克敌制胜"之道，"夫欲制胜于人者，必尽知其成法，而后能变通；能变通，而后能克敌"，[2] 提出以国富为中心的改良主义思想及系列改革措施，包括采用西方科学技术和机器生产，鼓励商民投资矿产、造船和铁路，实行华洋税赋平等，对国内商民实业实行保护性关税政策；主张采用西方议会制度，实行君主立宪制；履行万国公法，与外国缔结对等外交。但《易言》仍未脱离"中体西用"思维的束缚，仍希望用"中国五帝三王之道"作为根本，借助西法来达到富强的目的。[3]

1894年，郑观应在澳门隐居期间，致力于扩编《救世揭要》和《易言》，于1894年出版《盛世危言》，以"富强救国"为主题，提出事关国内政治、经济、军事、外交和文化等各个领域实行全方位改革的维新思想体系及具体的改革方案，形同近代变法大典。郑观应早在1882年就在我国首次使用"宪法"一词，[4] 在《盛世危言》中明确要求清廷"立宪法、开议院，实行君主立宪"，提出立宪与实行议院政治的主张，[5] 成为"中国近代明确提出实行君主立宪要求的第一人"。[6] 郑观应在《盛世

---

① 徐元基、武曦：《论〈救时揭要〉与郑观应的早期思想》，《学术月刊》1981年第4期。
② 《西学》，夏东元编《郑观应集·救时揭要》（上），第206页。
③ 夏东元：《郑观应思想发展论》，《社会科学战线》1979年第2期。
④ 周威：《郑观应首次使用宪法语词考》，《上海政法学院学报》（法治论丛）2017年第3期。
⑤ 吴家麟主编《宪法学》，群众出版社，1983，第21页。
⑥ 熊月之：《中国近代民主思想史》，上海人民出版社，1986，第141页。

危言》中的《西学》篇提出"主以中学，辅以西学"的学习西方的原则，① 在《商战》篇提出"习兵战不如习商战"的"以商立国"理论②以及他对中国政府创设商会、保护商人权益的呼吁，使他成为当时最早的商战思想家和维新思想家之一。

《盛世危言》的问世引起晚清社会的极大反响，被称为"负经世之才，综贯中西……如良医之治疾、大匠之程材"，③"今阅是书，所说中西利病情形了如指"，④"以期与海内诸公择而力行之……自然国富兵强，四夷宾服。奚不是书为左券也哉"。⑤ 礼部尚书孙家鼐将此书推荐给了光绪皇帝，光绪皇帝读罢给予高度评价，谕令总理衙门印刷 2000 部，分发给大臣阅读。《易言》传到韩国，对韩国近代化进程产生重大的影响。郑观应在封建庙堂上高呼改革维新，不仅改变了清王朝统治阶级对西学、洋务的看法，而且还对康有为、梁启超，甚至孙中山和毛泽东产生了影响，在中国旧民主主义思想和新民主主义思想的形成和发展中留下了他独特的烙印。⑥

① 《西学》，夏东元编《郑观应集·盛世危言》（上），第 54 页。
② 《商战上》，夏东元编《郑观应集·盛世危言》（下），第 360 页。
③ 《盛世危言陈序》，夏东元编《郑观应集·盛世危言》（上），第 10 页。
④ 《盛世危言彭序》，夏东元编《郑观应集·盛世危言》（上），第 5 页。
⑤ 《盛世危言彭序》，夏东元编《郑观应集·盛世危言》（上），第 5 页。
⑥ 夏东元：《郑观应"富强救国"思想简论》，《历史教学问题》2006 年第 3 期；埃德加·斯诺：《西行漫记》，董乐山译，生活·读书·新知三联书店，1979，第 109~110 页。

唐廷枢巴西之行倏然终止诸因试探

金国平[*]◎

【摘　要】　唐廷枢在经办轮船招商局期间的主要任务是开拓市场。在设立了国内航线后，其目光投向了海外。陆续开辟了长崎、神户、新加坡、槟榔屿、安南、吕宋等亚洲国际航线之后，又于1879年开辟了美国旧金山航线，1881年开辟英国航线，并于1883年亲往巴西考察，拟开中巴航线，以轮船招商局轮船输送华工至南美。英国政府、英国及外国反奴隶制协会的坚决反对是唐廷枢巴西之行失败的最主要因素。唐廷枢访问巴西的失败不仅仅是他个人及轮船招商局的失败，实际上是中国资本和以英国为代表的国际资本较量的结果。

【关键词】　唐廷枢；巴西之行；轮船招商局；华工

唐廷枢（1832~1892），字建时，号景星，清广东香山县唐家村（今珠海市唐家湾镇）人，先后担任轮船招商局总办和开平矿务局总办，投身于轮船运输、煤矿、铁路、保险、电报、水泥等工商业的创办和发展，被誉为中国民族工业的先驱，[①] 又被唐山人民称为"唐山之父"。[②] 唐廷枢总办轮船招商局期间，主要任务是招募商股和开拓市场，其中开辟航线是最基本、最重要的工作。在设立了国内航线后，其目光投向了海外，陆续开辟了长崎、神户、新加坡、槟榔屿、安南、吕宋等亚洲国际航线之后，又于1879年开辟了美国旧金山航线，1881年开辟了

---

* 金国平，澳门科技大学社会和文化研究所客座教授。

① 王杰、宾睦新：《中国近代民族工业先驱唐廷枢》，广东人民出版社，2021。
② 《中国海洋文化》编委会编《中国海洋文化·河北卷》，海洋出版社，2016，第80页。

《唐廷枢研究》第3辑，第33~44页。
Tong King Sing Studies

英国航线，并于 1883 年亲往巴西考察，拟开中巴航线，以便运载华工往返，但该计划因唐廷枢的巴西之行中辍而未能实现。本文通过搜集中国、巴西和英国等海内外史料，以及梳理学界对此所做的相关研究，深入探讨唐廷枢的巴西之行戛然而止的原因。

一　学界研究状况

英国虽没有参与华工输巴计划，但朝野一直在关注此次出访，尤其是《反奴隶制纪事》上面刊登了数篇有关文章，详细叙述了英国及外国反奴隶制协会（British and Foreign Anti-Slavery Society）对华工入巴的阻挠，特别是对唐廷枢施加的影响与压力。①

关于造成此次巴西之行无功而返的原因，美国学者罗伯特·康奈德有论文详细叙述。1883 年 2 月，中国贸易移民公司（Companhia de Comércio e Imigração Chinesa in Rio de Janeiro）在里约热内卢创办，计划与中国轮船招商局合作，3 年内向巴西运送 21000 名华工，每名华工的运费是 3.5 厘士（不足 20 美元）。巴西舆论认为，这么低廉的价钱难以置信，恐难维持华工的健康与舒适。在 7 月之前，这家新公司就已经与中国轮船招商局总办唐廷枢签订了合同。10 月，唐廷枢前往巴西，考察了几个盛产咖啡的省份，并与种植园主建立了友好关系，准备签订一份 5 年向巴西运输华工的合同。然而还没签署正式协议，唐廷枢就突然离开巴西，前往英国伦敦。其中的原因值得关注，诸如英国对中巴开通华工航线持反对态度，巴西舆论和公众对华人的歧视态度，特别是巴西政府突然决定拒绝此前承诺给中国轮船招商局的每年 10 万元补助。虽然有一些巴西私人组织提出筹措这笔补助金，以促成中巴华工航线，但未能说服唐廷枢。唐廷枢到达伦敦后，宣布将不会开辟中巴华工航线，拒绝向巴西运送强

---

① 这组重要的文件，拟另文介绍。

迫性中国劳工。11 月，中国贸易移民公司也因此宣告解散。①

巴西学者莱特（José Roberto Teixeira Leite）有如下看法："唐景星的故事戛然终止：数周后，这位中国人毫无预警地前往英国，令其巴西东道主大吃一惊，谈判进入僵局，再也未能恢复。无论是出于人道主义，还是出于优生论，还是任何的其他理由，巴西社会相当的阶层投票反对华工进入该国——他意识到了这种反对——造成了他的神秘离开。这个原因颇具分量，但更具分量的肯定是帝国政府拒绝向唐先生的公司提供他所要求的 10 万元的补贴。无论如何，在 1883 年的 11 月，中国贸易移民公司被解散。尽管到 1893 年还有 475 名苦力抵达巴西，但中国人大规模向巴西移民的想法永远成为泡影。"②

茅海建认为，唐廷枢的巴西之行没有达成任何协议，原因可能是轮船招商局要求巴西每年提供 10 万元补助金未获巴西政府允准。③

杜娟列举了数种原因。首先是唐廷枢发现巴西依然存在奴隶制，有悖于当时国际社会废止苦力贸易的大环境，以及清政府保护华工权益的政策立场，④ 根据是唐廷枢在《轮船招商局第十一年办理情形节略》中提及："溯查巴西一国，自从前与中国订立通商和约以来，因贾公使屡请本局放船到彼国通商，希冀鼓舞华工前往彼国，自愿津贴巨款。廷枢因念南洋生意，历年未能得手，极欲将'致远''图南''美富'等船，改走西洋，故定出洋游历之行，特践贾公使之约。于光绪九年三月间亲诣该国，面谈商务，连住两月，明察暗访，知彼国黑奴之例未删，疑待华人，不甚周妥，不敢承揽。"⑤ 其次是巴西政府拒绝此前承诺的向中国轮船招

---

① Robert Conrad, "The Planter Class and the Debate over Chinese Imigration to Brazil, 1850 – 1893," *International Migration Review*, Vol. 9, No. 1, 1975, pp. 46 – 47, 转引自茅海建《巴西招募华工与康有为移民巴西计划之初步考证》，《史林》2007 年第 5 期。

② José Roberto Teixeira Leite, *A China No Brasil*：*Influências*，*Marcas*，*Ecos e Sobrevivências Chinesas na Sociedade e na arte brasileiras*, SP：Campinas, Editora da Unicamp, 1999, pp. 121 – 122.

③ 茅海建：《戊戌变法史事考二集》，生活·读书·新知三联书店，2011，第 347 页。

④ 杜娟：《废奴前后巴西关于外来劳动力问题的争论》，《拉丁美洲研究》2019 年第 2 期。

⑤ 唐廷枢：《轮船招商局第十一年办理情形节略》，《字林沪报》1885 年 12 月 1 日，第 3 ~ 4 页。

商局支付每年 10 万元的补贴，改由巴西种植园主来承担这笔费用。唐廷枢认为这将使种植园主和华工形成新的（苦力）契约关系，以致华工负债累累，再次沦为奴隶，因而对此非常不满，不想再谈下去，直言不会把国人送来做奴隶，除非是自由移民。① 最后是因为当时巴西社会上下对华人的歧视比较普遍，唐廷枢考察期间不仅耳闻目睹，更有着亲身经历。他曾致函中国贸易移民公司，"（我）对贵国政府的偏见和知识精英对华工的排斥感到惊愕"。② 据曾作为遣华专使团成员的李诗圃（Henrique Carlos Ribeiro Lisboa）记载，巴西皇帝佩德罗二世（Pedro II）接见唐廷枢时，告知巴西存在普遍的反华情绪，又向其他人宣扬华人将加剧巴西国民的不纯洁性的观点。此外，《德意志报纸》（*Deutsche Zeitung*）主编卡尔·冯·科塞里茨（Karl von Koseritz）甚至嘲讽唐廷枢是卖"蒙古人肉"的商贩。③

上述诸多因素虽然对唐廷枢巴西之行倏然终止有一定影响，但是在钩稽了中外史料、做一更全面的分析之后，就会发现唐廷枢此次巴西之行终止有着更为深层的原因。

二　原因追溯和史料考析

宜从出使的目的讲起，即为何有巴西之行？

唐廷枢自述是因为巴西驻华公使也提出开辟中国至巴西的航线，方便两国商务，并愿意提供巨额津贴，正好轮船招商局开辟的南洋航线受挫，想尝试另辟西洋航线。轮船招商局光绪十年（1884）年结报告写道："溯查巴西一国，自从前与中国订立通商和约以来，因贾公使屡请本局放

---

① 杜娟：《废奴前后巴西关于外来劳动力问题的争论》，《拉丁美洲研究》2019 年第 2 期，第 118 ~ 119 页。

② 杜娟：《废奴前后巴西关于外来劳动力问题的争论》，《拉丁美洲研究》2019 年第 2 期，第 118 ~ 119 页。

③ 杜娟：《废奴前后巴西关于外来劳动力问题的争论》，《拉丁美洲研究》2019 年第 2 期，第 118 ~ 119 页。

船到彼国通商,① 希冀鼓舞华工前往彼国,自愿津贴巨款。廷枢因念南洋生意,历年未能得手,极欲将'致远''图南''美富'等船,改走西洋,故定出洋游历之行,特践贾公使之约。于光绪九年三月间亲诣该国,面谈商务,连住两月,明察暗访,知彼国黑奴之例未删,疑待华人,不甚周妥,不敢承揽。"② 至于未能与巴西政府达成协议的原因,唐廷枢说是巴西没有废除"黑奴之例",对待华工不是很好,所以不敢开通中巴航线。可见,唐廷枢的"商务"应该就是运送华工往返,而巴西歧视华工,或者说没有给予华工平等待遇,是唐廷枢放弃开辟中巴航线的重要原因。

对于唐廷枢巴西之行的缘由,曾跟随唐廷枢出洋考察的袁祖志也曾提及:"缘其时该国将招中土之人前往开垦,奉傅相③命往查有无苛虐之情事故也。"④ 既然中巴航线的重要目的是运送华工,巴西对待华人情况如何,确实是非常重要。因此,唐廷枢赴巴西除考察航线情况,更重要的是考察华人在巴西生活、经商和做工的情况如何。

1887~1889 年,傅云龙奉命游历日本、美国、秘鲁、巴西、英国自治领加拿大、西班牙殖民地古巴、厄瓜多尔、智利、丹麦等,于 1889 年到巴西,停留了 10 多天,观察并记录了一些华工情况,"巴西矿与土多未开辟,是以招工切。据华人言,其待华工尚宽,非古巴秘鲁比。其茶种与制皆借华人力居多,初有千余,余不及三之一,然闻近日又于香港、新嘉坡潜招三船矣"。⑤ 通过翻译,他对当时巴西社会对华工的讨论和态度也有所了解:"谈及招工,云龙言:游历与招工无涉。彼人则谓,无可否责,亦无见闻责耶?翻译曰:见闻固游历分内事。彼人复言:国党二,一逐流党,欲招西工;一自由党,折之以理,意谓西工不如华工者三:费多一也,勤少二也,终且龙断三也。二党官与商民罔弗有之,

---

① 贾公使,即葡萄牙公使贾贵禄 (J. J. Coelho de Carvalho)。
② 唐廷枢:《轮船招商局第十一年办理情形节略》,《字林沪报》1885 年 12 月 1 日,第 3 ~ 4 页。
③ 指李鸿章。
④ 袁祖志:《书唐景星观察事》,《字林沪报》1892 年 11 月 5 日。
⑤ 傅训成整理《傅云龙日记》,浙江古籍出版社,2005,第 382 ~ 383 页。

至待华工之岂否，侨居华人当自言之，愿归时直言无隐。据此对镜而知，中华修道开矿之工直廉可用也。"①

前引几份文件告诉我们，此行应巴西使臣喀拉多之邀约，目的是扩展洲际航行业务，此外，受李鸿章之命，调查华人情形。但无论是唐廷枢还是傅云龙，均未报道华人受虐待的情况，尤其是后者还坚称："其待华工尚宽，非古巴秘鲁比。"

日本的刊物《日本每日邮报》（*The Japan Daily Mail*）② 为我们报道了唐廷枢想在欧洲建立更多的航运点，并在此基础上，将航线扩展至南美洲的巴西的设想：

> 马眉叔（Ma Meh-su），③ 热爱天主的马兄弟，是李鸿章的幕僚。马系朝鲜困局的解围之神，目前在上海。那里有谣言说，在唐景星先生不在的情况下，他将负责轮船招商局的管理。唐与自得来（But-ler）先生一道将于本月 16 日启程前往欧洲。唐景星先生之行的目的是在西方的主要商业中心建立代理机构，以协助在上海的总部处理货物的直接进出口。这是轮船招商局准备马上开始的业务。他们说，唐先生还受命购买一些大型轮船，供拟建的中欧航线使用。④

> 可以肯定的是，李鸿章阁下下定决心，招商局要吸收所有新开业的分支机构与外贸有关的业务中的获利。我们在最近的一期杂志中看到，该企业的唐景星先生现正前往英国，目的是购买一些大型轮船，以供由当地人管理的中欧航线使用。⑤

> 我们了解到，轮船招商局打算建立一条从上海经苏伊士运河到

---

① 傅训成整理《傅云龙日记》，第 215 页。
② 亦称 *The Japan Weekly Mail*：*A Political，Commercial，and Literary Journal*。
③ 即马建忠，《马氏文通》的作者。
④ *The Japan Daily Mail*：*A Review of Japanese Commerce，Politics，Literature，and Art*，Vol. 1，No. 1，May 19，1883，p. 56.
⑤ *The Japan Daily Mail*：*A Review of Japanese Commerce，Politics，Literature，and Art*，Vol. VII，No. 16，April 14，1883，p. 230.

巴西的直接轮船航线，途经热那亚。刚代表公司在欧洲开始工作的唐景星和自得来先生将代表轮船招商局，在意大利小住一段时间。在居家休息的意大利驻中国公使的协助下，他们将在热那亚设立一家代理商。从此，他们将前往巴黎，与前巴西驻华公使喀拉多先生会面并进行磋商。之后，他们将前往英国，目的是购买轮船，然后前往巴西。据了解，这家企业计划者的主要目标之一就是将中国劳工出口到巴西。①

第二任出使美日秘三国大臣郑藻如（1881～1885 年在任）曾条陈巴西招工事宜："昔年唐道廷枢闻其国每年拟助轮船招商局船费十万元，运载华人前往。唐道曾亲至其国察看情形，嗣因水道纡折，须由香港西北行，越苏尔士河，复南经大西洋，而至巴西水马头，计程约四万里。每华工一名，至少需水脚之费一百元，而其国又绝无回头之货，实不合算。唐道旋因上海倒账赶回，事竟中止。继而该国内讧，政治改易，于是遂无起而问之者。"② 这一文件给出了一个新的信息，去程虽可能得到巴西政府 10 万元的补助，可回程"绝无回头之货"，成本核算下来，"实不合算"。但最主要的原因是"上海倒账"事。1872 年轮船招商公局成立后，数月未有起色，难以招股，经营维艰。李鸿章遂邀广东香山籍买办商人唐廷枢和徐润入局，担任总办和会办，掌管局务，改制为"官督商办"，改名"轮船招商总局"。1883 年，唐廷枢赴欧美考察未几，上海爆发金融危机，引发严重的金融倒账风潮，以致徐润亏空巨款。"盛宣怀在查处和重振招商局的过程中，使得'官'与'商'之间的矛盾急剧上升，最终导致了徐润、唐廷枢的离局。"③《北华捷报》曾辟谣说："昨天一则报

① *The Japan Daily Mail: A Review of Japanese Commerce, Politics, Literature, and Art*, Vol. 7, No. 16, April 28, 1883, p. 262.

② 《郑玉轩光禄条陈巴西招工节略》，陈翰笙主编《华工出国史料汇编》第 1 辑第 3 册，中华书局，1985，第 1203～1204 页。

③ 秦文平：《盛宣怀执掌轮船招商局始末（1883～1885）》，《陇东学院学报》2017 年第 6 期，第 76～77 页。

道在中国人中流传，说李中堂（Li Chung-t'ang）已经发电报给唐景星先生让他立刻返回，但是我们认为，这毫无根据。"① 然而，等到唐廷枢回到上海，局面已经无法挽回，他不得不卸任离开。

鉴于巴西议员瓦拉达雷斯在 1885 年 8 月 1 日的议会会议上说过："众议院知道，中国贸易移民公司的主管突然被一封电报召到伦敦，以致其计划成为泡影。"他着重强调"众议院知道"。荷兰人拉尔内也说："据说是因为一封通过伦敦转来的中国电报，他的急速离去是因为中法之间出现的麻烦。"② 这似乎证实了有李鸿章发电报将其召回之事。根据拉尔内的说法，是因为中法冲突。

如此看来，似乎巴西政府拒绝 10 万元的补助成为唐廷枢无功而返的主因。但无论是汉语的文献，还是中外的研究都忽视了一个可能而重要，甚至是起到决定性作用的因素。

三　诸多原因分析

英国因素不得不考虑，因为唐廷枢接受的是英语文化的教育，而且需要保持与英国政商各界的密切联系，尤其是商业关系。唐廷枢此次欧洲之行是要为开辟更多的中欧航线购买大型轮船。唐廷枢前往巴西和从那里返华都经过伦敦并同英国及外国反奴隶制协会进行了接触。在招工问题上，英国通过英国及外国反奴隶制协会表示了坚决的反对。这一态度影响到了唐廷枢的巴西之行。10 万元补助是唐廷枢无功而返的原因之一，但远不能构成主因。巴西皇帝佩德罗二世拒绝给予津贴不仅仅是出于经济的考虑。对巴西这样一个大国来讲，10 万元应该不是什么经济负担。从 1879 年开始，招工便变成了所谓的"中国问题"，因此，华人的

---

① *The North-China Daily News*，May 31，1883，p. 503.

② C. F. van Delden Laerne，*Brazil and Java. Report on Coffee-culture in America，Asia and Africa：to H. E. the Minister of the Colonies*，London：W. H. Allen & Co.，13. Waterloo Place，The Hague：Martinus Nijhoff，1885，p. 149.

输入已经成为巴西社会舆论的焦点。尽管引入华工可以解决废除奴隶制带来的劳动力短缺问题，对巴西经济有益，但面对巴西国内部分媒体和精英的反对浪潮，再加上有英国政府通过英国及外国反奴隶制协会的干预，作为一国之君的佩德罗二世不得不选择了拒绝。

甚至有荷兰学者在1885年就认为："整个事件的失败归咎于英国的影响并非不无可能。……似乎英国政府当时采取了迅速的措施来挫败该计划。"①

英国为什么要极力反对呢？这并不是纯粹因为英国占领了道德的高地，反对不人道的奴隶制。英国在巴西有很大的利益，在当时的情况下，是靠轮船来进行的。如果唐廷枢成功地开辟中国到巴西的航线，势必与他们竞争。说起来，英国是最早企图向巴西输出华工的国家。1843年，英国建议巴西输入6万名中国劳工被拒。② 1855年，巴西拟通过英国输入6000名华工。③ 1855年，英国承包商运进6000名中国劳工修筑铁路。④ 英国人向巴西输入华人有失败，也有成功。只能"我"来做，"你"休想插手，这大概就是英国人的心理。总之，他们高举反奴隶制的大旗，来行阻挠和破坏中巴西之间直接通航之实。英国人不是第一次做这样的事情了。同样打着反奴隶制的旗号，他们大力抨击澳门的契约华工输出，但有史料证明，英国人才是最早在中国沿海的厦门进行苦力贸易的国家。澳门无深水港，因此，契约华工的输出大部分都要经由香港。大概不能说英国与香港没有参与澳门的华工输出吧？

综上所述，失败原因计可有以下数种：

（1）巴西政府拒绝向轮船招商局提供每年10万元的补助；

（2）英国政府和英国及外国反奴隶制协会的阻挠和反对；

① C. F. van Delden Laerne, *Brazil and Java. Report on Coffee-culture in America, Asia and Africa: to H. E. the Minister of the Colonies*, London: W. H. Allen & Co., 13. Waterloo Place, The Hague: Martinus Nijhoff, 1885, p.149.
② 陈太荣、刘正勤：《19世纪中国人移民巴西史》，中国华侨出版社，2017，第17页。
③ 陈太荣、刘正勤：《19世纪中国人移民巴西史》，第17~21页。
④ 陈太荣、刘正勤：《19世纪中国人移民巴西史》，第21~22页。

（3）唐廷枢考察期间感受到了部分巴西媒体和公众对"黄种人"的敌视；

（4）巴西保存奴隶制，唐廷枢怀疑华人会受到种族歧视和虐待；

（5）上海"倒账风波"；

（6）李鸿章发召回电报；

（7）中法冲突。

总之，唐廷枢巴西之行的失败可归咎于多种因素的交叉影响，但我们认为，上述列举诸多因素中，10 万元补贴不像是最主要的因素，而上海的"倒账风波"和英国政府、英国及外国反奴隶制协会的反对才是主因。前者为内因，后者为外因。

诚然，华工输巴为一两难局面。因国际反奴的大形势而造成的劳动力短缺，巴西政府和资方亟须引进新劳动人口，而英国把引进中国劳工视作一种可能的变相奴隶制而加以反对，再加上部分巴西媒体和社会精英的反对，导致了巴西皇帝佩德罗二世采取了反对的态度。需要指出的是，持反对态度的精英不是笼统地反对移民，而是反对中国人的移民，主张欧洲人优先，尤其是德国人。① "许多议员根据欧洲当时所流行的种族理论，诸如白人至上论、社会达尔文主义和进化论，对这个倡议持反对立场。这些理论维护白人至高无上地位，认为（欧洲）白人统治其他种族是天经地义的。根据这一思想逻辑，进口中国'苦力'会妨碍巴西人口的'白化'进程。议员们在表露出对'黄祸'担心的同时，强调引进亚洲人会威胁到巴西的种族形成和政治经济体制。"② 英国人在反奴旗帜之下，隐藏着更深层的政治与经济目的。英国人是打着反对奴隶制这

---

① "其后德据胶州事起，康氏上书奏请定国是，变法维新，激起旧党阻挠，几致杀身于戊戌政变，而出亡海外，于是与巴西通商之事亦即置之，殖民公司随之未成。及游美毕，德人之移民巴西者，岁数十万。我国终以事变侵夺，坐失时机，而康氏欲创立新中国于巴西之构想，遂成泡影矣。"参见蒋贵麟《康南海先生轶事——欲移民于巴西建立新中国》，夏晓虹编《追忆康有为》（增订本），生活·读书·新知三联书店，2009，第 157 页。

② 雅尼丝、伊利克主编《巴西与中国——世界秩序变动中的双边关系》，张宝宇等译，世界知识出版社，2001，第 119 页。

面仁义道德的大旗来阻挠和反对华工输巴。在政治上，抨击此事已不符合时代的潮流，在经济上则是对崛起的华资的打压。英国人和部分巴西社会精英各出一招，但异曲同工——使华工输巴成为泡影。因此，华工输巴不单单是一个劳工输入问题，而是一个掺杂了意识形态、种族主义和民族主义的复杂结症。这需要做多层次、多视角的探讨与分析，才能得到一个比较接近于事实的认知。

结　语

上海的"倒账风波"和英国政府、英国及外国反奴隶制协会的坚决反对是唐廷枢巴西之行失败的最主要因素。由于英国的反对，在前往巴西之前，唐廷枢便知道此行将无果，但是他还不惜破费钱财，不顾劳累前赴巴西，这又是为何？虽《中巴和好通商条约》中无任何对招工的涉及，但实际上，招工已经得到了保证。第一款开宗明义："嗣后大清国与大巴西国暨厥人民永存和好，永敦友谊，彼此皆可前往侨居，须由本人自愿……"[①]"前往侨居"，在当时的情况下，华人只可能通过"招工"的方式进行。虽无明文规定，但这条已经为"招工"埋下了大伏笔。袁祖志认为："国家励精图治，一切步武欧洲。初以开辟草莱，故辄诱胁阿非利加洲黑人，及中土闽广沿海无业游民越洋工作。近以与我中土立约通商，故此令已弛，易为招工之请，临之以官，永禁苛虐，即此一端，亦可征其庶务之日臻上理矣。"[②] 前引葡萄牙内部文件表明，《中巴和好通商条约》是喀拉多和唐廷枢事先沟通好的。当时已经有英国及外国反奴隶制协会的呼声，唐廷枢不得不去一趟巴西，以掩盖其在英国压力下的屈服，给自己找个台阶。再加上到了巴西后，巴西皇帝出于种种考虑，

---

① 李鸿章：《巴西增删条约折 附中巴和好通商条约约稿》，顾廷龙、戴逸主编《李鸿章全集》第9卷，安徽教育出版社，2008，第440页。
② 袁祖志：《瀛海采问纪实》，鄢琨校点，岳麓书社，2016，第27页。《瀛海采问纪实》是作者随唐廷枢出使欧美的见闻观感。

拒绝给予与喀拉多约定的资助，致使唐廷枢顺水推舟，突然从里约热内卢去了伦敦，令整个巴西社会一片哗然，有关谈判也戛然终止。

实际上，此行未果最深层及最主要的原因并非补贴。补贴只是一个导火索，英国的反对才是问题的核心。英国要从中作梗，是因为它在巴西有很大的利益，需要维护。"英国在对巴西贸易中所占的主导地位，以及葡萄牙王室强加于巴西社会的西方生活习惯，除使巴西与亚洲之间的交流减少外，也引起了直至当时尚存于巴西日常生活中的东方习俗的痕迹逐渐被抛弃。此后巴西社会中的欧化趋势呈现出来。但是，东方的显著影响仍未立即消失，一直持续到唐·佩德罗二世王朝之初。"① 一旦建成了中国与巴西之间的直航，英国人的利益势必受到损害。利益所在，英国人最好的说辞便是道貌岸然地挑起反对奴隶制的大旗，将华工输巴说成有可能成为变相奴隶制而加以抨击和反对。唐廷枢有英国文化教育的背景，所以不愿意跟英国人公开作对，于是借着巴西拒绝提供补助的理由，匆匆离开，返回中国。

这个计划原本可以使巴西获得中国劳工，但以失败而告终。在巴西国内知识界，社会和政治运动蜂拥而起，加上英国一再反对，巴西政府在此问题上倍感压力，遂将引入华工的计划束之高阁。

唐廷枢访问巴西的失败不仅仅是他个人及轮船招商局的失败，实际上是中国资本和以英国为代表的国际资本较量的结果。

---

① 伊利克：《中巴关系历史梗概（16 世纪至 1943 年）》，张宝宇译，雅尼丝、伊利克主编《巴西与中国——世界秩序变动中的双边关系》，第 117 页。

洋务运动的语言文本

——纪念《英语集全》出版160周年

何宁宇[*] 本文改为 [*] ◎

【摘　要】　英语是近代以来中西交流的重要媒介。唐廷枢早年在澳门、香港习得英语，继而从事英语翻译工作，开展职业性英语实践，并与兄唐廷桂、弟唐廷庚等为英语学习者编纂《英语集全》。《英语集全》是以官话为主、中西兼容的文化读本，既有承继又有创新，可视为"前汉英词典"，在中国英语词典编纂及中西文化交流史上具有一定的价值。唐廷枢兄弟编纂《英语集全》及其对中国近代英语教育的支持，促进了以英语为载体的西方知识在中国的传播和普及，有助于中国人了解和认识西方世界。《英语集全》的出版和流通，为洋务人员学习英语提供了参考工具书，为洋务运动的开展奠定了语言基础，还传播了洋务知识，是洋务运动的语言文本。

【关键词】　唐廷枢；《英语集全》；洋务运动；文化交流

语言接触是中西交流的重要内容。近代以来，英语逐渐成为沟通中西的重要媒介。随着商贸和传教的发展，"英语"逐渐在广东及沿海地区流行。然而，这种"英语"是中英商人创造出来的一种根据汉语语法、利用英文词汇和粤语发音拼凑出来的语言变体，[①] 即广州英语（Canton English）。广州英语在中西贸易和其他交往中发挥着越来越

---

　*　何宁宇，澳门科技大学社会和文化研究所研究人员，唐廷枢研究中心研究员。

　①　马伟林：《中国皮钦英语的历史演变》，《修辞学习》2004年第3期，第22页。

《唐廷枢研究》第3辑，第45~61页。
Tong King Sing Studies

45

重要的作用，以至取代澳门葡语作为新的"通用语言"，成为中国人与来自不同国家的西方人士沟通的语言媒介。① 鸦片战争后，上海被迫开放为通商口岸。西方殖民主义者、商人和传教士纷纷到来，其中不少原在广州贸易和传教的洋人与广东买办商人和通事转向上海，② 他们也带来了广州英语。广州英语在上海得以广泛传播，并逐渐融合了上海方言特色，形成了有异于广州英语的"洋泾浜英语"。在此发展过程中，汉英双语字词典不断出现，进一步促进了英语在中国的传播和发展。来华传教士在此方面功不可没，他们的编纂行为拉开了中国汉英双语字词典编纂的序幕。中国人也勇于尝试，不仅积极学习英语，同时还编纂了一系列汉英双语字词典，其中，广东香山人唐廷枢及其编纂的《英语集全》最具代表性。

　　近年来，唐廷枢得到学术界一定程度的重视，成果颇多。③ 学术界对唐廷枢的研究主要集中在以下方面：一是他于轮船招商局和开平矿务局担任总办时的经营管理活动，二是他在促进中国工商业和民族资本发展方面所做的努力，三是他在怡和洋行担任买办时的经营投资活动等。此

---

① 吴义雄：《"广州英语"与19世纪中叶以前的中西交往》，《近代史研究》2001年第3期，第 172~202 页。

② 周毅：《近代中西交往中的语言问题研究——作为文化现象的洋泾浜英语》，四川大学出版社，2006，第 48 页。

③ 关于唐廷枢研究，代表性的著作有：汪敬虞《唐廷枢研究》，中国社会科学出版社，1983；胡海建《中国早期工业文明与唐廷枢》，南方出版社，2005。代表性的学位论文有：胡海建《论唐廷枢》，博士学位论文，暨南大学，2003；彭嘉《以唐廷枢为例论近代买办阶级向民族资产阶级的转化》，硕士学位论文，辽宁师范大学，2006；张磊《论〈英语集全〉在高中历史教学中的史料价值》，硕士学位论文，陕西师范大学，2017。代表性的期刊论文有：刘广京《唐廷枢之买办时代》，台北《清华学报》1961年第2期；Smith Carl T.，"The Formative Years of the Tong Brothers: Pioneers in the Modernization of China's Commerce and Industry," *Chung Chi Journal*, Vol. 10, 1971；陈绛《唐廷枢与轮船招商局》，《近代史研究》1990年第2期；李志英《唐廷枢与轮船招商局、开平矿务局的资金筹措》，《北京师范大学学报》（社会科学版）1994年第2期；汪敬虞《从唐氏三兄弟的历史看近代中国资产阶级的产生》，上海中山学社编《近代中国》第12辑，上海社会科学院出版社，2002；刘泽生《唐廷枢与早期中国实用英语教学法》，《广东史志》2002年第1期；冯云琴、樊建忠《晚清官商关系透视——以李鸿章、唐廷枢与开平煤矿为例》，《河北学刊》2009年第2期；何宁宇《唐廷枢的英语观》，林广志主编《唐廷枢研究》第1辑，社会科学文献出版社，2020。

外，学术界对唐廷枢编纂的《英语集全》也进行了有益探索。张磊从高中历史教学的史料价值角度对《英语集全》进行了专门论述，^① 李宁从《英语集全》的文本出发研究了广东（香山）人在洋务活动中的角色及其与洋人的关系，^② 严佐之则根据《华英通语》和《英语集全》的内容探讨了近代南粤对外贸易概况，^③ 何宁宇从《英语集全》文本出发研究了唐廷枢的英语观，^④ 矢放昭文（ヤハナシ アキフミ，Yahanashi Akifumi）对《英语集全》的序言及两种语音做了深入研究，^⑤ 李健灵、马修斯（Stephen Matthews）和史密斯（Geoff Smith）对《英语集全》中的广州英语进行了深入研究并将其还原为标准英语，^⑥ 金善孝（김선효，Kim Sunhyo）和郑圣勋（정성훈，Jung Shenghun）根据《英语集全》中的广州英语研究了洋泾浜英语的词法和句法并与标准英语进行了对比，^⑦ 其他学者多是在涉及《英语集全》某方面时加以简要论述，如邹振环所著《19世纪早期广州版商贸英语读本的编刊及其影响》等。总体而言，学术界对唐廷枢的经营管理活动的研究已较充分，但对其英语学习成果及所纂《英语集全》的研究则较为薄弱，对《英语集全》的认识也较模糊。因此，有必要从语言学、词典编纂学及中外文化交流的视角对《英语集全》进行分析和探讨。

---

① 张磊：《论〈英语集全〉在高中历史教学中的史料价值》。
② 李宁：《〈英语集全〉所反映广东（香山）人在洋务活动中的角色及与洋人的关系》，王远明等主编《被误读的群体：香山买办与近代中国》，广东人民出版社，2010，第398~410页。
③ 严佐之：《〈华英通语〉、〈英语集全〉与近代南粤对外贸易》，张玉春主编《中国古文献与传统文化学术研讨会论文集》，华文出版社，2005，第295~302页。
④ 何宁宇：《唐廷枢的英语观》，林广志主编《唐廷枢研究》第1辑，第59~78页。
⑤ 矢放昭文：《唐廷枢〈英语集全〉的两种语音标写》，《粤语方言研究：第十三届国际粤方言研讨会论文集》，香港城市大学，2009，第271~286页；矢放昭文：《从唐廷枢〈英语集全〉序说起》，第十一届国际暨第二十七届全国声韵学学术研讨会议论文，辅仁大学，2009年，第505~514页。
⑥ Michelle Li et al.，"Pidgin English Texts from the Chinese English Instructor," *Hong Kong Journal of Applied Linguistics*，Vol. 10，No. 1，2005，pp. 79–167.
⑦ 김선효, 정성훈, "중국피진영어 (Chinese Pidgin English) 의언어학적 특성—《英语集全》(1862) 을 중심으로," 한국학 연구 논문집 (6), 중국문화대학교, 2018.

一　唐廷枢的英语习得和实践

唐廷枢的父亲唐宝臣（1799～1864，字广善，号宝臣）早年在澳门做工，结识了澳门马礼逊学校（Morrison School）校长布朗（Samuel Robbins Brown，1810－1880），遂将长子唐廷桂、次子唐廷枢、三子唐廷庚先后送入该校读书。澳门马礼逊学校于 1839 年开办，是澳门较早采用英语教学的西式学校，后于 1842 年迁往香港。唐廷桂和唐廷枢分别于 1839 年和 1841 年进入澳门马礼逊学校，分别进入第一班和第二班；唐廷庚于 1843 年进入香港马礼逊学校，分入第三班。马礼逊学校实行双语教学，一方面开展中文传统教学，另一方面更加注重英文教学，培养学生的英文水平，并将英文学习作为培养学生接受新式教育的工具。① 与唐廷桂同时进入澳门马礼逊学校的学生容闳曾经回忆："玛礼逊学校于 1839 年 11 月 1 日开课，主持校务者为勃朗（即布朗——引者注）先生。先生美国人，1832 年由耶路大学（Yale University）毕业，旋复得名誉博士学位。……以其生平经验从事教育，实为中国创办西塾之第一人。"② 由于马礼逊学校的学生都接受了较为正规的英语教育，因此英语水平提升较快，"校中教科，为初等之算术、地文及英文。英文教课列在上午，国文教课则在下午。予惟英文一科，与其余五人同时授课，读音颇正确，进步亦速"。③ 唐廷枢后来亦回忆，"遂就学数年，颇得其绪，深究之，略能通晓音义"，④ 称自己"受过彻底的英华教育"，时人也多称赞其英语水平，"怡和洋行经理惠代尔（J. Whifall）称赞他'英文写得非常漂亮'；怡和洋行经理机昔（W. Keswick）称其对'英文是这样地精通'；琼记洋

① 乐露露：《马礼逊学校与中西文化交流》，硕士学位论文，江西师范大学，2016，第 28 页。
② 容闳：《西学东渐记》，徐凤石、恽铁樵等译，生活·读书·新知三联书店，2011，第 7 页。
③ 容闳：《西学东渐记》，第 7 页。
④ 唐廷枢：《英语集全》第 1 卷《唐廷枢自序》，清同治元年广州纬经堂版，第 2a 页。

行的费伦（R. I. Fearon）则称赞他'说起英语来就像一个英国人'"，① 丁日昌夸奖他"于各国情形以及洋文洋语罔不周知"，郑观应评价他"象译全通海国音"，李鸿章赞其"熟精洋学"。

唐廷枢离开学校后，积极开展英语实践。首先担任政府翻译。鸦片战争后，香港被迫割让给英国。英国人及其他外国人不断涌入香港，致使香港社会语言结构发生变化，外来语英语逐渐占据主导地位。这种变化对中国人与外国人间的正常交流造成了语言障碍，翻译工作应运而生。1847 年，唐廷桂担任香港地方法院翻译，年薪 125 英镑。1851 年，唐廷桂被解职，唐廷枢顶替了他的位置，年薪 100 英镑。② 唐廷枢 1853 年升任正翻译，1856 年代理香港大审院华人正翻译，1857 年赴沪先后担任上海江海关副大写、正大写及总翻译之职，1861 年开始代理怡和洋行长江一带生意。唐廷枢离开学校步入社会，增长了不少见识，丰富了他的工作经历和人生阅历。他所从事的中英翻译语言实践工作，极大地提升了他的英语应用能力，为其编纂《英语集全》奠定了坚实基础。

19 世纪五六十年代，西方列强加紧侵略中国，包括商贸在内的中外交流持续发展，唐廷枢见洋务人员由于英语语言知识的匮乏而多被外国人欺诈蒙骗，"因睹诸友不通英语，吃亏者有之，受人欺瞒者有之，或因不晓英语受人凌辱者有之"。③ 随着中外交流的发展和中外商贸的快速增长，他逐渐意识到英语在晚清社会尤其是商贸中的重要性，"外国人到我国贸易，最大莫如英美两国，而别国人到来，亦无一不晓英语。是与外国人交易，总以英语通行"。④ 而从事洋务的人员也多来向他请教，他颇觉烦扰，打算利用自己的英语优势编纂一部汉英词典，以消烦恼，"洋务

① 转引自郭秀文等《清代广州与西洋文明》，汕头大学出版社，2006，第 129～130 页。
② T. Smith Carl, "The Formative Years of the Tong Brothers: Pioneers in the Modernization of China's Commerce and Industry," *Chung Chi Journal*, Vol. 10, 1971, pp. 85–87；参见施其乐《中国近代工商业先驱——唐氏兄弟之青年时代》，袁琴、何宁宇译，林广志主编《唐廷枢研究》第 1 辑，第 108～110 页。
③ 唐廷枢：《英语集全》第 1 卷《唐廷枢自序》，第 2b 页。
④ 唐廷枢：《英语集全》第 1 卷《唐廷枢自序》，第 4a 页。

中人多来问字，余见烦扰，思辑此书，以作闭门避烦之计"。① 于是，他
不断学习、收集和整理汉英词汇，最终词典于 1862 年完成并在广州出
版，初名为《华英音释》，出版时更名为《英语集全》。唐廷枢之兄唐廷
桂、弟唐廷庚在马礼逊学校就读时也掌握了一定的英语知识，具有扎实
的英语基础，因此参与了《英语集全》的校订工作，提高了《英语集
全》的准确性。唐廷枢三兄弟早年在澳门和香港求学时所学的英语及其
他西方文化知识，以及他们担任英语翻译的实践经历和他们所处的较为
开放的时代大环境，逐渐培养和锻炼了他们卓越的英语应用能力，这为
编纂《英语集全》以及他们的个人事业都打下了扎实的基础。1863 年，
唐廷枢开始担任怡和洋行总买办，② 1873 年被李鸿章札委为轮船招商局总
办，1876 年又受李鸿章委派前往直隶开平（今河北唐山）勘察煤铁矿，
并于 1878 年创办开平矿务局并任总办，直至 1892 年病逝于天津。

二　前汉英词典：《英语集全》的性质

　　从目前的研究成果来看，学术界对包括《英语集全》在内的中国人编
纂的类似著作的性质存在争议。一是认为它是词汇书，周振鹤认为《英语
集全》属于"早期英语词汇会话集"，③ 是"国产的分类词汇集"，④ 严佐
之认为"《华英通语》和《英语集全》是我国早期的两部汉英词书，说
的准确些，应该是汉英词书的雏形，也就是那种供人学习英语的简易入
门读本——英汉对照的词语会话集"；⑤ 二是认为它是英语读本，邹振环
将《英语集全》描述为"商贸英语读本"，并认为它是"篇幅最大、编

---

① 唐廷枢：《英语集全》第 1 卷《唐廷枢自序》，第 2a 页。
② 刘广京：《唐廷枢之买办时代》，台北《清华学报》1961 年第 2 期，第 143 页。
③ 周振鹤：《鬼话·华英通语及其他》，《读书》1996 年第 3 期，第 132 页。
④ 周振鹤：《书同文与广方言》，《读书》1992 年第 10 期，第 149 页。
⑤ 严佐之：《〈华英通语〉、〈英语集全〉与近代南粤对外贸易》，张玉春主编《中国古文献
　 与传统文化学术研讨会论文集》，第 295 页。

著水平最高的粤语注音英语读物"，① 胡波也认为它是"英语读本"；② 三是认为它是教材（教科书），李宁和高永伟认为《英语集全》是"一部英语教材"，③ 莫再树认为它是"晚清商务英语教科书"，④ 冷东等认为它是"中国人特别是广东人学习英语的第一部词典教科书"，⑤ 李艳和刘泽生都认为它是"中国人学习英语的第一部教科书和词典"；⑥ 四是认为它是字词典（辞书），胡海建认为它是"中国人自己编著的第一部英汉字典"，⑦ 张磊认为它是"百科式的辞书"，⑧ 吴义雄认为"《英语集全》是兼备词典和教科书性质的综合性著作"，⑨ 英国人奥尼尔（Mark O'Neil）认为它是"中国人编纂的首部英汉词典和百科全书"，⑩ 英国人博尔顿（Kingsley Bolton）认为它"不仅是词典，而且是现代买办的学习手册"。⑪

学者从不同角度概括了《英语集全》的性质。通过对《英语集全》的分析，笔者赞同词典一说。黄建华认为，一般意义上的"词典"应该具备四个基本特点：汇集词语或词语的某些部分，按单个词分别处理，提供一定数量的信息，按一定方式编排。⑫《英语集全》汇集了多个主题

① 邹振环：《19世纪早期广州版商贸英语读本的编刊及其影响》，《学术研究》2006年第8期，第96页。
② 胡波：《香山买办与近代中国》，广东人民出版社，2007，第11页。
③ 李宁：《〈英语集全〉所反映广东（香山）人在洋务活动中的角色及与洋人的关系》，王远明等主编《被误读的群体香山买办与近代中国》，第398页；高永伟：《邝其照和他的〈华英字典集成〉》，《复旦外国语言文学论丛》2011年第1期，第101页。
④ 莫再树：《晚清商务英语教学源流考镜》，博士学位论文，湖南大学，2012，第157页。
⑤ 冷东、金峰、肖楚熊：《十三行与岭南社会变迁》，广州出版社，2014，第272页。
⑥ 李艳：《洋务运动活动家唐廷枢对晚清英语实用人才的培养》，《兰台世界》2014年第4期，第77页；刘泽生：《唐廷枢与早期中国实用英语教学法》，《广东史志》2002年第1期，第67页。
⑦ 胡海建：《论唐廷枢》，第13页。
⑧ 张磊：《论〈英语集全〉在高中历史教学中的史料价值》，第1页。
⑨ 吴义雄：《"广州英语"与19世纪中叶以前的中西交往》，《近代史研究》2001年第3期，第190页。
⑩ Mark O'Neill, *Second Tang Dynasty: The 12 Sons of Fragrant Mountain Who Changed China*, Hong Kong: Joint Publishing (H. K.) Co. Ltd., 2014, p.100；参见马克·奥尼尔《唐家王朝改变中国的十二位香山子弟》，张琨译，南方日报出版社，2016，第74页。
⑪ Kingsley Bolton, *Chinese Englishes: A Sociolinguistic History*, Cambridge: Cambridge University Press, 2003, p.176.
⑫ 黄建华：《词典论》，《辞书研究》1983年第1期，第86~87页。

的汉语词目及对应的英语，为每一个汉字提供了粤语注音，并为对应的英语提供了汉字注音，此外还对部分词条进行了解释，且按照汉语词目类别编排。因此，笔者认为词典这一定义与《英语集全》的形态较为吻合，最能概括它的特点，反映它的本质属性。徐振忠认为，词目语言和释义语言分属英语和汉语两种语言的双语词典，称为英汉词典或汉英词典，其中以英文词语为词条的，称为英汉词典，以汉语词语为词条的，称为汉英词典。[①]《英语集全》是以汉语词语为词条的，因此是汉英词典。不过，《英语集全》仅为中文词条提供了对应的英文翻译，却未提供英文释义，也没有例句和索引。《英语集全》与同时代的《鬼话》《红毛番话》《华英通语》《英话注解》等中国人编纂的类似著作都有此特点，这是它们的一大缺陷。从中国人编纂汉英词典的发展历程来看，这些著作产生于 19 世纪中前期，处于汉英词典发展过程的较早阶段，具备汉英词典的某些特征但又存在缺陷，是汉英词典的早期形态，属于"前汉英词典"。以《英语集全》为代表的前汉英词典，在中国汉英词典史上具有特殊的重要意义。将它们定义为"前汉英词典"，既能揭示《英语集全》等类似著作的本质属性，又能反映中国人编纂汉英词典的发展脉络。

在对《英语集全》进行分析时，学者往往忽视了它是官话还是方言这个问题。唐廷枢是广东人，谙熟粤语，极易让人认为《英语集全》是以粤方言为基础的。然而，仔细分析就会发现此说法不完全正确。唐廷枢虽身处粤方言语境，但《英语集全》并非以粤方言为主。《英语集全》共六卷，其中第一、二、三、五卷的中文词目均以官话为主，而非粤方言。这些众多的官话词条构成了《英语集全》的主体。不过，为了方便广东人学习会话，《英语集全》第四卷和第六卷的会话词条使用了粤方言。整体来看，《英语集全》的词目是以官话为主的。因此，笔者综合分析后认为，《英语集全》是以官话为主的前汉英词典。

---

① 徐振忠编著《英文词典实用指南》，华东师范大学出版社，1995，第 17 页。

三 中西兼容:《英语集全》的文本

清同治元年（1862），《英语集全》由纬经堂在广州出版，英文书名
是 *The Chinese and English Instructor*。第一卷卷端题"英语集全卷一，羊
城唐廷枢景星甫著，兄植茂枝、弟庚应星参校，陈恕道逸溪、廖冠芳若
溪同订"。据唐有淦研究，《英语集全》出版后就没有再版了。[①] 笔者也
进行了大量查检，确如其说。不过，根据上海悦生栈于不同时期在《上
海新报》和《申报》所刊的广告来看，《英语集全》至少有过 6 次重印，
分别是 1862 年底、1867 年、1893 年、1896 年、1897 年和 1898 年，其重
印的底本都是 1862 年的版本。《英语集全》共 6 卷，全书共 579 叶 1158
页，由序言、读法、切字论和正文组成。张玉堂、吴湘分别为《英语集
全》作序，唐廷枢另作自序。为方便中国人学习英语，唐廷枢还撰写读
法和切字论，介绍英语基础知识特别是发音方法。正文以汉语词句立目，
共 524 叶 1048 页，其中卷一、卷二、卷三、卷四前半部以及卷五以中英
文词语为主，卷四后半部和卷六以商贸对话句语为主。正文由词条、注
音和备注三部分组成。

《英语集全》的词条主题广泛，内容丰富，收录单词短语 8456 组、
长短句 1578 组，共计 10034 组。词条的编排顺序，首先是将所有词条划
分为 53 门，各门再细分为 123 类，各类下面罗列若干词条。各卷收录词
条大类如下：卷一，天文、地理、时令、帝治、人体、宫室、音乐、武
备；卷二，舟楫、马车、器用、工作、服饰、食物、花木；卷三，生物
百体、玉石、五金、通商税则、杂货、各色烟、漆器/牙器/丝货、匹头；
卷四，数目、颜色、一字门、尺寸、斤两、茶价、官讼、句语；卷五，
人事；卷六，匹头问答、卖茶问答、卖肉问答、卖鸡鸭问答、卖杂货问
答、租船问答、早晨问答、早膳、问大餐、小食、大餐、晚餐、雇人问

---

① 唐有淦:《唐廷枢与〈英语集全〉》,《珠海乡音》1988 年第 11 期,第 38 页。

答、晚间嘱咐、买办问答、看银问答、管仓问答、出店问答、探友问答、百病、医药。词条的编排格式，首先罗列中文词条，其右是用罗马拼音标注的该词条的粤语读音，粤语读音下面是该中文词条对应的英文翻译，英文翻译左侧是用汉字标注的该英文的读音。词条的编排风格沿袭了中国传统的竖排版式，而非西方现代的横排版式。

《英语集全》的注音系统分为三个部分。一是使用罗马拼音标注中文词条的粤语读音，方便外国人学习粤语，如"广州城"的注音为"Kwong chow foo"，"西洋国"的注音为"Sae yeong kuok"等。二是使用汉字对英文读音进行注音，方便中国人学习英语，尽管这会导致英语发音不准确，但在当时却有利于对英语一无所知的中国人了解和学习英语发音并据此模仿，如"八月"的英语为"August"，该英语读音的汉字注音为"恶加士"，"医馆"的英语是"hospital"，汉字注音为"贺士必打"等。三是在英文的汉字注音上面添加代表特定意义的辅助符号，帮助学习者更加准确地发音，如"顿号、""三角形△""圆圈○"等，其中"顿号"的意思是"凡遇有点之字，只可将该字出口音略略说之，不可将该字全字读出声也"。[①]

《英语集全》的备注系统也分为三个部分。一是对中文词条加以解释说明，使得学习者明白词条的意义；二是对英语的特殊用法加以解释说明，方便学习者了解中英文的差异；三是为部分正规英语添加对应的"广东英语"的汉字注音，以便学习者对广东英语和正规英语进行比较，促使其理解和学习正规英语。如"许久不见"对应的正规英语为"I have not seen you long"，英文的汉字注音为"挨虼乎嫩先哟郎"，备注的广东英语的汉字读音为"米哪思哟郎店"，还原为广东英语即为"my no see you long time"。

《英语集全》如实地记录了 19 世纪中国和西方社会的若干现象，展现了中西方社会在新时代下的发展情况。一方面收录了反映中国传统

---

① 唐廷枢：《英语集全》第 1 卷《唐廷枢自序》，第 2b 页。

社会政治、经济、历史、文化等方面的若干词条，如体现中国封建专制
制度的词条：太上皇、皇亲、亲王、驸马、内阁大学士、军机大臣、尚
书、宰相、太监、钦差、知府、知县、军师、状元、翰林、秀才等。体
现中国传统经典著作的词条：《易经》《诗经》《礼记》《孝经》《小
学》《三字经》等。体现中国经济度量衡的词条：丈、钱、两、斛、
担、斗、升等。另一方面收录了反映西方现代社会新事物、新科技、新
观念、新思想等方面的若干词条，如体现西方国家名称的词条：英吉利
国、花旗国、西洋国、何兰国、瑞典国、查文尼国、化兰西国等。体现
西方外贸货物的词条：安息香、自鸣钟、时辰表、千里镜、八音琴、玻
璃片、珊瑚、香水等。体现西方经济度量衡的词条：码、加仑、磅、
吨、盎司等。体现西方现代交通工具的词条：火船、火车、火车路等。
《英语集全》反映了中国传统社会和西方现代社会在物质、精神和文化
等方面的异同，折射出中西社会世界观和价值观的差别，是中西兼容的
文化读本，有助于中西文化交流，《英语集全》也成为中西文化交流的
缩影。

四　承继和出新：《英语集全》的价值

17 世纪以来，随着中英交流的增多，英语在中国逐渐发展。在此过
程中，中外人士编纂的汉英双语字词典不断出现。其中，来华传教士的
贡献突出，英国传教士马礼逊（Robert Morrison，1782 - 1834）编纂了
《华英字典》，麦都思（Walter Henry Medhurst，1796 - 1857）编纂了《英
汉字典》，美国传教士卫三畏（Samuel Wells Williams，1812 - 1884）编纂
了《英华韵府历阶》，德国传教士罗存德（Wilhelm Lobscheid，1822 -
1893）编纂了《英华字典》等。与此同时，中国人为了学习英语也进行了
诸多探索和实践，如 19 世纪上半叶流行于广州的《鬼话》《红毛番话》，
子卿编纂的《华英通语》，冯泽夫等编纂的《英话注解》，唐廷枢编纂的
《英语集全》，杨勋编纂的《英字指南》等。中外人士编纂的汉英双语字词

典，促进了中西文化的交流和传播，而《英语集全》正是其中的典型，既承继了前汉英词典的传统又多有创新，具有一定的学术价值。

第一，《英语集全》是现存汉英双语字词典中最早使用"英语"一词命名的。周振鹤认为"英语"一词最早出现在 1855 年何紫庭为子卿所著《华英通语》所作的序言中，"凡英邦文字，久深切究，恒虑华言英语，不异于北辙南辕"。① 据他分析，写序之人在不经意间，以与"华言"对偶的形式创造了"英语"这个词，不过此时"英语"还不是一个正式术语，他认为作为正式术语的"英语"首次面世见于 1862 年出版的《英语集全》。② 但笔者发现，1843 年由英国驻宁波领事罗伯聃（Robert Thom, 1807－1846）编纂的《华英通用杂话》序言中出现了"英语"一词："余寓粤东多年，颇通汉语，然计汉人畅晓英语者，不过洋务中百十人而已。"③ 显然，这里的"英语"是一个术语，而且比子卿的早了 12 年。但由于《华英通用杂话》影响有限，"英语"一词并没有被广泛接受和使用。

对于"英语"一词在字词典名称中的使用，张玉堂在为《英语集全》所作的序言中称："前此非无《英语撮要》等书，但择焉不精，语焉不详。"④ 由此可知，在《英语集全》出版之前，《英语撮要》已经使用"英语"一词命名并出版了。《英语撮要》后多次修订出版，笔者通过公开信息查检到的最早的《英语撮要》，是 1896 年由上海申昌书画室以《增广英语撮要》之名出版的，⑤ 而《英语集全》序言中提及的早期版本《英语撮要》查无信息。周振鹤也说："不过据该书（《英语集全》——引者注）序言所说前此尚有《英语撮要》一书，然未见。"⑥ 笔者整理了 19

---

① 周振鹤：《知者不言》，生活·读书·新知三联书店，2008，第 288 页。
② 周振鹤：《鬼话·华英通语及其他》，《读书》1996 年第 3 期，第 136 页。
③ 罗伯聃：《华英通用杂话》，1843，第 1 页。笔者通过澳大利亚国家图书馆（National Library of Australia）查阅了该书的电子版。
④ 唐廷枢：《英语集全》第 1 卷《张玉堂序》，第 2a 页。
⑤ 澳门公共图书馆藏有 1898 年版《增广英语撮要》。
⑥ 周振鹤：《鬼话·华英通语及其他》，《读书》1996 年第 3 期，第 136 页。

世纪中前期中外人士编纂的主要汉英双语字词典目录，① 发现先于《英语集全》使用"英语"命名的字词典仅有《英语撮要》，而此版本的《英语撮要》现已遗失。因此，《英语集全》是现存汉英双语字词典中最早以"英语"命名的。不过，如果《英语撮要》或者其他早于《英语集全》的以"英语"命名的字词典被发现，《英语集全》的这一定位将被改写。唐廷枢使用"英语"命名《英语集全》，正式确立了"英语"这一术语，并促进了"英语"一词的普及和广泛流传。

第二，《英语集全》是前汉英词典中规模最大最完整的。邱志红整理了六种版本的《红毛番话》。《红毛买卖通用鬼话》（荣德堂本）和《红毛通用番话》（成德堂本）的页数和词条数是一样的，正文均是 8 叶 16 页，词条数均是 372 个；《红毛通用番话》（璧经堂本）除了收录 372 个英语词条外，还增加了 22 个来源于葡萄牙语的词条；《红毛番话贸易须知》（以文堂本）和《红毛番话贸易须知》（五桂堂本）基本一致，均是 6 叶 12 页，395 个词条；而《红毛番话贸易须知》（富桂堂本）是一残本，仅有 5 叶半 11 页，收词仅 93 个。②

根据矢放昭文的研究，《华英通语》共有四种刻本，包括东北大学狩野文库本（1855，协德堂版）、福泽谕吉本《增订华英通语》（1860，快堂藏版）、哈佛大学本（1860，西营盘恒茂藏版）和耶鲁大学本（1879，藏文堂版）。据他统计，狩野文库本和福泽谕吉本收载的词语和会话内容接近，狩野文库本为 2614 条，福泽谕吉本为 2629 条，哈佛大学本达

---

① 这些双语字词典主要有：1815～1823 年马礼逊编纂的《华英字典》，19 世纪上半叶流行于广东的"鬼话、红毛番话"系列，1842 年麦都思编纂的《华英字典》，1844 年罗伯聃编纂的《华英通用杂话》和卫三畏编纂的《英华韵府历阶》，1855 年子卿编纂的《华英通语》，1859 年湛约翰编纂的《英粤字典》，1860 年子芳编纂的《华英通语》（重订本）和冯泽夫编纂的《英话注解》，1862 年以前编纂的《英语撮要》以及 1862 年唐廷枢编纂的《英语集全》等。

② 邱志红：《"鬼话"东来："红毛番话"类早期英语词汇书考析》，《清史研究》2017 年第 2 期，第 116～117 页。

2893 条，耶鲁大学本仅有 93 页 1480 条。① 另据肖炜曦对《华英通语》的研究，福泽谕吉本收录的词条数为 2625 条，哈佛大学本共 181 叶 362 页 2883 条，② 和矢放昭文的统计略有差异。此外，谢蓉蓉对《英话注解》（1865 年版）做了统计，共 92 页 39 个门类，2291 条词汇及句子。③ 而唐廷枢编纂的《英语集全》多达 6 卷，正文共 524 叶 1048 页，单字、词汇、短语、句子等共分 53 门 123 类，共计 10034 组。④ 显然，无论是卷册、页数、门类还是收词数，《英语集全》都是前汉英词典中规模最大最完整的。邹振环也说《英语集全》"篇幅最大、编著水平最高"。⑤

第三，《英语集全》是前汉英词典中最早专章记录中国人关于英语语言文字及其发音研究的。前汉英词典主要使用汉字为英文注音，其目的是方便中国学习者学习英文读音并模拟发音。不过，汉字注音存在缺点，很难准确表达英语读音，而且不同的人发音不尽相同，这会导致读音和英文词句不匹配，容易出现错误，增加沟通难度。因此，唐廷枢在《英语集全》中开辟专章"切字论"和"读法"，粗略分析了英语语言文字及其发音。这是中国人较早专章论述英语语言文字及其学习方法的。

在"切字论"中，唐廷枢首先说明了中英语言字母的差异。他分析了中英文字构成及发音的区别，介绍了切字法的相关知识，认为汉字切字法和英语切字法的原理都是一样的。为了解决使用汉字为英语注音出现的有音无字的问题，他使用独特方法，即先选择发音最相近的汉字，然后在该字左侧加上一个口字旁创造出一个新字，再为这些新创造

---

① 矢放昭文：《〈华英通语〉反映的一百五十年前粤语面貌》，张洪年、张双庆、陈雄根主编《第十届国际粤方言研讨会论文集》，中国社会科学出版社，2007，第 432 页。
② 肖炜曦：《〈华英通语〉研究》，硕士学位论文，广州大学，2016，第 18～19 页。
③ 谢蓉蓉：《洋泾浜文本〈英话注解〉的文化特色研究》，《宁波大学学报》（人文科学版）2017 年第 1 期，第 25 页。
④ 张磊：《论〈英语集全〉在高中历史教学中的史料价值》，第 15 页。
⑤ 邹振环：《19 世纪早期广州版商贸英语读本的编刊及其影响》，《学术研究》2006 年第 8 期，第 96 页。

的字编列一定的切音法，学习者根据这些新字的切音来学习英文发音。如"吉"字，加上口字旁成为"咭"，规定"咭"字使用"其押切"。在"读法"中，唐廷枢首先说明了中外语言读音停顿的问题，接着详细说明了由于中英语言文字的差异，使用汉字标注英文读音产生的发音语气和音韵等问题。为了使中国人的英语发音更加准确、地道，唐廷枢在汉字注音处引用了多种特殊符号用以辅助发音，如直线、顿号等，并为每一种符号制定了详细的发音规则。[①] 唐廷枢的"切字论"和"读法"，不仅普及了英语基础知识，促进了晚清社会对英语的认识和了解，而且帮助了国人学习英语，一定程度上解决了当时英语的发音问题。

此外，唐廷枢在《英语集全》中备注的大量汉字注音广州英语，使得《英语集全》成为目前所见规模最大的广州英语语料库。《英语集全》正文前出现了英文题名页和英文前言，这在前汉英词典中是首次出现，在当时中国人出版的著作中也是少见的。《英语集全》目录处标注了各章节在正文中对应的页码，这在前汉英词典中是首次出现，在当时中国人出版的著作中也是少见的，对中国的出版业有所启发。《英语集全》内容以社会生活为主，偏重商业贸易，特别是众多实用的问答对话，不仅普及了商业知识，还促进了商务英语的流行等。

结 语

唐廷枢、唐廷桂、唐廷庚等编纂的《英语集全》，推动了中国汉英词典的发展，促进了英语在中国的传播和普及，是近代英语和粤语发音演变、汉英词典史、晚清社会语言现象以及文化变迁等研究的重要史料，亦对汉英翻译史、近代英语教育、出版业等有一定的学术价值。唐廷枢出身寒微，却以精通英语"通行"于港英政府、现代海关、海外企业，

---

① 何宁宇：《唐廷枢的英语观》，林广志主编《唐廷枢研究》第 1 辑，第 70 页。

为参与中国近代工商业建设奠定了基础。这些受到学界的关注，但其所纂《英语集全》对中国字词典和英语发展的影响和贡献却未受到应有的重视。事实上，"唐廷枢虽然是买办，但他不仅仅是买办，凭借这部《英语集全》，就能奠定他在学术上的地位了"。① 研究《英语集全》，不仅可以拓展唐廷枢研究的领域，进一步认识唐廷枢之于中国近代化的意义和价值，而且可以重构近代以唐廷枢为代表的时代精英初识外部世界的语言观、世界观及其文化调适，研究总结他们在促进英语在中国的传播和发展、推动中西文化交流等方面的作用和贡献。

《英语集全》出版的前一年，即 1861 年，清政府设立了办理洋务和外交事务的中央机构——总理各国事务衙门，标志着洋务运动的正式兴起。1894 年，中日甲午战争爆发，北洋海军全军覆没，持续了 30 多年的洋务运动破产。《英语集全》于 1862 年出版，迟至 1898 年还在售卖，可见其出版和流通完整地涵盖了洋务运动的整个过程。在这一历史进程中，《英语集全》为洋务运动的开展提供了语言基础。一是为洋务人员学习英语提供参考工具书。如曾纪泽曾在英语学习的过程中多次阅读《英语集全》，"光绪三年十一月十五日，晴，辰正起，剃头，看《英语集全》良久；光绪三年十二月初三日，晴，辰正起，阅《英语集全》"。② 二是为洋务学堂乃至社会英语教育提供参考工具书。洋务运动的兴起催生了英语热，社会对英语人才需求大增，英语教育也随之兴盛，而《英语集全》则成为当时为数不多的"英语教材"。三是传播大量与洋务相关的知识。《英语集全》收录了大量反映西方现代商贸、社会文化生活的词目，为国人了解和学习西方提供了文本，助力洋务运动开展。唐廷枢曾在《英语集全》自序中这样评价该书："自思不足以济世，不过为洋务中人稍为方便耳。"《英语集全》出版后，确如唐廷枢所言，它为洋务运动的发展做出了自己的贡献，是名副其实的洋务运动的语言文本。除了编纂汉英词

---

① 王远明、颜泽贤主编《百年千年：香山文化溯源与解读》，广东人民出版社，2006，第 8 页。

② 《曾纪泽日记》（中），岳麓书社，1998，第 708 页。

典外，唐廷枢还担任中英翻译，直接充当中西语言交流的中介，重视中国英语教育事业，支持傅兰雅（John Fryer，1839－1928）开办英华学馆，资助留美幼童，资助并管理格致书院等。唐廷枢之于洋务运动的语言实践，形成了独特的"唐廷枢现象"。

旧金山早期华侨领袖唐廷桂史事钩沉

宾睦新* ◎

【摘　要】　唐廷桂，又名唐植，是早期赴美华人，具有良好的英语教育背景，了解美国文化，曾协助美国传教士施慧廉向旧金山华人传教；在美期间翻译了《采金条规》，担任旧金山法庭传译员，积极维护华人权益；并组织粤剧班"鸿福堂"赴美演出，慰问华人，展示中华文化；又出任阳和会馆总董，服务更多华人。唐廷桂还组织华人捐资修建华人教堂，参加美国独立日巡游，接待来访的美国重要人物，积极协调华人与当地人之间的矛盾，帮助华人融入美国社会，展示积极的中国形象。唐廷桂是一位重要人物，其贡献显而易见。对唐廷桂进行个案研究，有助于我们了解早期旅美华人华侨的生存和发展状况，特别是对于还原和丰富中美两国在经济、文化交流和社会交往方面的历史样貌具有一定的参考价值。

【关键词】　唐廷桂（唐亚植）；美国华人；阳和会馆；施慧廉；鸿福堂

前　言

唐廷桂（1828 年 12 月 23 日～1897 年 7 月 6 日），清代广东省香山县唐家村（今珠海市香洲区唐家湾镇）人，乳名亚植，原

---

　*　宾睦新，澳门科技大学社会和文化研究所博士研究生，珠海澳科大科技研究院助理研究员。

《唐廷枢研究》第 3 辑，第 62～76 页。
Tong King Sing Studies

名唐植，曾用名国华，官名廷桂，字建安，号茂枝，曾被误写为"唐廷植"，英文名为 Tong Achick 或 Tong Mow Chee。① 其乃家中长子，有唐廷枢、唐廷庚、唐廷坚三个弟弟。② 1839 年 11 月 1 日成为澳门马礼逊教育协会学校的首批 6 名学生之一；③ 1843 年作为翻译官，随首任英国驻上海领事巴富尔（George Balfour）前往上海参与开埠事宜；④ 1844 年 9 月返校继续学业；⑤ 1847 年 10 月 16 日，在香港巡理府法庭（Chief Magistrate's Court）做传译员；1849 年马礼逊学校关闭后，又改入圣保罗书院继续学业；1851 年 9 月涉嫌海盗案，被法院辞退。⑥ 唐廷桂被解雇后，又因妓女案而绯闻缠身，⑦ 正好一位同族叔叔在美国旧金山谋生，以及美国西部发现金矿后出现"淘金热"，于是他决定前往试试运气。⑧ 唐廷桂的这位叔叔曾在香港传票官（Sheriff）霍尔德福斯（Charles Gorden Holdforth）那里做事。霍尔德福斯是澳大利亚人，大概 1842 年到中国经商，1845 年在香港巡理府办公室任职，先后担任二等书记员、验尸官、传票官、助理巡理府等职务，1850 年 3 月因犯事担心被捕而托病休假 10 个月，带着两

---

① 唐廷桂乃其正名，唐植是原名，唐亚植是乳名，唐国华是化名，唐茂枝是讳称，唐茂之是唐茂枝误写，唐杰、唐实、谭亚祺、童·阿奇、唐阿植、唐阿七是回译错误，唐廷植是研究者创造的错误名。唐廷桂所用各名情况，参见宾睦新《唐廷桂正名考》，《澳门研究》2022 年第 2 期。
② 唐氏兄弟情况见《唐景星家谱》，珠海市博物馆唐越先生提供。
③ "Catalogue of the Pupils that Have Been, and New Are in the Morrison Education Society's School," *The Chinese Repository*, Vol. 12, 1843, p. 623.
④ "The Sixth Annual Report of the Morrison Education Society," *The Chinese Repository*, Vol. 13, 1843, p. 625.
⑤ "The Seventh Annual Report of the Morrison Education Society," *The Chinese Repository*, Vol. 14, 1845, p. 475.
⑥ James William Norton-Kyshe, *The History of the Laws and Courts of Hong Kong*, Vol. 1, Hong Kong: Noronha and Company, 1898, p. 293.
⑦ James William Norton-Kyshe, *The History of the Laws and Courts of Hong Kong*, Vol. 1, pp. 307 - 308.
⑧ 施其乐：《中国近代工商业先驱——唐氏兄弟之青年时代》，袁琴、何宁宇译，林广志主编《唐廷枢研究》第 1 辑，社会科学文献出版社，2020，第 108~110 页。

名中国仆人乘坐凯尔索号（Kelso）前往旧金山定居，再未返回香港。[①]
唐廷桂的叔叔就是霍尔德福斯带去旧金山谋生的仆人。[②] 就这样，唐廷桂
有机会成为最早赴美国西部谋生的中国人。

一　服务上帝，向华人宣教

1848 年，北美洲西部上加利福尼亚的萨克拉门托发现金矿，世界各
地的人们纷纷涌来淘金。广东沿海百姓获悉后，也陆续加入了淘金的队
伍。1849 年到达美国加州的华人仅 325 人，1850 年升到 450 人，[③] 1851
年猛涨到一万多人，1852 年增加到两万多人。[④] 北美洲西部此时正处于开
发阶段，各色人等蜂拥而至，大多以开矿采金为业，竞争激烈，生存环
境比较恶劣。华人相对于欧洲移民而言，是后来者、弱势者。"宗教信仰
就成为华人个人和群体的心灵安慰和道德维系、生活尊严的必要精神支
柱。"[⑤] 华人所到之处，皆会修建庙宇。1850 年初，冈州同乡会在旧金山
修建了关帝庙，三邑同乡会修建了妈祖庙，供奉中国本土神灵，以祈求
护佑。[⑥]

华人的大量到来引起了美国基督教新教各派的关注。美国以往主要
是向东南亚和中国派遣传教士，现在美国西部华人数量庞大，自然也有
了传教的必要，于是教会计划派遣熟悉汉语的传教士前往旧金山。然而

---

① James William Norton-Kyshe, *The History of the Laws and Courts of Hong Kong*, Vol. 1, pp. 276 – 277; G. B. Endacott, *A Biographical Sketch-book of Early Hong Kong*, Hong Kong: Hong Kong U-niversity Press, 2005, pp. 116 – 117; Patricia Lim, *Forgotten Souls: A Social History of the Hong Kong Cemetery*, Hong Kong: Hong Kong University Press, 2011, pp. 140, 190; 冼玉仪：《穿梭太平洋：金山梦、华人出洋与香港的形成》，林立伟译，中华书局，2019，第 58 ~ 59 页。
② Carl T. Smith, *Chinese Christians: Elites, Middlemen, and the Church in Hong Kong*, Hong Kong: Hong Kong University Press, 2005, p. 220.
③ Mary R. Coolidge, *Chinese Immigration*, New York: Henry Holt and Co., 1969, p. 498.
④ 陈依范：《美国华人》，郁苓、郁怡民译，工人出版社，1985，第 55 页。
⑤ 杨凤岗：《北美华人宗教》，《中国宗教》2001 年第 1 期。
⑥ 杨凤岗：《北美华人宗教》，《中国宗教》2001 年第 1 期。

熟悉汉语的英美传教士大多在中国，教会一时难以调派人员前往加州。唐廷桂计划前往美国旧金山谋生，自然引起了香港的英美两国传教士的关注，他们计划举荐唐廷桂协助旧金山传教士向华人传教。唐廷桂在澳门和香港接受了十多年的西式教育，马礼逊学校（Morrison School）校长鲍留云（Samuel Robbins Brown）、教员哪呢（Samuel William Bonney）和咩士（William Allen Macy）都是美国传教士，以及经常来授课的英国传教士理雅各（James Legge）、美魏茶（William Charles Milne）、美国传教士文惠廉（William Jones Boone）、裨治文（Elijah Coleman Bridgman）、麦嘉缔（Divie Bethune McCartee）、哈巴安德（Andrew Patton Happer）等。① 唐廷桂经过十多年的耳濡目染，对基督教也比较亲近，也就成为英美传教士计划向美国加州派遣传教士助手的最佳人选。

唐廷桂离开香港之前，即1851年6月29日，香港维多利亚主教施美夫（George Smith）为三名圣保罗书院的学生洗礼，唐廷桂就是其中之一，教名 Laying-cheu。② 施美夫给唐廷桂写了一封推荐信，向加利福尼亚的基督教领袖做引荐。马礼逊学校的教师哪呢也写了介绍信给美国圣经公会（American Bible Society）驻加州代理人比埃尔（Frederic Buel）、旧金山长老会传教士亨特（Timothy Dwight Hunt），以及旧金山商人博奇（William Orvin Bokee）等人。③ 亨特牧师于1840年毕业于耶鲁学院（Yale College），1844年赴檀香山传教，1848年10月29日抵达旧金山，是第一位在加州定居的基督教新教传教士。比埃尔牧师于1849年到旧金山传教。博奇于1845～1847年在广州传教，住在同孚洋行，1849年妻子去世后，他携子定居旧金山。哪呢向两位传教士和一位商人引荐唐廷桂，主要就是希望三人能够照顾到初来乍到的唐廷桂，唐廷桂也能帮助两位牧师向华人传教。

---

① 王杰、宾睦新：《中国近代民族工业先驱唐廷枢》，广东人民出版社，2021，第24～25页。
② 施其乐：《中国近代工商业先驱——唐氏兄弟之青年时代》，林广志主编《唐廷枢研究》第1辑，第112页。
③ Carl T. Smith, *Chinese Christians: Elites, Middlemen, and the Church in Hong Kong*, p. 45.

唐廷桂的到来让加州的教会人士欣喜若狂，因为旧金山华人日渐增多，但是没有懂中文的牧师可以给华人传教。1852 年 1 月，唐廷桂到达美国，先是在加利福尼亚的教会工作。① 旧金山基督教长老会长老汉布利（Thomas C. Hambly）组织了一个中文圣经班。班里最初四人，其中就有唐廷桂和李根（Lee Kan 或 Lee Akan）。李根是唐廷桂在马礼逊学校的同学，也是这一年刚到旧金山。

1852 年 10 月，施慧廉（Rev. William Speer）来到了旧金山，和唐廷桂见面相识，计划一起推动在华人社区的传教工作。施慧廉 1846 年抵达中国，在广州和澳门传教，精通广东话。1851 年 1 月因为健康原因返回美国。1852 年被长老会派到旧金山向华人传教，直至 1857 年离开。1853 年 11 月 6 日，他带领四名信徒，创办了美洲大陆的第一个基督教长老会华人教会——中华基督教长老会。旧金山华人同乡会馆、公司等纷纷捐资修建华人教堂，唐廷桂的公司（Tong K. Achick & Co.）和李根的公司（Lee Kan & Co.）也各自捐了 100 美元。② 他出任 1854 年 4 月 22 日创刊的美国第一份中文周刊《金山日新录》（The Golden Hills News）的编辑。1855 年 1 月 4 日，他创办了中文报纸《东涯新录》（The Oriental），由李根任编辑。施慧廉还开设了医疗所为华工提供服务，反对排华法案，是旧金山华工的支持者。虽然施慧廉想要借助在香港教会学校接受了西学为主、兼顾中学的新式教育的唐廷桂和李根的力量，来推动旧金山华人社会的传教工作，但是唐廷桂的心思已经不是传教，而是维护在美华人的权益。虽然唐廷桂没有参加施慧廉创办的首个旧金山华人教会，但是经过唐廷桂的宣传，就在华人中募集到大量资助，从而为华人教堂的建设出资出力。

---

① Edward Arthur Wicher, *The Presbyterian Church in California 1849 - 1927*, New York: F. H. Hitchcock, 1927, p. 312. 该书记录唐廷桂抵达旧金山后，先是在教会协助曾经赴华传教的牧师施慧廉向华人传教。

② "Chinese Memorial Subscription to a Christian Church," *The New York Herald* (morning edition), No. 7591, 1853, p. 2.

二 服务华人，维护华人权益

唐廷桂抵达旧金山，正逢华工与欧洲劳工开始出现矛盾冲突。19世纪50年代，大批华人前往旧金山采矿，然而已经错过先机，仅少数华人入矿场淘金。大多数华人进入当地农场、渔船、工厂、商店、酒店工作，或者到当地人家中做帮佣，或者自设公司或杂货店，销售当地产品或中国产品，或者开设饭店、洗衣店，不可避免地与欧洲移民来的劳工形成竞争关系，容易产生矛盾冲突。华人勤劳简朴，吃苦耐劳，工资廉价，易于管理，很少招惹是非，还能够接受做一些欧洲移民不愿意做的脏活累活，任劳任怨，所以非常受欢迎。但是，在欧洲劳工看来，华人抢走了他们的工作机会和工资收入，加上"白人至上"的种族优越感，欧洲劳工便找各种借口排斥和污蔑华人劳工，由此引发各种排华事件，最终形成规模较大的排华风潮和排华运动。1852年旧金山爆发排华运动。1854年加州又掀起新的排华浪潮。

唐廷桂在这样的历史背景和社会环境下来到了旧金山。他虽然一开始是为了协助传教而进入华人社区，但是为了融入华人社区和获取华人信任，唐廷桂积极维护在美华人的权益。唐廷桂借着自己在香港巡理府法庭工作数年的经验，不仅熟悉西方法律，积累了丰富的法庭经验，而且跟当地华人关系都比较好——一些华人来美前，曾与唐廷桂打交道。唐廷桂也颇有见识和胆略，敢于挺身而出，多次与加州政府交涉，运用美国法律为华人声讨公道。最终，唐廷桂对传教的兴趣减少，而更有兴趣或者意向服务此时因不熟悉英语和美国国情而利益受损的同乡，于是专门为华人同胞提供服务。

华人抵达美国后，由于人地生疏，语言不通，不了解当地情况，容易触犯法律而被惩处。唐廷桂抵达美国后不久，积极翻译当地律法，以使华人方便行事，避免违法被罚。1850年4月13日，加州政府通过了《外国矿工税法》（*The Foreign Miners' Tax Act*），每月征收每个外国矿工20

美元的税，但很快就在 1851 年废除。1852 年 4 月 9 日，新任加州州长毕格乐（John Bigler）订立了《外国矿工许可证税法》（*The Foreign Miners' License Tax Act*），每月征收外国矿工 3 美元税费，如果拒绝或无法缴纳税款，税务人员可以合法地收取和出售矿工的财产。一些或真或假的税务员趁着华工不会英语，向华工索取钱财，伤害甚至杀死华工来赚钱，从而导致大量华人被驱逐出矿场。唐廷桂将该法案翻译成中文，印制了4000 多份，在所有华工的矿场传发，让华工知道新的矿工法案，尽力避免华工不知情况而利益受损。旧金山市政府将唐廷桂译稿印制了 4000份，分发到各个有华工的采矿营地。①

为了让想要或者正在去旧金山淘金的中国人了解美国加州政策变化，以便应对，唐廷桂将《采金条规》寄回香港，刊登在报刊上，以便流传。唐廷桂将译文摘选了一部分取名《采金条规》，发表在《遐迩贯珍》1853 年 8 月第 1 号。②《遐迩贯珍》是香港的第一份中文报刊，由英华书院校长、英国传教士理雅各创办。1849 年，马礼逊学校关闭后，学生分散到英美传教士所办学校继续学业，唐廷桂转到哈巴安德的圣保罗书院，唐廷枢和唐廷庚转入到理雅各所办的英华书院。《采金条规》能在《遐迩贯珍》上发表，很可能就是唐廷枢和唐廷庚向理雅各推荐的缘故。

为了扭转美国加州民众和政府对华人的态度，唐廷桂等熟悉英语的华人甚至主动找到加州州长交涉，并在当地报刊发表致州长的公开信，积极维护华人权益。1852 年 4 月 29 日《上加州日报》（*Daily Alta California*）③、4 月 30 日《旧金山先驱报》（*San Francisco Herald*）④、5 月 5 日

① Richard Cole, "Tong Achick Certifies that the Foreign Miner's Tax Law Has Been Faithfully Translated into the Chinese Language," *The Wyandot Pioneer*, Vol. 1, No. 7, 1853, p. 2.
② 《采金条规》，《遐迩贯珍》1853 年第 1 号，香港英华书院。
③ "Letter of the Chinamen to His Excellency Governor Bigler," *Daily Alta California*, 1852, p. 2.
④ "Letter of the Chinamen to His Excellency Governor Bigler," *San Francisco Herald*, Vol. 2, No. 319, 1852, p. 2.

《沙加缅度联盟》（*Sacramento Daily Union*）① 和《圣地亚哥先驱报》（*San Diego Herald*）②、6 月 5 日《纽约时报》（*The New York Times*）③、6 月 17 日《东部邮报》（*The Eastern Mail*）④、6 月 26 日《佐治亚市民报》（*The Georgia Citizen*）⑤ 等美国各地的报刊纷纷转载，足见唐廷桂等人致加州州长函所引发的关注和热议，甚至连香港的《德臣西报》也转载和讨论了这份公开信。⑥ 这封公开信提出了两个问题，说明反对排华，中国有理，取消排华，美国有利；指出华人移民并非"苦力"而是自由人，中国商人对美国经济有重大贡献；纠正一些美国人对中美关系的错误认识，强调中美两国的经济往来有益于美国。唐廷桂还作为旧金山华人代表拜会了加州州长毕格乐，阐述华人对加州的诸多贡献，请求州长说服美国矿工遵守立法机关通过的法律，允许外国人、中国人以及其他人在矿场工作以缴纳税款。⑦ 经过旧金山华人的各种努力，加州议会最终否决了收税法案，广大采矿华工和华侨商人的合法权益得到保护。

唐廷桂抵达旧金山后，就通过各种方式为华人发声，积极维护华人权益，获得了美国华人的信任和认可，被选为华侨领袖。随着广东各地来美的移民大量增加，又以血缘和地域划分，各自成立了三邑会馆、宁阳会馆、肇庆会馆、和合会馆、冈州会馆、阳和会馆等同乡组织，又称六大会馆或六大公司，并于 1854 年联合成立中华公所。这时候会馆具有同乡会组织的互助互济的作用，派人到码头迎接新到的同乡，安排其住

---

① "Letter of the Chinamen to His Excellency Governor Bigler," *Sacramento Daily Union*, Vol. 3, No. 353, 1852, p. 2.

② "Letter of the Chinamen to His Excellency Governor Bigler," *San Diego Herald*, Vol. 1, No. 49, 1852, p. 2.

③ "The Chinese in California," *The New York Times*, 1852.

④ "The Chinese in California," *The Eastern Mail*, Vol. 5, No. 48, 1852, p. 2.

⑤ "Chinese Letter to Gov. Bigler," *The Georgia Citizen*, Vol. 3, No. 12, 1852, p. 1.

⑥ "The Chinese in California," *Overland China Mail*, Vol. 9, No. 71, 1853, p. 2.

⑦ 《唐廷桂等华人致加州州长毕格勒的公开信》，赵殿红译，林广志主编《唐廷枢研究》第 1 辑，第 155～161 页。

宿，甚至帮忙寻觅工作，为同乡移民提供最初的保障，不致流离失所。1852 年 9～10 月，旅居旧金山的香山县黄梁都三灶田心村人袁生（Norman Assing）、香山县恭常都上栅村人蔡丽碧、恭常都前山村人刘祖满，以及李子均和唐廷桂等同乡，在天寅街创办了阳和会馆，推举唐廷桂担任"通事"，负责与美国人的交涉事宜。此后，来自东莞、增城、博罗三县的华民见阳和会馆在保护同胞方面确实卓有成效，于是踊跃加入。

由于清政府此时尚未在美国设立使馆或领事机构，华人只能团结起来，成立各种同乡"会馆"以自保。当同乡与当地人发生冲突，或者利益受损时，或至法院起诉及被控诉时，会馆出面代表华人与当地政府或法院进行交涉，尽力维护同胞权益。1853 年，加州议会新立法案，禁止华人采矿。唐廷桂等旧金山华人会馆负责人代表华人参加了加州议会举办的听证会，阐述华人立场，坚决维护华人权益。然而，唐廷桂等旧金山华侨领袖并没有扭转美国西部日益严峻的排华局势。1854 年，加州又掀起新一轮的排华浪潮，要求向旧金山所有华人征收人头税，以此限制中国移民。美国国务院为此还专门邀请唐廷桂作为华人代表前往华盛顿，以便共商解决之法，最后华人移民没有被限制入美。①

旧金山华人之间偶尔也会因利益纠葛而起冲突，唐廷桂会主动去调解同胞之间的矛盾纠纷。1852 年 5 月，有两家同乡组织为争抢地盘而起纷争，唐廷桂邀请双方负责人见面，以便了解情况，化解矛盾。其中一方怀疑唐廷桂有失公允，以致气氛紧张，进而发展到打斗，甚至有人持枪闯入会议室，吓得唐廷桂从窗户逃出来，再从二楼跳到一个铁皮雨棚上。雨棚被踩塌，唐廷桂摔到地上，虽然受了一点伤，但总算捡回一条命。此时唐廷桂刚到美国才几个月，未有根基，没有威信，因而心有余而力不足，未能如愿解决问题。②

---

① "The Obsequies of the Late Mr. Tong Mow-chee," *The North-China Herald and Supreme Court & Consular Gazette*, 1897, p. 459.

② "To His Excellency Gov. Bigler," *Daily Alta California*, Vol. 3, No. 128, 1852, p. 2.

三 沟通中美，传播中华文化

唐廷桂的优势在于其教育背景，以及得到了香港主教的推荐，耶鲁毕业生鲍留云、哪呢的推荐，有着基督教信仰，比较容易得到美国人的信任，容易融入当地社会，同时又熟悉华人情况，很容易就成为中美方文化交流的桥梁。1852 年 5 月 8 日，《上加州日报》报道唐廷桂在法庭上，用流利的英语控告一个美国人对他进行恐吓。①

唐廷桂等侨领还组织华人参与美国独立日活动，以便展示华人形象，也让华人更好地融入当地。1852 年 7 月 4 日，香山县同乡袁生组织华人参加旧金山的美国独立日巡游活动，唐廷桂首次参加这类活动。据当地报刊报道，有三四百个华人参加了美国独立日巡游活动。华人队伍由四个人领头，游行队伍中的一些人举着另一条横幅，上面写着"奔向共和"和"7 月 4 日以后永远是中国人的节日"等具有象征意义的文字；一辆由四匹灰马拉着的四轮马车上坐着一群华人乐师；几个会馆领导坐着马车或骑着马出席，其他人步行跟随；整个华人队伍由袁生指挥。② 1854 年 7月 4 日，已经担任阳和会馆领袖的唐廷桂再次组织华人参加旧金山庆祝独立日大巡游。据报道，唐廷桂、阿兴（Ah-Hing）、赖英（Ly-Ing）骑着骏马，穿着彩色的丝绸长袍，戴着帽子，其后跟着一辆帆布篷车，里面载着一群中国乐队在敲锣打鼓拉二胡，后面是两个穿着蓝色丝绸、手持扇子的华人，然后是一队戴着柳条做的盾牌、拿着木棍长枪的华人，这队像是军队的队伍中有一面红缎子做的中国旗帜，上面绣着金色图案，华人队伍的最后又是一队中国乐队。华人巡游队伍几乎吸引了所有人的注意。③ 7 月 10 日，《上加州日报》报道旧金山 7 月 4 日独立日大巡游盛

---

① "An Educated Celestial," *Daily Alta California*, Vol. 3, No. 128, 1852, p. 2.

② "Chinese Celebration of July 4th," *Carroll Free Press*, Vol. 19, No. 40, 1852, p. 1.

③ "Chinese American," *Nashville Union and American*, Vol. 25, No. 367, 1854, p. 2; "Chinese American," *Daily Register*, Vol. 55, No. 70, 1854.

况，唐廷桂处于华人队伍中的重要位置。① 此后，唐廷桂经常组织华人参加旧金山庆祝美国独立日的大巡游活动，有文献可查的就有两次，分别在 1854 年 7 月 4 日②和 1857 年 7 月 4 日。③

图 1　1852 年 7 月 5 日旧金山华人参加庆祝美国独立日大巡游（最后为华人队伍）

①　"Celebration of the Anniversary of Our National Independence," *Daily Alta California*, Vol. 3, No. 190, 1852, p. 7.

②　"Chinese Americans," *Nashville Union and American*, Vol. 25, No. 367, 1854, p. 2.

③　"Celebration of the 4ᵗʰ," *Nevada Journal*, Vol. 7, No. 8, 1857, p. 2.

1852 年 12 月 30 日，《旧金山先驱报》提及几天前加州高级法院的一个涉及华人的案件，就是由唐廷桂担任翻译和辩护人。唐廷桂是一位聪明的中国人，熟悉英语。① 唐廷枢负责的当事人的宣誓方式比较特别，证人用中文在一张黄纸上写一些字，然后宣誓提供真实的证据，再由出席的治安官烧掉。法官问唐廷桂这是不是中国人最庄严的宣誓形式，唐廷桂回答说不是，还有更庄严的仪式，但是这次审判没有采用。②

戏剧是传统中国人喜欢的艺术形式。大量中国人到美谋生，也带去了中国文化，其中之一就是戏剧。1852 年，粤剧团（Tung-fok-tong）③ 赴美演出，这是中国历史上首次有剧团赴美演出，慰藉远在异乡的华人，也是美国人了解中国戏剧文化的一个窗口、一次机会。在美华人枯燥乏味的异域生活添加了乐趣。粤剧团首先到美国，就是因为早期到美国的华人大多来自广东珠三角地区。粤剧团初期能吸引华人来观剧，但是随着剧目更新较慢，观众减少，美国当地人对中国戏剧的好奇心也在减少。1852 年 10 月 16 日，《圣华金共和报》刊登了一封 10 月 11 日来自图奥勒米河（Tuolumne River）的读者来信，提及唐廷桂认为这里的美国人很友好，会让华人工作。④ 同日，《上加州日报》刊登了唐廷桂和袁生发布"鸿福堂"剧团的宣传广告，称这是中国戏剧首次在美演出，地点在三桑街美国大剧院（American Theatre，Sansome Street），有 123 名演员，开演时间为 10 月 18 日，首场演出的节目有《八仙上寿》（*The Eight Genii, Offering Their Congratulations to the High Ruler Yur Hwang, on His Birthday*）、《苏秦六国封相》（*Too Tsiu Mmade High Minister by the States*）、《关云长送嫂嫂之灞桥》（*Parting at the Bridge of Parkew of Kwan Wanchang and*

---

① "Chinese Oaths," *The New York Herald* (morning edition), No. 7345, 1853, p. 2.

② "Chinese Oaths," *The New York Herald* (morning edition), No. 7345, 1853, p. 2.

③ 首个粤剧团的中文名称未见史册记载，而美国报刊所刊英文名亦有十多种拼写，如 Hong Hook Tong、Hong Took Tong、Hong Fook Tong、Hook Took Tong、Hook Tong Hook、Tung Hong Took、Tung Hook Tong、Tung Hook Long，也有写作华人剧团（Chinese Theatre）或东方剧团（Oriental Theatre）的，回译同同福堂、鸿福堂、同图堂。

④ "The Asiatics," *San Joaquin Republican*, Vol. 2, No. 83, 1852, p. 2.

Tsow Tsow)、《窦娥冤》(*The Defeated Revenge*) 等四部中国经典戏剧，剧场晚上 6 点半开门，7 点开演，门票价格为：私人包厢 6 美元，前排 4 美元，正厅后排座位 2 美元，顶层楼座位 2 美元。① 票价明显偏高，所以几天后，票价就调整下来，价格减半。剧团根据当地情况，在粤剧演出之前，上演了一部"最受欢迎、最美丽的"美国闹剧《邻家之妻》以吸引当地观众，也是让华人了解美国的形式；剧本也从首演的文戏变成更吸引人的武戏，有各种精彩的武术场面。② 由于观众减少，剧团辗转前往华人聚集的城市巡游。1852 年到达纽约后，由于该地华人的总人数相对而言还是较少，剧团仅靠着几万华人的票房难以维系，最后靠着资助回国，少量演员留在了当地谋生。美国人对于粤剧的看法，正面的观点认为演员服装和道具华丽，值得一看，特别是翻滚技巧，让他们极为惊叹；负面的观点，认为锣鼓弦乐吵闹难听，男扮女装和高音假嗓让人不适。观看中国戏剧，过语言关和文化关才能看懂，导致美国人对粤剧没有兴趣，只能看个新奇。看戏剧，犹如看西方的歌剧，专业性要求比较强，对服装、脸谱、装饰的区分，对唱念做打的了解，要积累很多知识，特别是外国人更要积累大量中国文化才能看懂。1853 年 12 月 4 日，《上加州日报》报道波士顿的丹尼斯 (G. G. Dennis) 资助鸿福堂返回中国。③ 唐廷桂等人将粤剧引入美国，不仅让美国人多了一个了解中国文化的窗口，也为加州华人提供了除赌博、吸食鸦片、光顾妓院等之外的健康娱乐方式，也提供了一个社交场所，丰富了华工的精神世界、业余生活。

除了组织华人参加美国独立日巡游活动，唐廷桂还组织华人参与旧金山的其他重大活动。1859 年 11 月 16 日，美国陆军总司令斯科特（Win-

---

① "Chinese Theatre," *Daily Alta California*, Vol. 3, No. 287, 1852, p. 2.

② 《粤剧大辞典》编纂委员会编《粤剧大辞典》，广州出版社，2008，第 1088 页。

③ "The Chinese Dramatic Tong Hook Company Have Been Offered a Passage to China by G. G. Dennes, Esq., of Boston on Condition that the Commissioners of Emigration Would Furnish Them with Provisions for the Voyage. The Board Accepted the Proposition," *Daily Alta California*, Vol. 4, No. 315, 1853, p. 3.

field Scott）中将到旧金山访问。斯科特将军是美国开国以后，继华盛顿之后的首位美国陆军中将。旧金山各界人士都非常欢迎将军来访。18日下午，将军准备启程前往俄勒冈州时，唐廷桂作为华人社区的代表，穿着中国服装，欢送斯科特将军，得到了将军的亲自接见和握手。唐廷桂用流利的、纯粹的英语发表了一个简短的演说，他说："非常幸运能够代表旧金山华人同胞，向美国陆军总司令宣告表达崇高的敬意，并钦佩将军阁下的伟大成就，祝愿将军阁下能够长久保持健康和幸福。"斯科特将军回答说："很感激中国居民对我表达的善意，希望美国和中国的友好关系能够永远不间断地继续下去，并相信在美国的自由制度下，加利福尼亚华人将幸福地生活。"唐廷桂的英语表达能力，让斯科特将军和在场的所有人都非常震惊。[1]

唐廷桂对华人移民非苦力的阐释，宣扬华人移民有助于美国西部发展等观点，组织华人参加美国独立日活动、接待美国陆军总司令斯科特中将等活动，积极展示华人形象，以流利、纯粹的英语和优雅的举止，赢得了当地人的尊敬，对于美国人了解中国移民以及中国文化，有着积极的效果。

结　语

1859年底，唐廷桂见美国加州排华的歪风邪气日渐猖獗，华人在旧金山就业和生活都非常艰难，以及出于家庭原因，[2] 于是选择了回国发展，

---

① 唐廷桂拜会斯科特将军的情景，有以下报刊报道："Departure of General Scott," *Daily Evening Bulletin*, Vol. 9, No. 9, 1859, p. 2; "Enthusiastic Reception of Gen. Scott at San Francisco," *The Day Book*, Vol. 5, No. 37, 1859, p. 2; "Gen. Scott in California," *Nashville Patriot*, 1859, p. 2; "Gen. Scott's Departure for San Juan Island," *The Press and Tribune*, Vol. 13, No. 118, 1859, p. 2; "Gen. Scott's Departure for San Juan Island," *Glasgow Weekly Times*, Vol. 20, No. 38, 1859, p. 2.

② "The Obsequies of the Late Mr. Tong Mow-chee," *The North-China Herald and Supreme Court & Consular Gazette*, 1897, p. 459.

在福建"报捐州同职衔"。① 随后，1860 年任江海关通事；1863 年因贿案
被江苏巡抚丁日昌关押；1865 年经唐廷枢集资购买美商旗记铁厂捐给朝
廷，方得释放，赴香港经营华熙糖局（Wahee Smith & Co.）；1871 年任
天津怡和洋行买办，1873 年任上海怡和洋行总买办，直至 1897 年去世。

唐廷桂早年在港澳接受西式教育，能够借助美国法律来维护华人的
权益，为美国华侨华人所做的贡献，在大洋两岸的东西方人士之间广泛
传颂。1872 年，其养子唐荣俊（杰臣）赴美留学十年，在旧金山还能听
到唐廷桂的名字在老华侨中传颂，在美国纽约博物馆还看见了一面墙上
有唐廷桂的画像，写着"一位著名的中国商人"。②

唐廷桂作为早期旅美华侨及侨领，在美国的活动轨迹以及积极维护
华人权益、传播中华文化上的事功，都是值得肯定的，也非常需要深入
研究，以便了解早期旅美华人华侨的生存和发展状况，特别是中美两国
经济和文化交流情况。

---

① 《请办海关唐国华勒索详》，赵春晨编《丁日昌集》（上），上海古籍出版社，2010，第 262 ~
263 页。
② "The Obsequies of the Late Mr. Tong Mow-chee," *The North-China Herald and Supreme Court & Consular Gazette*, 1897, p. 459.

唐廷枢与郑观应关系考述

邵　建[*]◎

【摘　要】　鸦片战争后，数量众多的广东籍买办北上当时中国最大的口岸城市上海，凭借熟悉洋务、资金雄厚等优势，他们在较短的时间内发展成为一支具有相当影响力的社会群体，还与洋务派官僚、江浙商人等群体有了诸多合作，彼此间形成了较为复杂的社会关系。唐廷枢、郑观应作为广东籍买办的代表，在同一年来到上海发展，在此后漫长的岁月中二人始终保持着深厚的同乡情谊和良好的私交。本文聚焦唐、郑二人的交往、合作、投资等方面，阐释二人关系的演进，进而揭示这段关系得以维系的主要原因。

【关键词】　唐廷枢；郑观应；广东籍买办；上海

鸦片战争后，一批广东籍买办随着洋行在沪开办业务来到上海。他们汇聚在中国最大的口岸城市，由于乡情、血缘、家族、工作、投资等关系，彼此间相互关联、嵌套，形成了较为广泛和复杂的社会关系。他们当中，一些人由于共同的利益和相对一致的政治立场，交往频繁，关系紧密，保持着良好的私交，彼此之间形成了类似利益共同体或政治同盟的私人关系。在动荡的晚清时期，由于政治局势不断变化和官场倾轧的牵扯，以及工作与利益纠葛，朋友间能够一直相互信任、维系良好私交的并不是很多。唐廷枢与郑观应就是其中的代表，二人同一年赴上海大显身手，在此后漫长的岁月中保持着深厚的同乡情谊和良好的私交实属不易。

---

* 邵建，历史学博士，上海社会科学院历史研究所研究员。

《唐廷枢研究》第 3 辑，第 77～92 页。
Tong King Sing Studies

一 唐廷枢和郑观应的家族与经历

唐廷枢和郑观应的家乡广东香山，后来有买办之乡的称号，同时也是著名的侨乡。与香山比邻的是长期被葡萄牙人占据的中国东南沿海最重要的对外贸易口岸澳门，不远处的省会广州是中西贸易交流的中心城市，香山在这样一个地理环境之下产生了一大批与洋人打交道的人，唐廷枢的父亲唐宝臣、郑观应的父亲郑文瑞就是这样的人物。

唐廷枢生于道光十二年（1832），是香山县唐家村（今珠海市唐家湾镇）人。唐家并非香山一带的显赫人家，唐廷枢少年时期家境较贫寒，父亲唐宝臣是个地道的农民，却敢闯有远见。为了养家糊口，唐宝臣走上了一条与众不同的谋生路，就是跑到马礼逊学校当差，学校的校长是美国耶鲁大学毕业的布朗（Samuel Robbins Brown，也作鲍留云，容闳《西学东渐记》中译勃朗①）。给洋人打工，这在当时也算得上是凤毛麟角了，唐宝臣发现给洋人打工风险不大且收入稳定，所以他认为孩子长大了跟着洋人讨生活是很好的选择。于是，"近水楼台"的唐宝臣就把自己的孩子送到洋人开办的学校读书。1839 年，澳门马礼逊学校招生，唐廷枢 11 岁的哥哥唐植（即唐廷桂）入学。1841 年，9 岁的唐廷枢入学，后来唐廷枢的胞弟唐廷庚也于 1843 年进入该校学习。容闳曾回忆当时读书的情景："校中教科，为初等之算术，地文及英文、国文。英文教课列在上午，国文教课则在下午。予惟英文一科，与其余 5 人同时授课，读音颇正确，进步亦速。"② 可见，唐廷枢与容闳一样在学校里受到了比较正规的西学教育，能说一口流利的英语，为之后的职业生涯打下了很好的基础。

走出学堂后的唐廷枢，做过翻译，开过当铺，投资过企业，还编纂出中国第一部汉英词典《英语集全》。1858 年，唐廷枢来到上海，开始

---

① 容闳自述 1841 年进入澳门马礼逊学校读书，参见容闳《西学东渐记》，宾睦新编著《中国留学生之父：容闳作品选读》，广州出版社，2020，第 18 页。
② 宾睦新编著《中国留学生之父：容闳作品选读》，第 18～19 页。

大放异彩。唐廷枢到沪后先后任江海关副大写、正大写及总翻译；1863年，任怡和洋行买办；1873年7月，被李鸿章札委任轮船招商局总办（唐廷枢离任怡和洋行后，推荐其兄唐廷桂接任）；1876年，筹建开平煤矿，任开平矿务局总办，与徐润等创办仁和保险公司；1885年以后，唐廷枢离开招商局，专任开平煤矿，1892年在任内病故。唐氏家族在唐廷桂、唐廷枢兄弟的带领下，以怡和洋行为中心，逐渐成为当地有名的买办家族，其族兄弟唐高权（瑞芝）、唐高亮（翘卿）也都是闻名的买办和大商人，唐廷枢的侄子唐荣俊（杰臣）此后也担任了怡和洋行买办，加上此前担任买办的唐廷枢、唐廷桂，唐家占据该关键位置近半个世纪。

郑观应道光二十二年出生于香山县雍陌村（今中山市三乡镇雍陌村）。郑观应17岁时童子试未中，随后放弃科考道路前往上海谋生。到上海后，先后进入新德洋行、宝顺洋行工作，后担任宝顺轮船公司经理。1875年，被太古洋行轮船公司聘为总理兼管账房、栈房等事，权力相当于总买办。1878年以后参与创办洋务派企业上海机器织布局、上海电报局，兼任帮办、总办等职。1882年，专事上海轮船招商局，历任帮办、总办。1884年初，担任湘军营务处总办。1885年后，退隐澳门，其间撰写并出版《盛世危言》。1891年初复出，担任开平煤矿粤局总办，同年重返轮船招商局任帮办。1896年兼任汉阳铁厂总办。1903年署理广西左江道。1904年以后相继出任粤汉铁路工程局、广东购地局、粤汉铁路有限公司总办。1909年重返轮船招商局，任董事、营业科长、会办总稽查等职。1921年6月14日在上海提篮桥招商局公学居处病逝。

与唐廷枢家族不同，郑氏家族是当地有名的书香世家及商绅之家。据《郑雍陌祖房谱》载，郑氏自郑观应曾祖父始，家族已经发达。郑观应的曾祖父郑国维，诰赠奉直大夫，覃恩晋赠荣禄大夫；祖父郑鸣岐，① 诰赠

---

① 郑起凤，字丽周，号鸣岐，郑国维次子，候选巡视厅，例授登士左郎，诰赠奉直大夫，貤赠朝议大夫，送赠通奉大夫，覃恩晋赠荣禄大夫，生于乾隆五十二年（1787），卒于道光十七年。详见《郑雍陌祖房谱》。

奉直大夫，覃恩晋赠荣禄大夫；父亲郑文瑞，诰授奉直大夫，光禄寺署正随带，加二级，赏戴花翎，覃恩晋封通政大夫，迭封荣禄大夫。

二 唐廷枢对郑观应的提携与帮助

唐廷枢比郑观应年长 10 岁，后来次子唐荣健（夙兴）娶郑观应堂妹（郑廷江之女）为妻，所以唐、郑二人算得上是姻亲。唐廷枢对郑观应关照有加，为郑观应日后在商界的发展提供了大力支持。郑观应离开太古洋行专任轮船招商局帮办以及归隐澳门后复出担任开平矿务局粤局总办，背后都有唐廷枢的力挺。

郑观应到上海以后，作为一个十几岁的年轻人，除了叔父郑廷江和哥哥郑思齐之外，首先接触到的和能够为他提供帮助的就是同乡，比如曾寄圃、徐钰亭、徐润等人。这三人除了与郑观应是同乡之外，更重要的还在于曾寄圃是郑家的姻亲，徐钰亭、徐润家族是郑家的世交。有这种同乡加亲戚加世交的关系，帮忙出力自然在所不辞。没有资料能够溯及唐、郑二人大概于何时相识，也没有资料能够证实作为英华书馆重要出资人的唐廷枢是否与当时入校夜读的小老乡郑观应有过交流。不过可以肯定的是，他们之间有交集不会迟于郑观应担任宝顺洋行买办期间，因为 1867 年时，在宝顺洋行担任买办的郑观应就出资并加入唐廷枢投资的公正轮船公司，且被推为公司董事。这个时期的上海，洋行买办大多是香山人，郑观应进入宝顺洋行工作之时，容闳也在该洋行工作，并且为该行经营丝茶生意。公正轮船公司的另一位重要投资者郭甘章当时也是大名鼎鼎的买办，与郑观应一样同为广东香山人。又如，与郑观应共同承办和生祥茶栈的卓培芳，同样也是广东香山人。

1872 年，唐廷枢、徐润等香山买办共同投资创设广肇公所。唐廷枢对此十分热心，不但捐资，而且还一度被推举管理账目。而当时已经成为太古轮船总买办、作为新晋洋行大买办以及刚刚崭露头角的洋务思想者的郑观应，通过广肇公所这一平台迅速与一批广东籍官员和商人建立或者加深了联系，如黎兆棠（即召民，广东顺德籍，时为洋务派要员、津海关道）、陈兰彬（广东吴川籍，时任驻美公使，后任兵部、礼部侍郎等职）、冯焌光（广东南海籍，时任上海道）、郑藻如（广东香山籍，时任江南制造总局会办，后任津海关道）、叶廷眷（广东香山籍，时任上海知县）、许应鑅（广东番禺籍，时任江苏按察使）等。这些同乡不是当朝要员，就是洋务派重要企业的负责人，如果没有唐廷枢等人创设广肇公所，相信郑观应也不会有更好的机会扩展与众多同乡要人的关系。

1873 年 7 月，唐廷枢的职业生涯迎来了另一个重大机遇，就是被李鸿章招致麾下出任轮船招商局总办，完成了从买办到洋务派企业家的身份转换，与他一起并肩战斗的还有徐润。李鸿章用唐、徐二人取代此前为招商局创办立下奔走之劳的朱其昂、朱其诏兄弟，很重要的原因之一就是看中了粤籍商人的经济实力和筹措资金的能力。正如李鸿章期待的那样，唐、徐二人接办轮船招商局后，迅速开展了对外招股的努力，而在沪的粤籍商界人士自然就是他们招股的重点对象。在此过程中，郑观应加入了股份。这一时期，唐、郑二人的交往应是密切的，这从郑观应给张振勋的信中解释唐廷枢加入轮船招商局的原因就可以略知一二，郑在信中称："官应前闻唐君景星云，伊昔年由沪返港，其船避风，（洋）船主限给每客水一铁壳，约重一磅，日中解渴洗面均在内；惟船中有羊百余头，则满桶水任其饮，待人不如羊，殊为可恨！于是在港集股银十万元，先租两船往来港、沪。适直隶候补道盛君杏荪、朱君云浦亦集股购船，往返津沪，禀请北洋大臣。李傅相札委唐君景星总理揽载事务，由唐君复禀请李傅相札委徐君雨之会办，朱君云浦、盛君杏荪会办漕运事务。"①

唐廷枢、徐润被洋务派企业招至轮船招商局之初，郑观应并没有成为上海滩的著名买办，与太古轮船公司签约担任总买办是在唐、徐二人

---

① 《复张君弼士书》，夏东元编《郑观应集》（下），上海人民出版社，1988，第 828 页。

接办轮船招商局一年以后的事情。那时，郑观应频繁在《申报》上发表政论，所著《救时揭要》产生了一些影响，个人名声大幅提升。同时，郑观应在太古与旗昌的激烈竞争中发挥了积极作用，使太古在竞争中脱颖而出，逐渐成长为粤籍在沪商人的成功典范。此外，他还参与赈务，积极筹措晋、豫、直、陕等省救灾款项，其在筹措资金方面的能力和号召力对急于兴办民用企业的李鸿章及其幕僚来说显得尤为重要，从而进入了李鸿章的视野。而此时身兼轮船招商局、开平矿务局总办的唐廷枢，作为李鸿章信任的得力干将，开始频频向李鸿章力荐郑观应出任洋务派重要企业的相关职务，为郑观应后续的职业发展发挥了重要作用。

　　1880 年前后，身兼太古轮船总买办和上海机器织布局总办的郑观应，参与架设津沪电线的工作，发挥了极为重要的作用。郑观应在李鸿章和盛宣怀的支持下，积极参与了筹备工作，负责电线、电报机等器材的购买、转运等，对于路线勘测、分局设立等事宜也有所参与，到津沪电线工程南北两头同时开工之后，南路一头的工程便由郑观应主要负责，北路则由盛宣怀直接管理。1881 年 5 月，郑观应被李鸿章委任为上海电报分局总办。李鸿章能够将如此重要的位子交给郑观应，除了后者的能力被认可之外，其中一个非常关键的原因就是唐廷枢与盛宣怀等一干人的极力推荐。郑观应曾回忆："光绪七年由前北洋大臣李傅相创设津沪电线，共设七局：天津、德州、济宁、清江、镇江、苏州、上海。任斯役者为前津海关道郑玉轩京卿、候补道盛杏荪、刘芗林、朱静山，诸公会同唐景星观察来缄相邀，并蒙禀请李傅相札委职道总办电报局。"①

　　当然，唐廷枢对郑观应的推荐最重要的一步是邀其加入轮船招商局。早在 1878 年下半年，原轮船招商局帮办、香港分局总办陈树棠奉调出任驻旧金山领事后，唐廷枢和徐润就有邀请郑观应接任帮办一职的动议，只是未得到后者的积极回应。到了 1881 年，经历了查账风波的轮船招商局业务陷入困境，唐廷枢、徐润等人又有意让郑观应离开太古轮船公司

---

① 《致伍秩庸星使论创办中国电报原委书》，夏东元编《郑观应集》（下），第 1025～1026 页。

专任招商局。① 对于唐廷枢的好意，郑观应心存感激，但顾虑颇多，曾将其担心毫无讳言地直接告诉了极力拉他入伙的唐廷枢，他坦言说："查招商局乃官督商办，各总、会、帮办俱由北洋大臣札委，虽然我公现蒙李傅相器重，恐将来招商局日有起色，北洋大臣不是李傅相，遽易他人，误听排挤者谗言，不问是非，不念昔日办事者之劳，任意黜陟，调剂私人，我辈只知办公，不知避嫌，平日既不钻营，安有奥援为之助力？而股东辈亦无可如何。是以弟不计薪水之多寡，惟恐舍长局而就短局，有关名誉耳。曾将所虑托家叔转达，未悉我公何以教之。"② 唐廷枢得知郑观应顾虑所在后，不仅继续游说郑观应的叔父郑廷江，而且又找到李鸿章的重要幕僚香山籍津海关道郑藻如（玉轩）加入劝说之列。之后，在唐廷枢、徐润、郑秀山、郑藻如、李金镛等人努力劝说下，1882 年 3 月，郑观应最终打消顾虑，在与太古合同期满之时，正式接受李鸿章札委出任上海轮船招商局帮办，从此开启了其职业生涯的新篇章，轮船招商局也成为其一生心系之所。

除了上述对郑观应的帮助之外，唐廷枢之于郑观应也可以说得上是雪中送炭之人。1884 年以后，由于上海织布局亏耗案以及太古洋行保人债务的牵扯，郑观应背负了巨额债务险些破产，因此不得不东挪西借，多方筹措资金。身心困顿的郑观应大病一场，开始了在澳门长达 6 年的隐居生活。此间，筹措资金与求医养病成为郑观应生活的大部分内容。彼时的郑观应，身体有些虚弱，但毕竟年富力强，甘于沉沦与彻底归隐非其所能够忍受。作为郑家的主心骨，一大家子的日用开销需要他来承

---

① 参见《唐廷枢、徐润致郑观应函（光绪七年八月二十二日）》，中山市人民政府编《郑观应志》，广东人民出版社，2009，第 357～358 页。

② 《致招商局总办唐景星观察书》，夏东元编《郑观应集》（下），第 780 页。另外，李鸿章在 1881 年底以筹赈有功为名，奏请将郑文瑞并妻陈氏及郑观应父子、母子三人姓名采入《广东省志》《香山县志》，并准为其母陈氏建"乐善好施"坊，这不但反映了李鸿章对郑观应能力及人品的肯定，也能够推断李鸿章对于唐廷枢推荐郑观应进入招商局一事持相当积极的态度。参见《禀谢李傅相以劝赈有年援奏请采入本籍志乘事》，夏东元《郑观应集》（下），第 1100～1101 页。

担。这些年来，他与外界的联系并未中断，一直在积极谋求复出的机会。在郑观应最困难的日子，在他归隐了6年多之后的1891年4月，在唐廷枢的极力撮合下，郑观应重获北洋起用担任开平煤矿粤局总办。担任开平煤矿粤局总办对于归隐多年的郑观应来说意义重大，这不但是他东山再起的一次机会，而且还让他有了一份可观的收入，能够让他解决经济窘迫的燃眉之急。不过，到了次年8月，得到盛宙怀①转来的盛宣怀欲邀其重返轮船招商局并请他赴烟台商议的消息后郑观应远赴天津，与盛宣怀当面敲定了二人招商局事宜。当郑观应即将重返轮船招商局的消息为唐廷枢得知后，唐廷枢力劝郑观应留在开平粤局，不过郑观应不为所动，9月就得到了李鸿章的札委。平心而论，此事郑观应多少有愧于唐廷枢的一片心意。

三　唐廷枢与郑观应的商业及投资合作

　　唐、郑二人私交甚好，除了唐廷枢对郑观应多有帮助提携外，还有一个重要的原因就是二人多有商业及投资方面的合作。郑观应在1867年参与对公正轮船公司的投资，公司的主要创办人是时任怡和洋行买办的唐廷枢、大英轮船公司买办郭甘章，该投资也是唐、郑二人在商业投资方面最早的合作。当时，郑观应担任买办的宝顺洋行正值因为经营不善、盲目扩张以及与旗昌竞争败北等面临停业的窘境。在这种情况下，郑观应的投资活动非常活跃，除了投资公正轮船公司外，他还兼营荣泰驳船公司，担任和生祥茶栈通事，并随即承办该茶栈，茶栈停业后又"昔缠十万上扬州"，② 担任了一段时间的扬州宝记盐务总理。当时丝绸和茶叶是中国对外贸易的大宗商品，茶栈作为中外交易的中介机构可以通过赚取佣金获得高额利润。而唐廷枢在担任怡和买办期间的个人投资，除了投资经营

---

① 盛宣怀堂弟。
② 《高要何卓勋阅樵：和郑观应诗》，转引自夏东元编著《郑观应年谱长编》，上海交通大学出版社，2009，第835页。

航运、地产之外，丝绸、茶叶和盐也是他重点涉足的领域，他甚至还担任了上海相关同业工会的董事，具有相当的影响力。

1873 年，唐廷枢主政轮船招商局后，郑观应购买了股份，该局股票10 年内增加了一倍有余，仅从投资的角度来说，郑观应以此获得了丰厚的回报。而公正轮船公司在 1873 年被太古轮船公司并购，我们有理由相信作为太古轮船总买办的郑观应从中出力不少。公正轮船公司创办资本为 17 万两，当时太古的并购价为 26 万两，无论是唐廷枢还是郑观应，在此次并购中无疑是大为获利的。①

此后，随着二人事业的上升，唐、郑二人的商业及投资合作领域更为广泛。1880 年，郑观应受时任开平矿务局总办唐廷枢之邀，在天津宁河县参与创办沽塘种植公司。② 该公司由唐廷枢牵头创办，以"普惠堂"的名义购买荒地 4000 顷，资本 13 万两，开平矿务局出资 6.5 万两，剩余资金由唐、郑二人合伙集股，郑认股 3000 两，公司事务由开平矿务局代理。该公司是近代中国第一家股份制农场，系开平矿务局开挖当地新河"以便煤船运路，余荒地由众股东举妥人开垦"，③ 当时所购买的土地多为盐碱荒地。唐、郑二人看到该片区域地处海河流域，河网密布，便于引渠灌溉，可以引进西洋农业机器进行耕作，将使大量荒地变成可用之地，打算在此区域进行种植和畜牧业的开发。当时的《益闻录》曾报道该公司"……在距津一百五十里地方，批租荒地五万亩，概从西法，以机器从事。行见翻犁锄耒，事半功倍"。④ 此外，公司还种植可用作矿井及坑道支撑的窑木，这不但可以为开平矿务局解决开支，也能够产生很好的经济效益。多年以后，郑观应回忆当年该公司的赢利状况时曾说，"查甲乙两年账略，声

---

① 参见 Kwang-Ching Liu, *Piu Kwang Ching: Anglo American Steamship Rivalry in China, 1862 – 1874*, Harvard University Press, 1962, pp. 118 – 119。
② 又称塘沽耕种畜牧公司。《致顺直垦荒公司农科毕业生叔荫侄书》，夏东元编《郑观应集》（下），第 522 页。
③ 《天津沽塘耕种公司股东报告开平矿局欲吞没节略》，夏东元编《郑观应集》（下），第994 页。
④ 《机器垦荒》，《益闻录》第 66 号，光绪六年八月初七日（1880 年 9 月 11 日）。

明岁收垦利年胜一年，以后无庸再垫，公积存至一万八千余两之数"，①
可见当时公司赢利颇为丰厚。这无疑又反映出了唐、郑二人的商业远见。
但颇为不幸的是，郑观应这项很有回报的投资，在唐廷枢去世后竟然被
接办的张翼不承认，追索困难，这也使得郑观应多年以后仍然耿耿于怀。

　　1890 年前后，是郑观应与唐廷枢之间投资合作最为频繁的时期，主
要投资除了广州城南地基公司和广州轮船码头外，唐廷枢还计划在广东
创办机器造纸厂，并邀请郑观应参与投资并任总理。广州城南地基公司
也是这段时间由唐廷枢、李玉衡、徐润与郑观应等人合伙投资的。此次
投资，据郑观应自述共投入公司股银 5000 两，外加酬劳费 3500 两，共计
在该处有价值 8500 两的股票。但与天津沽塘种植公司的投资结果一样，
唐廷枢病故后，郑观应的利益难以得到保障。继任开平矿务局总办的张
翼无视股东利益，私将唐、李、郑等人的股份并归开平局，且长期不为
该地块缴税，导致后来为当地政府没收，损失惨重。为此，郑观应异常
痛心，特地写了《广州城南地基公司股东说帖》与各埠开平矿局股东，
将此地如何被耽搁没收进行了详细描述，愤恨之情溢于言表：

　　　　……引购城南林桐芳沿河坦地，合建商场兼栈房、码头之用。爰
　　组织公司集股合买各事均归开平局经理。计开平局认股一万两，李玉
　　衡、唐纬经堂即唐景星、郑合德堂、徐雨之等各认股五千两，计共股
　　本银三万两，名曰广州城南地基公司……

　　　　唐景星故后，张燕谋为矿局督办……彼时地价每井值银百两，
　　每亩值银六千两，统计该地共一百六十九亩有零，核算本利可得银
　　一百余万两，按五股半分，每股应得利银十七万两有零……

　　　　……复敢违背公司章程，不会商股东擅将唐、李、郑合股之地俱
　　归开平矿局……庚子年……迭经粤局与番禺县屡次行文催总局清缴地

――――――――――

① 《天津沽塘耕种公司股东报告开平矿局欲吞没节略》，夏东元编《郑观应集》（下），第
994 页。

税，讵张燕谋始终吞款不缴，至丙午年兴筑长堤，地方官查究该地已逾十年不纳税，有例应充公之谕，总局始知恐慌。是年夏间，天津开平矿局总理委洋人杜鲁文到香港……函请郑陶斋、唐云峰等到港会议，杜鲁文云："奉总办命拟将广东栈房、码头建筑等费并算在内，开平局应着三股办，唐、李、郑共着三股半，如允照此对分，方肯代为清理，担任收还全产。"……郑陶斋当日购此地亩及升科海滩，历多少艰苦，始得一百六十余亩之地，公司尚未酬答其劳；开平局办理不善反得优叙耶？……各股东因地契均写开平矿局名，且唐国俊升科之地印照均存开平矿局，为保全产业为重，遂允其请。各延律师公订合同……双方签名为据，合同订正，经开平局洋人托领事与粤督理论，不料竟虚所望，只准给还地十八亩，仍需补河边新地价银一万九千余元，计被充公失地一百五十一亩……价银二百十六万四千两。①

此外，经梳理和对比相关资料，郑观应还参与了其他众多投资，比如，在锦州矿务局创办过程中"认招股银十万两"② 并出股份；在曹子俊兄弟创办机器造纸局的过程中"认招股银五万两"；③ 在烟台矿务局、缫丝公司、三姓金矿公司、平泉金矿公司、建平金矿公司、上海牛乳公司、同文书局、玻璃公司等企业都有附股，④ 其中三姓金矿公司股票 4 份银 4000 两，建平金矿公司股票 22 份银 1100 两；⑤ 在仁济和水火保险公司也有资金投入。⑥ 这些投资中有一些就是在唐廷枢的主导下开展的，比如仁济和水火保险公司、平泉金矿公司、建平金矿公司等。

---

① 《广州城南地基公司股东说帖》，夏东元编《郑观应集》（下），第 989～991 页。
② 《致盛杏荪观察书》，夏东元编《郑观应集》（下），第 955 页。
③ 参见《致上海曹子挥书》，夏东元编《郑观应集》（下），第 543 页。
④ 《致许君奏云书》，夏东元编《郑观应集》（下），第 939 页。
⑤ 《中华民国三年香山郑慎余堂待鹤老人嘱书》，夏东元编《郑观应集》（下），第 1498 页。
⑥ 郑观应自述"唐总办邀沪上各商号创设仁济和保险公司，官应所开和生祥茶栈，亦在其列"〔《致招商局总办叶顾之观察书》，夏东元编《郑观应集》（下），第 575 页〕。仁济和水火保险公司由 1876 年创办的仁和保险公司和 1878 年创办的济和水火险公司合并而成。郑观应叔父廷江也是仁和保险公司创办人之一。见《仁和保险公司公启》，《申报》1876 年 7 月 3 日。

四　处于复杂社会关系网中的唐廷枢与郑观应

　　唐廷枢、郑观应同为重要的洋务派人物，在晚清政界、商界都有非常广泛且复杂的社会交往和人际关系，二人在事业与投资方面有诸多关联和合作，二人的朋友圈也有诸多的重合与交叉，他们的同乡、同僚、朋友彼此间也有较多的嵌入与关联。因此考察唐、郑二人之关系，也必须考虑他们所涉及的社会关系网，以及其中复杂的人际关系。如果能够将唐、郑二人关系放在盛宣怀、唐廷枢、徐润、郑观应四人之间错综复杂的关系网中进行考察，则更能体会出二人之间真挚的友情。因为，唐廷枢与徐润私交甚好，但郑观应却与徐润矛盾重重；而唐廷枢、徐润与盛宣怀有较深的矛盾，但郑观应却与盛宣怀亲如兄弟。将唐、郑二人关系放在四人关系中予以考察，还有另外比较重要的原因就是这四人在 19 世纪 80 年代前后的一段历史时期内是以李鸿章为首的洋务派阵营中最有影响的人物，他们所掌控和关联的重要企业，诸如轮船招商局、开平矿务局、上海机器织布局、汉阳铁厂、上海电报局等是当时中国举足轻重的企业，他们之间有着千丝万缕的关联，但同时也有竞争、合作、排挤与争斗。

　　盛、唐、徐、郑四人之间错综复杂的关系，以及盛宣怀与唐廷枢、徐润之间的矛盾，主要由轮船招商局及其相关利益而起，在这方面学术界已多有专题研究，本文不再赘述。轮船招商局是李鸿章大力扶植且依靠的洋务企业之一，这四人作为李鸿章手下的得力干将，在轮船招商局有非常重要的地位，都是一段时期内轮船招商局的当家人。但是四人进入轮船招商局的时间不同，面临的形势不同，所发挥的作用也有很大差别。盛宣怀是李鸿章的官方代表，强调"官督商办"，一直试图掌控轮船招商局。唐、徐二人则力图消解官方的压力，追求"商本商办"，在轮船招商局创办初期的招股工作中发挥了很大的作用，是当时轮船招商局的真正控制者。郑观应虽也购买了股份，但入局较晚，一生三进二出轮船招商局，为后期盛宣怀在与袁世凯的"轮电之争"中胜出立下了汗马功劳。

盛宣怀与唐、徐二人之间的矛盾在轮船招商局创办之初就已经显现。盛宣怀自 1873 年 9 月被委任招商局会办开始，就试图得到该局控制权，但由于唐、徐二人的阻碍一直未能如愿。直到中法战争，上海爆发金融风潮，盛宣怀趁机追查徐润挪用巨款，逼迫徐润低价甩卖资产，将唐廷枢、徐润排挤出招商局。至 1885 年 8 月（光绪十一年六月）盛宣怀正式被委任为轮船招商局督办，围绕招商局控制权十多年的明争暗斗终于以盛宣怀的胜出落下帷幕。继唐、徐二人之后担任会办的马建忠、谢家福所写的《拟办理招商局节略》中，直指"唐廷枢、徐润见局势日张，渐谋专擅，盛宣怀等皆辞去，而唐、徐更无忌惮，事事侵蚀"，① 足见他们三人之间矛盾之深。

对于轮船招商局创办初期盛、唐、徐之间的控制权之争，郑观应也是了解的，否则他也不会在唐廷枢邀请其入局时有顾虑。待郑观应入局后，唐廷枢常年在开平矿局，局务实由徐润把控，郑观应能够发挥的作用有限。经过长期的交往与合作，郑观应与盛宣怀的关系越来越紧密，盛宣怀事实上也成为郑观应最为依靠的支持者。面对好友之间的矛盾，夹在中间的郑观应并没有为矛盾所累，但也必须始终谨慎地处理其中微妙的关系。同时对于前辈兼上司的唐廷枢，郑观应也一直非常敬重，他不但能够在招商局的工作中助力唐廷枢，而且还就整顿招商局及开拓市场方面提出了很多高质量的意见、建议。② 而对于李鸿章两次札委郑观应总办招商局，以此替代唐廷枢、徐润，郑观应都予以婉拒，且为唐廷枢极力开脱，他说：

> 唐道、徐道经理多年，中间屡蹶屡振，仰赖中堂主持、督护，渐有起色。该道等随时筹措，亦非容易。今值此难虞，在徐道，固

---

① 吴伦霓霞、王尔敏编《盛宣怀实业函电稿》（上），香港中文大学出版社，1993，第 35 ~ 36 页。

② 见《致唐景星观察书》，夏东元编《郑观应集》（下），第 792 ~ 793 页。

引咎不遑，亟望加委有人，长材共济，而经理于平日，与补救于将来。情与势既倍难于前，才与望即更难其选。职道与唐道、徐道素交共事，彼此均悉底蕴，自问实不如远甚。①

值此招商局形势困难以及李鸿章急于用人之际，郑观应两辞李鸿章札委，背后的原因较为复杂，除了上海机器织布局的巨额亏耗牵扯外，二人之间长期以来良好的私交也是郑观应不愿意接替唐廷枢就任总办的非常重要的因素。

而就唐廷枢而言，他也并没有因为郑、盛二人关系紧密以及李鸿章意欲郑观应取代自己，而对郑观应有所成见。其中的微妙关系，在上海机器织布局亏耗案爆发期间，郑观应与盛宣怀、唐廷枢与盛宣怀之间关于郑观应意欲将织布局归并招商局的讨论中就可以略知一二。

光绪十年四月十一日（1884 年 5 月 5 日）郑观应致信盛宣怀，谓：

> 织布局事，据龚蔼翁云，仲翁断难再办，非大才出来重振旗鼓，竭力维持，难冀有成，否则请阁下与唐景翁妥商，将织局归商局合办，蔼翁方可筹款相助。如商局不允，则或与旗昌，或与怡和洋人合办。应如何办理，总乞阁下不避嫌怨，与莲珊诸公会商，善为筹划。……蔼翁屡云，布局仲翁断难接办，嘱请大才维持，或附商局，或合洋商，听公定勿误。②

郑观应把将织布局归并招商局的想法也告诉了唐廷枢，郑观应的这种想法实际是希望由轮船招商局接盘并填平织布局的资金亏耗，尽管是无奈之举，但确实不切实际。唐廷枢在写给盛宣怀的信中对此有所提及，

① 《禀北洋通商大臣李傅相再辞轮船招商局总办事》，夏东元编《郑观应集》（下），第794 页。
② 《郑官应致盛宣怀函》（光绪十年四月十一日），陈旭麓、顾廷龙、汪熙主编《盛宣怀档案资料》第 8 卷，上海人民出版社，2016，第 138～140 页。

他说："陶翁欲将洋布局归并商局，既无人才，又无现银，于时未甚相宜，于理似亦未顺，质之高明，以为何如？"① 对此，唐廷枢爱莫能助，但是仍然就此提议征求盛宣怀的意见。其时，正值织布局资金亏耗案发以及郑观应挪用布局款项案发，据郑观应自己的初步估算，无法收回的资金大约就有23万两银之巨。② 如此巨大的危机之下，郑观应只能求助于盛宣怀、唐廷枢两位好友。几天后，唐廷枢在致信盛宣怀解释他不能离沪赴津的原因时，陈述了五件棘手之事，其中一件与郑观应直接相关。唐廷枢云："陶斋兄经手织布局、造纸局，均出有招商局代保银行汇款三万余两，到期银行必向本局索讨，如不代付，大碍商局之名，曾经屡次函催陶兄筹备，尚未应手，弟似未便难易走开。"③ 在那段时间，由于上海经济风潮爆发，众多沪上大佬都受到了巨大的影响，唐廷枢、郑观应也深受其害，但难能可贵的是，他们并没有因为巨大危机和压力而互相指摘、埋怨，就连处理郑观应经手的招商局担保的银行借款，唐廷枢也并没有过多责备之意，足以说明唐、郑二人之间的情谊。

再说徐润。由于上海经济风潮和挪用招商局款的原因濒临破产边缘，盛宣怀除趁机排挤外，还暗中运作了徐润部分资产的处置，甚至私自以低价吃进徐润的部分资产，更是令徐润愤愤不平，盛、徐二人关系之差可想而知。与此同时，徐润与郑观应之间的利益纠葛，尤其是一笔招商局股票的买卖，使得徐、郑二人关系迅速恶化。④ 所以此后无论于公于私，在盛、徐矛盾中，郑观应一直坚定地站在盛宣怀一边，这与他在盛、唐二人矛盾中保持客观中立有着巨大的差别。

唐廷枢病故让郑观应极为悲痛，在写给盛宣怀的信中，他不顾盛、唐

---

① 《唐廷枢、马建忠、张鸿禄致盛宣怀函》（光绪十年五月初六日），陈旭麓、顾廷龙、汪熙主编《盛宣怀档案资料》第8卷，第144页。

② 《郑观应至盛宣怀函》（光绪十一年一月二十九日），参见易慧莉《郑观应评传》，南京大学出版社，2006，第328页。

③ 《唐廷枢致盛宣怀函》（光绪十年五月十二日），陈旭麓、顾廷龙、汪熙主编《盛宣怀档案资料》第8卷，第147页。

④ 参见《致广肇公所董事书》，夏东元编《郑观应集》（下），第507页。

二人矛盾，毫不避讳地写出他与唐廷枢的深厚友谊，我们可以明显地看出此中情感。他说："弟与之谊属至亲，诸多叨爱，相依最久，亦相知最深。见其身前一切多为亲友所累，外强中干，有名无实，其身后谅可想见。"① 在《挽唐景星观察》诗中，郑观应写道："绝人才识济时心，新法旁参用意深。万里风云腾骥足，一时声誉满鸡林。闽疆独挫天骄气，象译全通海国音。商务肇兴功不泯，凄凉身后费沉吟。"② 郑观应给予了唐廷枢极高的评价，也客观地肯定了唐廷枢为当时中国工商业发展所做出的不懈奋斗。

结　语

近代以来，一大批知识分子和开明士绅汇聚于上海，彼此间形成了较为复杂和广泛的社会关系网络，其中一些因为血缘、乡情、工作、利益、政见等走到一起，形成了利益共同体和紧密的关系网。盛宣怀、郑观应、唐廷枢、徐润、经元善、谢家福、朱其昂、郑藻如等一大批历史人物之间形成了彼此关联、彼此嵌套的关系网，颇具代表性，值得深入研究。随着共事日久，交往日久，他们必须面对工作上、业务上、利益上，甚至政治上的分歧和考验，选边站队、同气相求、报团取暖甚或因权力之争、利益之争走向关系恶化也都是人之常情。唐廷枢与郑观应的关系，与盛宣怀和郑观应的一样，在某种程度上属其中较为特殊的情况，甚至可以说是异类。在唐、郑二人相识及交往的数十年中，他们也有工作和利益上的牵扯，但是始终没有产生矛盾，一方面作为"商界领袖"与姻亲前辈的唐廷枢一直非常关心、提携和照顾这位小弟，另一方面郑观应也非常尊重和依靠这位前辈，这是他们之间情谊经受住各种考验得以长期维系的重要原因。

---

① 《郑观应至盛宣怀函》（光绪十八年八月二十一日），转引自夏东元编著《郑观应年谱长编》，第338页。

② 《挽唐景星观察》，夏东元编《郑观应集》（下），第1276页。

牛津大学所藏那森档案中的唐廷枢史料及相关人物考析*

云　妍**◎

【摘　要】　英国牛津大学图书馆所藏那森档案涉及 1898 年之后开滦煤矿在近代经营的历史。虽然唐廷枢早已在 1892 年去世，但在其中的一些史料中仍可见到关于他生前活动的记述，特别是 1905 年伦敦高等法院审理"张燕谋控诉墨林等"案的讼案资料披露了唐廷枢 1892 年弥留之际的一些细节以及开平矿务局在他任内最后几年的经营困境，这为复原唐廷枢去世前的个人真实境况提供了重要讯息。另外，在那森档案中，还能发现众多在唐廷枢任职期间入职开平矿务局的广东籍高层管理者姓名，如 1892~1899 年任矿局会办的陈蔼亭和具体负责矿区事务的吴仰曾、邝荣光等归国留美幼童。结合其他史料可以观察到，在 19 世纪 90 年代，虽然粤籍买办群体在开平矿务局最高层级上的职位逐渐被取代，但粤籍资本和人力资源的地位优势在唐廷枢去世后依然存在。不过，这种优势也不宜夸大，毕竟开平矿务局中的粤籍因素已在削弱。这些史料从一个侧面反映了中国近代早期工业化时期大型工矿企业的经营特征和发展轨迹。

【关键词】　那森档案；唐廷枢；开平矿务局

---

* 感谢澳门科技大学唐廷枢研究中心研究员何宁宇博士为本文写作提供的周到支持。

** 云妍，历史学博士，中国社会科学院近代史研究所副研究员。

《唐廷枢研究》第 3 辑，第 93~109 页。
Tong King Sing Studies

93

对于中国近代的企业家先驱唐廷枢，经济史学家刘广京和汪敬虞皆各自做过经典研究，但他的很多方面至今仍然未解并有继续研究的空间。[①] 笔者于 2011～2013 年在英国牛津大学访学期间，接触到柏德莲图书馆（Bodleian Library）所藏那森档案（*Nathan Papers*），内含开平矿务局 1898～1900 年内部通信和 1900～1912 年开平矿权纠纷案的史料，其中涉及唐廷枢和与他相关的一些内容。本文专就这部分内容尝试做整理和分析。

一　关于那森档案的几点说明

1952 年，解放军正式代管开滦矿务总局，开滦煤矿四十年中外合资的历史结束。20 世纪三四十年代的英方总经理爱德华·乔治·那森（Edward Jonah Nathan，1889－1964）个人保留了一批开滦的企业档案，去世后由其遗孀在 1965 年捐赠给牛津大学，现藏柏德莲图书馆特藏室。

这批档案被整理为 55 卷本，总计 10626 页，档件数量 3900 余件。[②] 在时间范围上，自 1898 年 1 月迄 1962 年 5 月。在内容上，主要包括：（1）开平矿务局时期内部往来信函；（2）开平诉讼案及中英交涉相关档案；（3）那森与伦敦董事部、开滦煤矿历任总经理和经理之间往来信函；（4）日军占领时期那森个人档案；（5）开滦矿务总局时期年度报告及账表（部分年份）；（6）那森任伦敦董事部主席时期商务信函及那森家族事务档案等。[③]

---

① 刘广京的研究见《唐廷枢之买办时代》（1961）和《华商企业家唐廷枢（1832～1892）》（1982）两篇论文，皆收录于黎志刚编《刘广京论招商局》，社会科学文献出版社，2012。汪敬虞所著《唐廷枢研究》（中国社会科学出版社，1983）是目前唯一关于唐廷枢研究的专著，内含《唐廷枢年谱》。近年，澳门科技大学唐廷枢研究中心学术集刊《唐廷枢研究》推出不少新的研究成果，相关梳理参见王杰、宾睦新《唐廷枢研究回顾与展望》，林广志主编《唐廷枢研究》第 1 辑，社会科学文献出版社，2020，第 162～182 页。
② 数字来自笔者统计。
③ 详见本文附表"牛津大学所藏那森档案类目与提要"。

其中，1898～1912 年，即开滦矿务总局成立之前的档案近 300 件，主要与开平矿权纠纷案有关，例如，1900～1901 年开平矿务局与英商签署之《移交约》《副约》等合同及《开平矿务有限公司设立章程》《临时管理章程》，1905 年伦敦高等法院审理"张燕谋控诉墨林等"案法院笔录和判决书（同年由伦敦高等法院出版，以下简称《诉讼记录》），1908 年清政府《开平矿案论略》等。这些档案大部分在今天唐山开滦集团企业档案馆也有收藏，很多重要档案在 20 世纪 60 年代被译为中文，收录于《开滦煤矿矿权史料》。[①] 其余以开平矿务局顾问、天津海关税务司 G. 德璀琳（G. Detring，1842－1913）信函居多。需要指出的是，档案中有一些是拟稿，如信件草稿、合同草稿，内容有不完整处。

那森档案由于系其个人所存，而他生活和活动的年代距离开平矿务局时期已有年月，因此对开平矿务局时期档案收存数量相对有限，涉及唐廷枢的资料更为数不多（直接涉及者无）。不过，在少数几则史料中包含了一些有重要价值的信息。

二　唐廷枢之去世

迄今根据报载、私人信函等各种史料能确定出唐廷枢去世的具体日期是 1892 年 10 月 7 日。[②] 这个日期应无疑，但是唐廷枢去世的细节鲜有资料记载。在 1905 年伦敦高等法院审理"张燕谋控诉墨林等"案的法庭上和德璀琳向法庭提交的《个人陈述》（"Statement"）[③] 中皆有对唐廷枢的叙述，其中提到了他弥留之际的情形。

《诉讼记录》中，唐廷枢的名字被提到七次，内容分别如下：

---

① 熊性美、阎光华主编《开滦煤矿矿权史料》，南开大学出版社，2004，"编辑说明"。
② 《唐廷枢年谱》，汪敬虞：《唐廷枢研究》，第 224 页。
③ 全称"Statement of Mr. Gustav Detring proposed to be used as his proof"。牛津档号：MSS. Eng. hist. a. 16，/6－33。本文所引那森档案，皆使用牛津档号（以 MSS. Eng. hist 开头）。

（1）The new arrangement did not work speedily，and there was no profit made，but the first Director General of the Company was appointed，and his name was Tong King Sing.（控方律师勒威特发言，第 2 页）

（2）Who promoted the Plaintiff Company，the Kaiping Company？—Its was promoted by Li Hung Chang（李鸿章），who submitted proposals for the formation of this Company to the Throne，and one Tong King Sing was appointed a director，that is the original Company.（张翼证词，第 216 条，第 93 页）

（3）And was the first Director General Tong King Sing？—I remember him，I knew him very well.

And I think you were frequently consulted by him about these mines？—I was frequently consulted by him.（德璀琳证词，第 623、624 条，第 146 页）

（4）Now I think Tong King Sing died about 1882（此处有误，应为 1892——引者注），did he not？– He did.（德璀琳证词，第 626 条，第 146 页）

（5）Were you consulted by His Excellency（张翼——引者注）about these mines after he became Director General？—Yes，very often. When Tong King Sing died，a few hours before his death he sent for me. I went over to the place where he was living，and he was in a swoon when I came. He woke up after I had been sitting there for a short time with Chang（张翼）and several other Chinese officials being in the room，and when he woke up he thanked me for what I had been doing for him during his lifetime，and at the same time he said that the Company was still in great difficulties，and he asked me to assist Mr. Chang（张翼）who would take charge after his death，and I promised to.（德璀琳证词，第 628 条，第 146~147 页）

（6）Up to the time when Tong King Sing died had the mines made any profit at all? —They had not made any profit, because the profits had to be invested in a supplementary establishment. （德璀琳证词，第 630 条，第 147 页）

（7）Was not somebody else originally the director of the Mining Company? —There was until he died, Tong King Sing.

Director General of the Mining Company? —Tong King Sing, and when he died Mr. Chang Yi was appointed in 1892. （德璀琳证词，第 1475、1476 条，第 211 页）①

以上内容大部分已为我们所知，只有第 3、5、6 条包含不太为人熟知的情节。

按照德璀琳证词，他与唐廷枢素识（knew him very well），在与其交往中经常充当顾问（frequently consulted by him）。在 1892 年唐廷枢去世前的几个小时，他差人将德璀琳唤至身前，当时在场者还有即将接任开平总办职位的张翼（字燕谋）和其他一众官员。在昏迷复又醒来后，唐廷枢向德璀琳表达谢意，并请求其协助张翼度过开平的困难时期。

德璀琳与唐廷枢二人之间的确早有交集。1876 年《申报》曾报道李鸿章在烟台会聚中西官员，里面同时提到德璀琳与唐廷枢，这证明二人在开平矿务局成立之前已相互认识。② 开平矿务局成立后，因聘任外籍雇员、进口材料设备、海运外销时需要通过海关，二人应多次有往来。

上引证词中还提到开平煤矿至唐廷枢去世时无任何盈利，因为利润被用于辅助建设（supplementary establishment）了。这与我们的印象不甚相符，因为一般认为，开平矿局在唐廷枢时期的经营是非常成功的。关于这一节，在德璀琳"个人陈述"中有更详细的说明。

---

① "Chang Yen Mao v. Moreing." (1905), MSS. Eng. hist. c. 456.
② 《李伯相到烟台情形》载："……计有俄、普、奥、美各公使，及总税务司赫君与天津海关税务司，及西员巨擘至。中国人员有唐君景星亦在其内。"参见《申报》1876 年 8 月 25 日，第 1 版。

  德璀琳的这份陈述长达 28 页（7000 余字），前 3 页内容皆涉及开平矿务局的创建和发展。其中提到，开平煤矿的建设无任何经验可循，基本是逢山开路、遇水搭桥的状态，其间修机器、配零件、挖运河、筑铁路、备船只，因此支出远超出预算，而唐廷枢的个人计划又相当宏伟，需要不断投入资金以应付各种支出；如果不是总督李鸿章设法腾挪官项给予扶助，公司是无法维持下去的：

  Although the local capital raised chiefly by Tong King Sing's exertions and prestige amounted to Tls 1500000 (at the time the equivalent of say £ 400000) it did not suffice to carry out the somewhat grandiose plans which Tong King Sing entertained, and the expenses he had to meet for providing and keeping in repair the machinery and accessories of a large colliery which in western countries exist independently, and need not necessarily form portions of a colliery. There had in this connection also canals to be dug, and railroads and vessels to be provided, without which the output of the colliery could not he placed on the markets and disposed of at reasonable rates.

  For all these requisites no provisions had been made for want of experience, and only when the necessity arose were they taken into consideration and dealt with.

  The colliery not yielding any profits for many years no further additional capital could be raised the Company would have failed to meet its engagements. Had the Viceroy（李鸿章——引者注）not come to its rescue and advanced from official treasuries the funds required for paying the company's creditors and carrying on the works. [1]

  结果，李鸿章无力继续支持唐廷枢的工业计划，失望之余，他敦促

---

① "Statement", MSS. Eng. hist. a. 16, /6 - 7.

唐廷枢将矿局产业"卖掉"或"租给"外国资本家，以偿还对官府的欠债，当时如果不是价格不合适，唐山矿和所有附属产业早就售出了：

But at last the advances thus made became so large that the Viceroy could not help any further. Utterly discouraged by continual demands and disappointments he then urged Tong King Sing to sell or let the Company's property to foreign Capitalists provided that they would pay enough for it to enable Tong King Xing to refund the monies advanced by the government.

Thus Tong King Hing was compelled to open negotiations, and had the foreign capitalists he trusted with, recognized the value of the Kaiping coal field and offered anything like the value of the property, the Company would no doubt have sold out. It was in fact only the unreasonably low offers made by them which prevented the sale of the Tang Shan colliery and of all property connected with it. [1]

接下来，德璀琳叙述了他前引证词中提到的在唐廷枢弥留之际义不容辞答应为开平服务的一幕：

Looking upon the enterprise as one of the highest importance not only for the commercial and industrial development and property of Chihli and North China, but also for the independence (from foreign coal supply) of the Pei-yang Navy, Witness（德璀琳自称——引者注）thought it his duty to make every possible endeavor to over-bridge the difficulties of the moment by pleading for tenacity with regard to an undertaking which he felt convinced would sooner or later turn out paying and a success. Witness did some good work in this direction and it was appreciated, for when Tong

---

① "Statement", MSS. Eng. hist. a. 16, /7 – 8.

King Sing in 1892, worried by the difficulties of his position fell ill and felt death approaching, he sent for Witness and thanking him for the assistance given, asked Witness to continue his good offices with regard to his successor (H. E. Chang Yi) who was present on the occasion. Witness promised and felt in honour bound to carry out his promise whenever a call was made upon him. ①

以上这段文字里最值得注意的是关于唐廷枢的去世。众所周知，唐廷枢未享高寿（去世时 61 岁），但现有研究中对他的过早去世很少关注。究其原因，在于资料有限，无法得出明确结论。从德璀琳描述中有众多官员在场的情形判断，唐廷枢之死并非突发，而是在一种预期之内。显然，当时他病已许久。

其中，"worried by the difficulties of his position" 是一个关键的信息点，它明确提及唐廷枢病倒（fell ill）的原因。按照德璀琳的说法，唐廷枢的患病与忧及当时困境有关。从德璀琳所述还可以判断，唐廷枢是知道张翼将成为下一任矿局总办的。

唐廷枢的香山籍同乡和好友徐润（1838 ~ 1911）在其自叙年谱中对 1892 年唐廷枢去世有专门记载（"附记：是年唐景翁事"），其中提到，正月二十八日（2 月 26 日）这天，"乔家屯各店铺（即总局地场，余初到时该庄只有十八家）、局中各工人、四十八乡绅老、子弟同送万民牌、伞各件，恭颂景翁德政"。② 在传统社会，送万民牌、伞一般出现于官员离任之际。那么，这一细节是否说明当时在开平矿务局上下已有某种不言而明的政治决定？是否可以进一步发问，如果唐廷枢 1892 年没有去世，他是否仍会被张翼接替？张翼接任开平矿务局总办的决定出现于何时，并且这一决定意味着什么，对唐廷枢有何影响，有待进一步探究。

---

① "Statement", MSS. Eng. hist. a. 16, /8.
② 徐润：《徐愚斋自叙年谱》，梁文生校注，江西人民出版社，2012，第 73 页。

当然，不能就此推断唐廷枢之死与某种心理上的压力有关，因为唐廷枢客观上也可能患有长期疾病。并且，他的家族资料显示，唐氏两代人寿命皆未超过 70 岁：父亲唐方玠 66 岁，胞弟唐廷庚 62 岁，长兄唐廷桂寿命最长，刚好 70 岁。① 徐润的记述里提到，唐廷枢对 2 月 26 日唐山当地送给他万民牌、伞之事深感欣慰（"年余以来，昨夜最为适意"），以致"九点钟睡至六点钟，咳嗽、小便一概无之，早饭吃至两碗，实近来所难得云"。② 这说明唐廷枢在此前相当长的时间里身体的确有恙。而大约一个月后的三月初二日（3 月 29 日），徐润本应与唐廷枢一起谒见李鸿章，但"景翁因有寒热未能上院"，说明当时病症已很明显。③

1892 年 5 月 19 日前后，在唐山和天津都举行了盛大宴会为唐廷枢庆祝生日，中西友人会聚，李鸿章也亲自让酒。④ 此前在上海接电被催返天津的徐润于 5 月 13 日抵津，当晚见到唐廷枢，"唔景翁，神色均好"。⑤ 这是唐廷枢人生中度过的最后一个生日，四个多月后，唐廷枢在天津离世。⑥

唐廷枢在 1885 年辞去了轮船招商局总办职务，转往北方专主开平矿务局事务。从 1885 年到 1892 年去世的七年间，唐廷枢所处的外部环境和他的个人境遇值得关注。

---

① 澳门科技大学图书馆藏《唐景星家谱》，转引自汤开建《唐廷枢家族与澳门关系考述》。另外，唐廷枢还有一个更小的胞弟唐廷坚，19 岁去世，参见宾睦新《轮船招商局员董唐廷庚史事考述》。皆参见林广志主编《唐廷枢研究》第 1 辑，第 17、26、81 页。
② 徐润：《徐愚斋自叙年谱》，第 73 页。
③ 徐润：《徐愚斋自叙年谱》，第 71 页。
④ 徐润：《徐愚斋自叙年谱》，第 73 页。
⑤ 徐润：《徐愚斋自叙年谱》，第 72 页。
⑥ 关于唐廷枢的出生日期，汪敬虞根据徐润自叙年谱推算为 1832 年 2 月 29 日（《唐廷枢研究》，第 154 页）。但澳门科技大学图书馆藏《唐景星家谱》记载，他生于"道光十二年四月二十日"，即 1832 年 5 月 19 日（转引自汤开建《唐廷枢家族与澳门关系考述》，林广志主编《唐廷枢研究》第 1 辑，第 22 页）。根据徐润所述 5 月份中外人士为唐廷枢庆生情节，"2 月 29 日"之说疑误。

三　唐廷枢去世前后开平矿务局的管理更迭

开平矿务局最初的管理以粤港资本及相应的人力资源为基础。唐廷枢本人据说持开平股票约 3000 股（30 万两），[①] 唐廷枢之子曾在开平矿务局占重要职位。[②] 1881 年，徐润和吴炽昌（广东四会人）买下矿局大量股份，[③] 徐润自述在开平矿务局有 1500 股（15 万两）。1891 年李鸿章命其会办开平下属之林西矿，1892 年命会办建平金矿。[④] 吴炽昌股份数量不详，他在 1881 年由李鸿章奏调开平会办矿局事务，[⑤] 具体记载不多，有资料记录他 1882 年被任命为"矿区督察"。[⑥]

唐廷枢在 1885 年之前因同时任轮船招商局总办，并不常驻开平矿务局，徐润也仅只在 19 世纪 90 年代初期短暂北上处理过一些矿局事务（主要在承平矿、建平矿），真正常年在唐山承担管理职务的应该是吴炽昌。但很可惜，关于吴炽昌管理矿务的信息在目前面世资料中出现很少。1887 年开平铁路公司成立后，作为公司"副总办"[⑦] 的吴炽昌似乎逐渐移往华北铁路建设，在那森档案中丝毫不见关于他的记录，可见后来已淡出矿区事务。

1890 ~ 1891 年，唐廷枢拟禀请李鸿章奏调同乡郑观应[⑧]（1842 ~ 1922）

---

① 1883 年《怡和洋行档案》，转引自《中英轮船航运竞争（1872 ~ 1885）》，黎志刚编《刘广京论招商局》，第 80 页。

② 《华商企业家唐廷枢（1832 ~ 1892）》，黎志刚编《刘广京论招商局》，第 199 页。具体何职未有涉及。

③ 《华商企业家唐廷枢（1832 ~ 1892）》，黎志刚编《刘广京论招商局》，第 197 页。

④ 徐润：《徐愚斋自叙年谱》，第 101 页。

⑤ 光绪七年十月二十六日李鸿章"吴炽昌调办矿务片"，参见孙毓棠编《中国近代工业史资料》第 1 辑下册，中华书局，1962，第 648 页。

⑥ 开滦矿务局史志办公室编《开滦煤矿志》第 5 卷，新华出版社，1998，第 176 页。

⑦ 《开平铁路公司招股章程》，宓汝成编《中国近代铁路史资料（1863 ~ 1911）》第 1 册，中华书局，1963，第 133 ~ 134 页。

⑧ 郑观应，本名官应，字正翔，号陶斋，别号杞忧生、慕雍山人、罗浮偫鹤山人，广东香山人。参见夏东元编《郑观应集》（上），上海人民出版社，1982，"前言"。

来开平协助料理局务。郑观应婉辞，同时力劝唐"禀请张观察燕谋理其内，陈观察蔼廷理其外"。① 这里的"陈观察蔼廷"是陈言，清驻古巴第一任总领事，当时已任满回国。1891 年 10 月，唐廷枢给正在热河勘察矿务的徐润的信中提及，"霭翁到唐山"，② 此应指陈言，可见当时陈言已在做赴任前准备。转年 4 月，徐润记，"霭兄此次来津似未甚满意"，③ 此应同指陈言。

陈言（1846～1905），字善言、慎于，号蔼亭（或霭庭），广东新会人，早年在香港报社做翻译，多年服务于《德臣西报》（*China Mail*），后在美国、古巴、秘鲁出任领事十余年，1889 年回国，1892 年被任命为开平矿务局会办。④ 在那森档案中，陈言的出现频率颇高（文献中作Chen/Chun Oi Ting），不过，资料显示他在 1899 年 3 月初离开开平。⑤

1898 年秋，在张翼的介绍下，亲家周馥之子、后来的北方实业家和滦州煤矿的创办者周学熙⑥（1866～1947）入职开平矿务局，不久后任会办（农历九月间），继之总办（农历十月间）。⑦ 同年，张翼升为开平矿务局督办。这样，在最高的管理层级上，粤籍商人的职位被取代。

开平矿务局创办之初，在下属各矿的具体管理中，归国留美幼童是重要的人才来源；同时，唐廷枢和徐润还从广东汕头等地引入众多工人。留美幼童大多是广东籍，他们因能同时掌握英语和粤语，无论与外国矿师还是与矿上的广东籍工人，都能沟通。1881 年，90 多名留美学生分三

---

① 《开平矿事略》（1894 年），夏东元编《郑观应集》（上），第 707 页。
② 徐润：《徐愚斋自叙年谱》，第 69 页。
③ 徐润：《徐愚斋自叙年谱》，第 72 页。
④ 参见《奏为续调出使随员折》（光绪三年七月初六日），王杰、宾睦新编《陈兰彬集》（一），广东人民出版社，2018，第 14 页；又参见《字林西报》（1905 年 8 月 7 日）报道（"The Late Taotai Chun Oi-ting"，"The Death of Mr. Chun Oi-Ting"）；《字林西报》"行名录"（"Hong List"），1891～1893 年。感谢澳门科技大学社会和文化研究所宾睦新博士提供资料线索。
⑤ "Andrew Burt to Detring，" March 6，1899，MSS. Eng. hist. c. 418，/48–49.
⑥ 周学熙，字辑之，号定吾，60 岁以后号止庵，又号卧云居士，原籍安徽至德。参见虞和平、夏良才编《周学熙集》，华中师范大学出版社，1999，"前言"。
⑦ 见《自叙年谱》，虞和平、夏良才编《周学熙集》，第 684～685 页。

批回国，根据当代口述史资料，有七名被分派到开平矿务局，名字为梁普照、陆锡贵、陈荣贵、邝贤俦、邝景扬、吴仰曾、邝荣光。[①] 徐润自叙年谱中也曾列出留美幼童名单及回国后去向。其中，明确提及开平矿务局的有黄仲良、陈荣贵，提到"天津习矿务"的有吴仰曾、徐之煊、吴敬荣，提到"开矿"但未涉及去向的有容尚谦、邝荣光、王凤阶、梁普照。[②] 以上这些人都曾可能在开平有供职经历。

最终留在开平矿务局供职的留美幼童数量和具体人物，迄今未见直接资料。在那森档案中出现过一些中方管理者姓名，可以提供一个重要参考。其中出现次数较多者有四位：吴仰曾、邝荣光、陈荣贵、卢祖华。这四位皆可在上述资料中找到（详见表1）。遗憾的是，那森档案只能反映 1898 年及之后的情形，至于此前的十余年则无从明晰。

表 1　那森档案中出现较多的开平矿务局中方职员（1898～1900 年）

姓名	文献拼写	人物信息	
		《徐愚斋自叙年谱》	《留美幼童与天津》
吴仰曾	Woo Shuit Sam 或 Y. T. Woo	广东四会县，年十一岁，壬戌。手艺。父南皋，天津习矿务（第一批官学生）	1862～1939，原名仲泰，字述三，广东四会县四会镇东门（今四会市）人
邝荣光	Kwong Yung Kwang	广东新宁县，年十岁，癸亥。开矿（第一批官学生）	1863～1962，字镜坷，广东台山市台城岭背蟹村人
陈荣贵	Chun Fu Chao	广东新会县，年十四岁，己未。开矿。荷塘乡，父信瑶，开平矿务局（第一批官学生）	1859～?，字别辅朝，祖籍是广东新会荷塘（今江门五邑蓬江区荷塘镇篁湾高边坊村）人
卢祖华	LooE Tong	广东新会县，年十一岁，甲子。中馆（第三批官学生）	1864～?，字别怡堂，广东新会潮连人

四人之中，吴仰曾和邝荣光较为重要。吴仰曾是吴炽昌四子。他回国被分配到开平矿务局后，在 1886 年又被派往英国矿冶学校深造，1899

---

① 井振武编著《留美幼童与天津》，天津人民出版社，2016，第 241 页。

② 徐润：《徐愚斋自叙年谱》，第 24～31 页。

年再次回到开平。[①] 1899 年 4 月 25 日总办周学熙写给总矿师安德鲁·伯特（Andrew Burt）[②] 的信中提到，吴仰曾新被任命为开平帮办（assistant Director），将常驻唐山管理矿井上下事务：

> I have petitioned to Viceroy Yü（裕禄——引者注）to appoint Mr. Woo Shuit Sam as assistant Director to reside at Tangshan to look after & inspect the work above & below the pits…[③]

看来，1899 年吴仰曾重回开平可能被期以矿区未来主管之职。

邝荣光可能一直长期连续在矿上服务。于 1898 年初任总矿师的安德鲁·伯特在一封信中提到，他是前总矿师金达的弟子（pupil of Kinders），可知他多年随 C. W. 金达（C. W. Kinder）在唐山处理矿区事务。这封信还显示出，凭借多年的经验，邝荣光在矿上有管理权威，尤其能代表广东籍矿工与外国雇员抗衡：

> Mr. Kwong did his best to incite the Deputies here against Mr. Moore and they would not work with him（before going further I may state Mr. Kwong is a pupil of Kinders and I am told consulted him in various matters relating to colliery work this will give you an idea how things are worked）. …The Canton Element then as a body and through Mr. Kwong demanded that Moore should be superseded or transferred to the west shaft（西井，林西矿附井——引者注）. I gave in to this & transferred Moore there. But while this was going on Kwong quarrelled with Mr. Webster &

---

① 井振武编著《留美幼童与天津》，第 250 页。
② 那森档案显示，开平矿务局原总矿师金达在 1898 年初离开开平，安德鲁·伯特于 1898 年 4 月任总矿师（engineer in chief）直至 1900 年初。
③ "Chow Chi Chih to A. Burt," April 25, 1899, MSS. Eng. hist. c. 418, /72 – 3.

Mr. Stevens at Linsi & demands their dismissal. ①

由以上内容可知，虽然在顶层职位上被取代，但粤籍群体仍然是内部矿务管理的中坚力量。实际上，中西会通的粤籍人士在开平的"中坚"优势一直延续到 1901 年开平矿务局被英国"开平矿务有限公司"取代。

1902 年 11 月 28 日，开平矿务局原股东召开了一次股东特别会议，当时新闻报道有超过 80 名中外股东出席，记者列出了其中 60 余位的名字：

There were over eighty present. Many of the gentlemen were unknown to us, and the proceedings were so prompt and business-like, that we had no opportunity of getting their names, but among others we saw：…

Their Excellencies Chang Yi, Shen Tung Ho, Yen Fu, M. T. Liang, Hung Han Hsiang, Y. T. Woo, Kwang Jung Kwang, Chen I Fu, Tsai Shao Chi, Yao Chien Tsai, Suen Ting Yang, J. S. Chung；Messrs. Bielfield, Buchheister, Botsch, Binks, Cordes, Cockell, Chow, Detring, …（以下皆外国人名，从略——引者注）②

如上所列，当时出现的中国人有：张翼、沈敦和、严复③、梁孟亭、洪翰香、吴仰曾、邝荣光、陈一甫、蔡绍基、Yao Chien Tsai（姚？）、Suen

---

① "Andrew Burt to Detring," April 27, 1899, MSS. Eng. hist. c. 418, /72 – 3.

② MSS. Eng. hist. c. 454, /175。

③ 严复（1854～1921），字又陵，福建侯官人，近代思想家、翻译家、启蒙家。1901 年 3 月，严复被张翼任命为"开平矿务有限公司"中方总办，另一被任命的中方总办是梁诚（1864～1917，广东番禺人）。梁诚在 1902 年 7 月被派出海外，任驻美国、古巴（西属）、秘鲁出使大臣。梁诚离开后，职位很可能由沈敦和（1866～1920，字仲礼，浙江宁波人）短暂接任。

Ting Yang（孙？）、J. S. Chung（疑为钟俊成）、周长龄。[1] 在这些人物中可以看到除吴仰曾、邝荣光之外更多的广东籍归国留美幼童的名字，如梁如浩（字孟亭）、蔡绍基、周长龄等，他们加总起来至少占半数。

不过，正如刘广京对唐廷枢地位的观察——"对矿务局的控制权并不真正在他手中"，[2] 虽然粤籍群体始终是矿局的主要股东，但他们所能掌握的权力有限。开平矿务局的创办本与政府军工船舰等需要相连，开平的成功也与官方的大力支持分不开。一旦政府力量强化，随时可以改变矿局的权力分配。1905 年，英方在评价直隶总督袁世凯处理开平矿权纠纷案的政策时曾说，"袁世凯实际上正在致力于达到一种结果，使欧洲的财政家和技术人员仅仅扮演一些暂时的角色而已"。[3] 这一结论如果用于粤籍买办资本和相应的人员力量身上，也是适用的。因此，官督商办体制虽然在近代历史上发挥过积极作用，但在很大程度上只是政府控制力量增长之前的过渡形态，它在晚清最后十年几乎销声匿迹亦可为证明。

1892 年接任开平矿务局总办的张翼来自醇亲王府。他与唐廷枢、徐润、郑观应、马建忠等李鸿章原先所倚重的沪粤买办商人毫无关联，甚至不在李鸿章麾下。本来在开平矿务局成立之初，立有关于主管者遴选的原则："随时体察司事人员中有胜任者会同帮办"，"如遇预备督办升迁或更调，即由帮办接理以资熟手"（《直隶开平矿务局招商章程》）。如果按照这一规定，接手开平事务的应是长期在此服务、熟悉业务的人员（如吴炽昌）。张翼此前无经营新式煤矿的经验，也无对外商务往来的经历，他的接任显然是对开平最初创办原则的违背。

矿局上下对这一任命的反应如何，目前尚未见有直接史料显示。唐廷枢之侄唐绍仪在 1899 年与开平新聘顾问赫伯特·胡佛（Herbert Hoover，即

---

① 中文名参考了《开平矿务有限公司议事情形 续前稿》[《大公报》（天津版）1902 年 11 月 30 日，第 2 版]所载："与议者严又陵、沈仲礼、洪翰香、梁浩如、邝容光、蔡述堂诸观察，及陈、吴、姚、孙、钟并周长龄诸氏。"

② 《华商企业家唐廷枢（1832~1892）》，黎志刚编《刘广京论招商局》，第 199 页。

③ "1905 年 10 月 20 日特纳致那森函"，参见熊性美、阎光华主编《开滦煤矿矿权史料》，第 299 页。

后来的美国第 31 任总统）私下交谈时表达的态度，约略反映了唐氏家族的不满情绪。胡佛回忆说，"他告诉我们，中国工程采矿公司（即开平矿务局——引者注）是他已故的叔叔唐廷枢创办的公司，股份基本由他们的家族所掌握。唐先生坚称，在唐廷枢临死的时候，张燕谋先生在恭亲王和李鸿章支持之下，利用卑鄙手段而被任命为公司的总负责人，此后一直掠夺公司财富"。①

与最高管理层更迭相伴随的是，外国技术人员的引进和引进渠道也发生了变化。唐廷枢主要通过怡和洋行聘请外国工程师、采矿师、化验师等，如在开平创建和发展过程中发挥过重要作用的英国工程师 R. R. 薄内特（R. R. Burnett）、金达。刘广京曾指出，开平的外国雇员在 19 世纪 80 年代后期人数最多，此后开始减少。② 金达在 90 年代逐渐退出开平而转向华北铁路事务，那森档案中显示他在 1898 年初彻底离开了开平。那森档案中，1898 ~ 1900 年出现的外国雇员有 20 余名，如果对照 1891 ~ 1893 年的《字林西报》"行名录"，可以发现其中有一些是唐廷枢时期的雇员，例如矿监 Juo Pringle（overman），但也有不少人可能已相继离开。德璀琳在 1899 年 5 月试图安抚因对工作环境不满而被威胁离开的总矿师安德鲁·伯特时"现身说法"，提到自己也受抨击，被指为张翼引入的工程师和职员没有能力以致造成最近的透水事故，③ 这说明德璀琳在张翼任总办时期通过海关引进过一批新的雇员。

以上诸多事实表明，在 1892 年唐廷枢去世前后，开平的人事管理已开始发生变化，不过，唐廷枢时期遗留下来的影响始终存在。至 19 世纪 90 年代，粤籍人士的管理垄断地位已被逐渐打破，尤其是唐氏家族的人几乎已不见于管理层和大股东行列之中。

---

① 赫伯特·克拉克·胡佛：《冒险年代：美国总统胡佛自传》，钱峰译，上海三联书店，2017，第 38 ~ 39 页。

② 《华商企业家唐廷枢（1832 ~ 1892）》，黎志刚编《刘广京论招商局》，第 200 页。

③ "The Late Flooding of the Mine Was Owing to the Incapacity of the New Engineer and Staff Had Engaged for Mr Chang Yen Mow," Detring to Andrew Burt (draft), n. d., MSS. Eng. hist. c. 418, /118.

附表　牛津大学所藏那森档案类目与提要

类目与提要	卷本数量
Correspondence concerning the development of the Chinese Engineering and Mining company, 1898 – 1911	2
Memoranda and papers concerning the formation and progress of the company, c. 1900 – 60	3
Papers concerning the case of Chang Yen-Mao v. C. A. Moreingand others in the High Court (Chancery Division) and the Supreme Court of Appeal, 1900 – 2, 1904 – 6	2
Printed report of the proceedings in the High Court, 1905	1
Printed report of the judgment in the High Court, 1905, and proceedings in the Supreme-Court, 1906	1
Printed memorandum on the case submitted by the Imperial Chinese government to His Majesty's minister in Peking, 1908, with a commentary by the Chinese Engineering and Mining Company, n. d	2
Business correspondence of the Chinese Engineering and Mining Company and the Kailan Administration during Nathan's period as Chairman, 1945 – 56, with copies of minutes of board meetings, 1953 – 5	7
Correspondence of Nathan with Fernand Dengis, 1945 – 51	1
Correspondence of Nathan with Wilfrid Pryor of the Kailan Mining Administration, 1946 – 52	7
Copies of correspondence of Nathan with W. F. Turner, chairman of the Chinese Engineering and Mining Company, 1931 – 41	10
Correspondence of Nathan with Erik Watts, 1945 – 51	1
Correspondence of Nathan with P. C. Young, 1924 – 41	4
Printed reports and accounts of the Company, 1940 – 55	1
Correspondence between the Company, its accountants and the Inland Revenue, 1943 – 6, 1948 – 9	2
Papers concerning case in the High Court (Chancery Division) in which the Company was involved, 1955 – 6	1
Papers concerning Nathan's activities during the Japanese occupation of Northern China, 1939 – 45	2
Three diaries kept by Nathan during the Japanese occupation, 1941 – 3	3
Memoranda, articles and press cuttings concerning China, 1946 – 7	1
Maps of China, c. 1900 – 47	1
Papers of E. J. Nathan, 1939 – 62, concerning the publication of Sir Matthew Nathan, The annals of West Coker (Cambridge, 1957)	3

资料来源：牛津大学柏德莲图书馆特藏室馆藏目录。

近代上海的广东香山移民家族：
以南关杨梅南家族为例

叶 舟*◎

【摘　要】　上海开埠标志着上海率先跨过了传统乡村社会的门槛，发展成中西交汇的国际大都市。随着社会经济的日益发展，上海外来人口迅速扩张。广东香山人既熟悉业务知识，又懂英语，成为上海第一批买办。他们通过血缘和地缘关系逐渐形成了商业和社会网络。具有血缘和地缘纽带的移民加速了上海的城市化进程，促进了上海市民社会和商业社会的形成。本文以南关杨梅南家族为例，研究移民上海的香山家族及其活动。

【关键词】　近代上海；广东香山；移民家族；杨梅南；太古洋行

1842 年，《南京条约》签订，上海成为五口通商城市之一。1843 年 11 月 17 日，第一任英国驻沪总领事巴富尔（George Balfour）宣布上海开埠，从此之后，上海在中外贸易通商的推动下，短短几十年间就由一个滨海县城一跃而成为远东商业巨埠。1846 年，上海出口货值仅占全国总量的 16%，5 年后，其所占的比重达到 50%。到 1863 年，上海口岸的进出口总值为 100189564 两，而广州仅为 6046365 两，不及上海的十五分之一。① 开埠以后，伴随都市化的进程，以及城市社会经济的结构

---

* 叶舟，历史学博士，上海社会科学院历史研究所副研究员。

① 黄苇：《上海开埠初期对外贸易研究（1843～1863 年）》，上海人民出版社，1979，第 145 页。

《唐廷枢研究》第 3 辑，第 110～127 页。
Tong King Sing Studies

110

性转型，上海的人口容量急剧扩大，来自五湖四海的移民构成了上海城市居民的主体。移民性，以及由此带来的人口高度异质性和流动性，构成了上海社会的显著特征。民国初年的《上海县续志》便写道："查吾邑水陆辐辏，五方杂处，但可论住年之久近，无从有土客之区分。"① 一方面，上海的繁华与绚烂吸引了四面八方的人们，这些外来移民为上海的城市发展做出了应有的贡献；另一方面，大量人群从乡村涌向都市，也必然会受到上海西式的生活方式及近代多元思潮的冲击，在上海不断改变着自己。大量人口移入外地，加之上海的西式生活和高度发达的商业社会所带来的思维观念、生活方式的变化，对原有的以血缘关系为纽带的宗族组织和宗法观念必然会带来极大的冲击。但同时，在陌生的都市中，移民生存仍然需要依靠血缘和地缘关系，血缘、地缘关系以及由此而来的宗族认同、家乡认同仍是他们之间的重要纽带。

开埠之初，上海客籍移民中以闽广籍势力最大，这是早期十三行贸易体制的遗产。上海通商伊始，充当洋行买办、通事和掮客的大多是广东人，所以姚公鹤在《上海闲话》中说"洋人由广东北来上海，故广东人最占势力"。② 与外商相熟，擅长外国语言，在很长时期是广东人独有的优势，广东人便在上海的十里洋场中大显身手。早在19世纪50年代已有一种说法，认为上海的广东人有8万人，至1885年，据正式的统计，公共租界的广东人为21013人，1900年为33561人。1900~1905年是旅沪广东人的又一快速增长期，5年间人口增加了近2万，1905年为54559人。1915~1925年，上海的民族经济高速发展，广东资本在上海大量投资，为同乡创造了较多的就业机会。人口也从1910年的39366人增长为1925年的51365人。③

今名中山的香山县距广州不远，靠近澳门、香港，香山籍人士是在上海的广东人中数量最多的，据20世纪30年代广东旅沪同乡会会员登记

① 吴馨等修，姚文枏等纂《上海县续志》卷六《田赋上·户口》，上海南园，1918，第6页。
② 姚公鹤：《上海闲话》，上海古籍出版社，1989，第19页。
③ 宋钻友：《广东人在上海（1843~1949年）》，上海人民出版社，2007，第30页。

的数据，总数 5903 名会员中，来自中山的便有 1601 名，接近三分之
一。① 1922 年成立的中山旅沪同乡会有会员 2000 余名，在上海县级同乡
会中亦属罕见。② 香山还有"买办故乡"之称，中国早期的许多买办从这
里产生，有其深厚的背景，在上海充当买办的也有很多是广东香山人，
如徐润、唐廷枢等便是其代表。对于旅沪广东人和香山人的活动，无论
是整体还是个案，之前都有成熟的研究，③ 但尚有许多可待开拓的领域。④
笔者注意到，有部分香山人在上海定居，成立新的家族组织，编纂在沪
分支家谱。本文便以编有上海分支家谱《南关杨公镇东支谱》的南山杨
氏家族为个案，对旅沪香山家族的活动及居住模式进行讨论，以就教于
诸方家。

一　买办世家：南关杨氏在上海的买办生涯

姚公鹤的《上海闲话》中曾如此介绍买办这一职业："西人之来中
国，首至之地点为广东。……而贸易往来，则全凭十三洋行为之居间绍
介。遇一洋船来，十三行必着一人前赴该船，看视货样，议定价格，然
后偕同官厅派员开舱起货。及货已售罄，洋人购办土货回国，亦由此人
为之居间购进；而此一人者，当时即名之为买办。"⑤ 早期中国的通商贸
易以广州为中心，所以买办大多为广东人。他们受十三行贸易体制的影
响，得风气之先，与国内其他地方相比，他们和外国商人接触的机会最

① 《广东旅沪同乡会第四届会员录》，广东旅沪同乡会，1937。
② 宋钻友：《广东人在上海（1843～1949 年）》，第 41 页。
③ 综合研究可参见熊月之《上海香山人与香山文化》，《社会科学》2006 年第 9 期；宋钻友《广东人在上海（1843～1949 年）》；胡波《香山买办与近代中国》，广东人民出版社，2007；等等。其他相关研究可参考陈国庆《香山买办研究综述》，王远明等主编《被误读的群体：香山买办与近代中国》，广东人民出版社，2010。
④ 正如相关研究指出的，目前对于广东及香山人在上海活动的研究有将注意力主要集中在唐廷枢、徐润及郑观应等少数著名人物身上的问题，导致研究的片面化和简单化，如多篇论文对杨氏买办家族的论述便有遗漏和失误，经常将杨桂轩与杨梅南视为同一个人。
⑤ 姚公鹤：《上海闲话》，第 47 页。

多，并且由于外国人不谙语言、不明中国商业习惯等，"乃居奇制胜，往往过索佣金，或以买卖价格上播弄手段，颇可获得巨大之财"。①

1843 年 11 月 17 日，第一任英国驻沪总领事巴富尔宣布上海开埠，从此之后，上海发生了日新月异的变化，并取代广州成为中国最重要的贸易中心。随着上海开埠，大量各国商人纷纷到上海设立商行，拓展对华贸易的领域。但是由于语言的障碍、货币的复杂、市场行情的诡谲以及社会历史文化的隔阂，洋商并不可能独立地开展对华贸易，这使得大量有着一定对外贸易经验的广东籍买办也随之进入上海。与外商相熟，擅长外国语言，在很长一段时间内是广东人独有的优势。勒费窝便说："广东商人由于最早同西方商人来往，1842 年之后，在西方商业代理人试图扩大在华经营活动的时候，便成为他们的天然盟友。他们当买办、翻译、收账员和办事员。"② 因此在某种程度上说，在上海开埠的最初时期，上海的买办网络其实是广州、香港网络的延伸与拓展。

在已有的研究中，都已经注意到买办组织主要是一种家族机构，许多买办将他们的职务看成是世袭的。当时洋行实施资金担任制度，即几乎每个买办都必须有人作保，或者以押金担保。他们的保证人对于他们在商业交易上的诚实与否和资金偿付能力有全部责任，这样就使作保人和担保人之间必须形成一种相互信任、相互依靠的制约机制，因此同宗和同乡成为优先选择，所以买办非常重视家族、同乡等人际关系，由此构建了以宗族和地缘为特征的买办群体和社会关系网，也逐渐形成了几代充当买办的买办世家。③ 曾有学者指出："粤籍买办一旦落户生根，又复辗转荐引各自的亲朋乡里人行学徒或充任雇员，而这些人又可以进一步升为买办。"④ 于是，在沪的粤籍买办人数渐众，他们依靠血缘、地缘

---

① 沙为楷编《中国买办制》，商务印书馆，1927，第 5 页。
② 勒费窝：《怡和洋行——1842～1895 年在华活动概述》，陈曾年、乐嘉书译，上海社会科学院出版社，1986，第 13 页。
③ 相关研究参见马学强、张秀莉《出入于中西之间：近代上海买办社会生活》，上海辞书出版社，2009，第 32～33 页；胡波《香山买办与近代中国》，第 101 页。
④ 聂宝璋：《中国买办资产阶级的发生》，中国社会科学出版社，1979，第 11 页。

关系，彼此关照，相互援引，声势日壮，加之一些同乡官员推动，如吴健彰任上海道台期间，即与在沪的广东籍买办商人交往甚密，由此更强化了这股力量。而香山家族在上海的迁移、发展和壮大便是这一现象的真实写照，南关杨氏便是其中的典型个案。

根据南关杨氏的族谱，其始祖为杨元规，据称为南宋绍兴元年进士，宋绍兴间初居广陵，后转徙高邮，因官至广南提举，落户于南雄珠玑巷，后因胡妃事件与珠玑巷其他人家南逃至香山县西关（现大涌镇、沙溪镇一带）定居。① 其孙杨大章迁居至南关东林山下。所谓南关，即旧时香山县城南门（现石岐街道民生路一带）。据当地资料，杨姓一直是当地豪族，从白水井经南下天桥至南下新码头的临街铺面，当时都归南关杨氏族人所有。

根据家谱记载，南关杨氏第二十一世为杨岳昭（1776～1845），号镇东，"幼立志趣，即欲以经术置身通显，为邦家光"，但是"有志未遂，困于场屋，屡试不售"，中年之后"即绝意科名，专力讲求农事，躬耕南亩，孝弟力田"。其子为杨有谦（1816～1881），号益臣，是当时最早投身于上海进出口贸易的广东人之一。家谱称其"少怀大志"，"鉴于世界潮流所趋，非出外经商不足以图发展"，遂"弃儒业茶，足迹遍长江上下游"，"周流沪汉间"。此后"以沪上为华洋繁盛之区，人烟稠密，风俗淳厚"，② 于是举家迁徙于此。丝茶出口业是广东人主要的经营产业之一，据相关研究，广东人曾经大量在上海开设丝栈、茶栈，直至 20 世纪 30 年代，广帮在上海的茶叶出口行仍有很大的势力。杨有谦娶的是广东北岭徐氏徐宁忠之女，北岭徐氏即著名的买办徐润家族。徐润曾于沪上开办宝源祥茶栈，此后又在湘、汉诸地增设多处茶栈，并与香山同乡唐廷枢等人创办上海茶业公所。③ 虽然没有进一步的资料，但推测杨有谦很可能

---

① 参见南雄珠玑巷人南迁后裔联谊会筹委会编《南雄珠玑巷人南迁史话》，中山大学出版社，1991。
② 于溶：《镇东公传》，《南关杨公镇东支谱》，1932 年铅印本。
③ 参见胡波《香山买办与近代中国》，第 105 页。

便在徐润所设茶栈中经商，是香山同乡构筑的茶业销售网络中的重要成员。

至杨有谦之子杨廷芬起，南关杨氏正式开始了买办生涯。杨廷芬（1845~1884），号桂轩。据家谱称，其"逆知外患侵凌，国势孱弱，非竞争商战，不足以挽利权而杜漏卮"，于是"弃儒就贾"，"偕同母舅徐荫三公趣装莅沪，研求商务，以资进取"，"初公就聘于仁记洋行，为华副经理。嗣后聘为太古轮船总公司华副公理，旋升总经理"。如前所述，当时买办呈现家族化和同乡化的特色，杨廷芬的舅家即北岭徐润家族，而杨廷芬娶的是翠微吴德任之长女，翠微吴氏即上海道吴健彰家族，据此，杨廷芬进入当时由广东香山人垄断的买办系统自然是顺理成章之事。而徐荫三当时为仁记洋行买办，杨廷芬进入仁记洋行，当为徐氏推荐。

杨廷芬虽然在晚清买办中并不知名，但是他的名字却因与一个人联系在一起而载入史册，此人即他的同乡、同为买办的晚清知名思想家郑观应。据家谱载，杨廷芬"于华洋交易商情悉心筹划，市面日臻繁盛。公又创办砖茶栈、丝栈，畅销国外，抵制舶来，于今沪汉间之商业繁荣发达，莫不颂公为先河之导"，"自厕身商界以来，环视欧美列强，商战日剧，耿耿此心，亟欲振兴实业，以经国势"，但是"无如心余力拙，世道式微，人心险诈，卒至金壬偾事，功毁半途"。① 家谱中为尊者讳，而这里所谓的"金壬偾事，功毁半途"其实是当初的一件大新闻。杨廷芬入太古轮船公司，实际上是受到了郑观应的推荐。据郑观应自己介绍，在光绪七年（1881），因怡和、太古与轮船招商局竞争，招商局股价日跌，"有大股东密禀北洋大臣，饬前总办唐景星等邀官应入局，并托人劝辞太古买办各职事"，郑观应便在太古合同期满后，"即荐保杨桂轩接办"。② 今藏于上海图书馆的盛宣怀档案中留有一份郑观应保荐杨桂轩的保据底稿，原文如下：

① 李雪岩：《杨桂轩世伯家传》，《南关杨公镇东支谱》。
② 郑观应：《致广肇公所董事书》，转引自夏东元编著《郑观应年谱长编》，"光绪十一年条"，上海交通大学出版社，2009，第190页。

    立转保单人郑陶斋，今托李秋坪兄立太古轮船公司保杨桂轩兄当买办之职，管理帐房银洋、栈房货物，倘杨桂轩有亏空等情，理应归保人赔偿者，除秋坪兄自认担保赔偿三千两之外，余归郑陶斋赔偿。倘有水火盗贼、客欠水脚等情，各安天命与保人无涉。立此为据。光绪七年九月。①

    如前所述，买办推荐自己的亲戚或者同乡后，他便负有连带责任，其推荐得人当然皆大欢喜，如果所荐非人，却会招致祸端。郑观应的例子便是其中的典型。

    郑观应自认为太古轮船买办是个美差，只要稍做努力，应该不会有什么问题。据他自己说："该买办每岁入款六七千金，系接官应手。官应所存账房家具、栈房家具及司事欠项足抵帐上各友挂借之数，有盈无绌，且桂轩尽可将各司事挂欠按月陆续扣还，所有大小司事去留，应归杨君桂轩主持，而所用账房钱念萱本是其保荐也，官应未曾荐一人。桂轩立约许每岁溢利提十之二酬谢官应。"但是不料，杨桂轩接手后不仅"所获溢利毫无分送，复私调公款与人合开茶栈及调款回家建造房屋，致亏空太古洋行公款十万有奇，贻累保人"。② 不过，杨桂轩的亏空其实不应该仅仅归因于经营不善。1883 年，以胡雪岩的金嘉记源号丝栈倒闭为标志，上海发生了倒账风潮，余波所及，徐润、唐廷枢等香山籍买办都卷入其中，先后因挪用公款填补亏空而被革职或者调离，③ 杨桂轩的破产也与之有关。

    杨桂轩和郑观应对这场倒账风潮都始料未及，更没想到这件事彻底地改变了两个人的命运。这件亏空案成为当时的热门新闻，各大报刊纷

---

① 转引自夏东元编著《郑观应年谱长编》，"光绪七年条"，第 117 页。
② 郑观应：《致广肇公所董事书》，转引自夏东元编著《郑观应年谱长编》，"光绪十一年条"，第 190 页。
③ 关于本次上海倒账风潮的前因后果，可参见曾康霖等主编《百年中国金融思想学说史》第 3 卷，中国金融出版社，2015，第 2 ~ 6 页。

纷予以报道。《申报》1884 年 10 月 23 日便载："太古洋行主人控买办杨桂轩用空巨款，杨诉司帐人钱姓亦亏银两各情节经列报。昨黄太守会同翟副领事复讯，太古行仍延大状师梅博阁投案申诉前因，并请先行押追钱名下应还之银八千两，杨、钱二人各诉如前。太守商之翟君，饬钱赶紧措办银两缴案，至杨名下之银，俟传集各欠户到家，讯明再行核办。"① 至次年 2 月 26 日再载："太古洋行主人控买办杨桂轩亏银一事，去冬曾列报章。兹闻杨到案后即患病逝世，司帐人钱姓亦未缴银。该洋行因又声请提钱追缴，黄太守饬传去后，钱于昨晨投案。太古西人亦到案禀诉。前因钱仍执如前，并称实在无力措办。太守商之翟君，饬押，令缴银，始行释放。"② 可见杨桂轩因亏空公款，无法还钱，在 1884 年底被逮捕后不久即病逝。按照当时惯例，被保人如有亏欠等事，保人须代为赔偿，而同保人有无力者即归有力者赔偿，否则例禁一年。根据郑观应的叙述，太古洋行在其离职后便心怀妒忌，而又因他帮助彭玉麟采购军械时，杜绝侵冒，招人忌恨，便有候补道王某、奸商何某、洋人毕某"密告"太古洋行，③ 于 1885 年初乘其途经香港时将其拘禁，"羁留在香港经年"。经反复交涉，至五月时，他用账房、栈房家具和揽载行的生意作抵押，外加赔偿五千两才得解脱。④ 此事对郑观应影响重大，他自称，当时"所当差事及闽督左中堂拟委署厦门道之谕，彭宫保及粤督所保军功劳绩，机会全失，致数十年来名利尽丧"。但另外，他从香港解脱后即赴澳门隐居，前后达六年之久，趁此机会修订完成了日后的名著《盛世危言》，也是因祸得福。不过郑观应对此一直耿耿于怀，当年调处人曾说："杨桂轩之子日后发达自必本利清还。"日后杨桂轩之子杨梅南重任太古洋行烟台买办，"月中入息甚丰"，郑观应便向其追讨，杨梅南则回复云："先君欠

---

① 《英界公堂琐案》，《申报》1884 年 10 月 23 日，第 3 版。
② 《英界公堂琐案》，《申报》1885 年 2 月 26 日，第 3 版。
③ 郑观应：《海行日记序》，转引自夏东元编著《郑观应年谱长编》，"光绪十一年条"，第 191 页。
④ 夏东元编著《郑观应年谱长编》，"光绪十一年条"，第 191～195 页。

款颇多，且李秋坪欠款已被告官封产，赔偿不能再还。"郑观应显然不接受这一解释，专门致信广肇公所董事，请求他们为自己主持公道。① 直至去世前夕，他在给招商局致信、历数自己在招商局的贡献并且请求辞职时，仍然对此事念念不忘。②

　　杨桂轩虽然惹下了祸端，但家族的买办之路并未因此断绝。杨氏家族也明白，只有仍然前往上海，借助亲友的力量，继续投身买办网络，才是东山再起的唯一途径。杨桂轩之子名杨枝（字梅南，1872～1941)，杨桂轩去世时，杨梅南才 13 岁。1886 年，杨梅南 15 岁时，他的母亲温氏认为："上海为万国商战之场，将来繁盛必能十倍于今。吾家如此寒薄，吾纵日事女红，所得几何？安足长供儿辈读书？"所以"决意"命其"来沪谋食"。③ 杨梅南先赴上海中西书院学习英文。1887 年经亲戚介绍，重新进入太古洋行，"日则习商，夜则兼攻英文"。他初在太古洋行船务部任练习员；1889 年，调充宁波台出口货管理；1892 年，升任太古洋行武昌船总办，负责武昌船的运务工作。④ 在其工作期间，"来往行旅，交口称许"。1900 年升任太古洋行烟台华总经理，此时正值庚子事变，大量人员逃离京城，"南人之商宦于北者，逼萃外舶"，杨梅南"悉免其纳值，获济者众多"，⑤ 由此声名鹊起。杨梅南在烟台 20 年，竭力发展大连、营口、安东、大东沟、登州、龙口、羊角沟及海参崴等各路航业，成绩斐然，烟台汇丰银行也"钦其声望"，聘其兼任华经理。1919 年，杨梅南在烟台 20 余年之后调回上海，出任太古洋行航务华经理；1926 年复奉派赴武汉，改组汉口分公司；1933 年返沪，升任太古洋行华总经理，终于

---

① 郑观应：《致广肇公所董事书》，转引自夏东元编著《郑观应年谱长编》，"光绪十一年条"，第 190 页。
② 郑观应：《致广肇公所董事书》，转引自夏东元编著《郑观应年谱长编》，"光绪十一年条"，第 837 页。
③ 刘麟瑞：《杨老伯母温太夫人七旬晋一荣庆》，《南关杨公镇东支谱》。
④ 《太古公司华经理杨梅南退休》，《申报》1939 年 2 月 24 日，第 11 版。
⑤ 叶尔恺：《杨梅南先生六秩寿序》，《南关杨公镇东支谱》。

在其父亲去世50年之后，重任此职。①

杨梅南在太古的成功，令家族也连带受益，家中成员很多在太古工作。如其兄杨启（字东明，1870～1944）在太古轮船公司服务40余年，在长江台主任职务上退休；② 其弟杨昌（号凤南，1875～?）曾任太原轮船和记账房业务主任；③ 其子杨润成（字少南，1900～?）毕业于上海圣约翰大学，接替他担任太古洋行船务华经理，杨梅南退休后，润成又继续接任太古华总经理一职。所以杨梅南退休时，新闻媒体便云："杨氏与太古公司有攸久之历史，该行西人对于杨氏向极器重，即伦敦总行亦素极契重。"④ 太古公司每年春季例行派董事来华视察远东情况，一般都由杨梅南主持欢迎仪式。如报载1937年3月3日，杨梅南在新亚旅馆七楼礼堂设宴欢迎太古董事司克德，席间作陪的除了众多太古职员和广东籍名流如郭秉文、伍连德、崔聘西等外，杨少南和杨梅南另外两个儿子杨润德、杨润钧（1907～?）也一起参加。⑤ 这次宴请之后，杨梅南便提交辞呈，1939年2月25日，太古洋行在南京路东亚酒楼举行了欢送酒宴，该行大班暨各级西员及全体华员客帮一同出席，"并请名人撰屏一幅赠送，以资纪念"，"伦敦总行及本市总公司大班均有纪念品奉赠，香港等各埠分行均来电恭贺"。⑥

长时期的买办生涯为杨氏家族积累了大量的财富，据当时的调查，杨梅南每年收入约2万元，每年支出一万六七千元，购置了住宅，并以汽车代步，财产在50万元以上。⑦ 杨氏的事业随着时代的发展也进一步扩展，杨梅南二子杨润德毕业于宾夕法尼亚大学财政系，回国后曾任达

---

① 《太古公司华总理杨梅南退休》，《申报》1939年2月24日，第11版。
② 《太古同人公宴杨东明》，《申报》1935年6月21日，第12版。
③ 《太原轮船和记账房启事》，《申报》1933年1月25日，第2版。
④ 《太古公司华总理杨梅南退休》，《申报》1939年2月24日，第11版。
⑤ 《杨梅南欢宴太古董事》，《申报》1937年3月3日，第14版。
⑥ 《太古公司华经理杨梅南退休》，《申报》1939年2月24日，第11版。
⑦ 《上海商业储蓄银行档案》，1934年5月16日调查，第90页，上海档案馆藏，档案号：Q275－1－2102（10）。

商银行买办，① 后任上海银行广州分行经理，并担任广州银行公会主席。②
杨梅南三子杨润钧毕业于密歇根大学建筑系，回国后成为兴业建筑师事
务所经理，而与他合作创办兴业建筑师事务所的都是广东人，即香山人
徐敬直和新会人李惠伯，而徐敬直是徐润之孙，③ 可见北岭徐氏与南关杨
氏的关系从杨桂轩、杨梅南一直延续到了第三代，并从买办扩展到建筑
设计，这也是香山人在上海不断发展的一个缩影。

　　杨氏在上海的第五代依然延续着辉煌。杨少南之子杨铁梁（1929～），
其岳父谭雅士（1900～1976）是香港大律师和政治家，曾于 1939～1941
年出任立法局非官守议员。杨铁梁出生于上海，在东吴大学肄业，1953
年毕业于英国伦敦大学法律系。1954 年在英国格兰士法律学院考取执业
大律师资格，1963 年为伦敦大学高等法学研究院院士，历任香港初级法
院裁判司、地方法院法官、高等法院按察司、最高法院上诉庭副庭长等
职。1988 年，杨铁梁接替罗弼时出任首席按察司（1992 年改名首席大法
官），成为香港开埠以来首位出任此高位的华人。1996 年香港回归前夕，
他辞职参与竞选首任行政长官，但落选；香港回归后任行政会议非官守
成员，至 2002 年卸任。

二　视同乡井：南关杨氏家族在上海的家庭与生活

　　南关杨氏家族进入上海后，编制家谱，本身便已经证明他们认同自
己为上海人。正如杨梅南在《曾祖镇东公支谱缘起》中所言："溯自我曾
祖镇东公以迄于铁铭孙辈，代已六传，而侨寓上海，亦已五十余年矣。"④
杨氏在这 50 余年间，和很多外地移民家族一样，已经和上海社会之间形

---

① 马学强、张秀莉：《出入于中西之间：近代上海买办社会生活》，第 414 页。
② 田君正：《简谈旧广州的私营银行》，李齐念主编《广州文史资料存稿选编》第 8 辑，中
　国文史出版社，2008，第 435 页。
③ 汪晓茜：《大匠筑迹：民国时代的南京职业建筑师》，东南大学出版社，2014，第 204 页。
④ 杨梅南：《曾祖镇东公支谱缘起》，《南关杨公镇东支谱》。

成了一种你中有我、我中有你、相互影响的互动关系，他们与上海这座城市紧密地联结在了一起，成为近代上海社会中一个重要的组成部分，他们为近代上海的繁荣做出了贡献，而上海也在他们身上打上了深深的烙印。

1. 婚姻网络

正如相关研究指出，香山人到上海洋行做买办，多半是同乡或家族的缘故。当时有人就注意到："几乎所有外商雇用买办都是（香山）这个县的人，这些人介绍的雇员自然都来自他们自己的家乡。"① 同乡和宗亲之间彼此依靠，相互信赖，担保或引荐同乡和宗亲入洋行做事，几乎成了香山买办的基本模式。1856 年，一位外国商人就称："买办感到了他的责任，我们可以放心的是，他雇来为我们服务的中国人总是正派的，不是属于他自己的家族，就是属于他的宗族，或是他的同乡，这些人他完全了解。"② 如前文所述，杨桂轩初任太古洋行买办，受到郑观应保荐，当与其和北岭徐氏、翠微吴氏的姻亲关系有关。而日后杨梅南充任太古洋行在烟台的买办，当时须保单 3 万两，李光琴保 2 万两，徐润保 1 万两。③ 杨氏家族在上海站稳脚跟之后，继续以婚姻关系为基础，编织以同乡香山买办家族为中心的巨大商业和社会网络，在上海社会中拥有一定的影响力。

杨氏的婚姻仍然以香山同乡为中心，如杨桂轩诸子中，长子杨东明娶的是翠微韦氏的韦猷亮之女，翠微韦氏是著名买办韦鲁桐、韦鲁报等的家族；次子杨梅南娶的是鲍守钦之女，鲍氏情况不明，但是 1947 年杨少南组织的利泰昌轮船公司汉口分公司即由其表弟鲍润民担任经理，④ 可

---

① Mayers, Fred, N. B. Dennys and Charles King, *The Treaty Ports of China and Japan*, 1867, p. 135，转引自郝延平《十九世纪的中国买办——东西间桥梁》，李荣昌等译，上海社会科学院出版社，1988，第 215 页。

② 小奥古斯丁·侯德：《香港下毒案》，转引自郝延平《十九世纪的中国买办——东西间桥梁》，第 212 页。

③ 刘志强、赵凤莲编著《徐润年谱长编》，"光绪二十六年条"，北京师范大学出版社，2011，第 428 页。

④ 参见杨德周《汉口英商太古轮船公司》，政协武汉市委员会文史学习委员会编《武汉文史资料》第 5 卷，武汉出版社，1999，第 216 页。

见鲍氏应该亦在商界任职；三子杨凤南娶的是温端甫之女。杨梅南生五子，长子杨熹早逝，次子即杨少南，杨少南娶界溪陈雪佳三女。陈雪佳，陈可良之子，继陈可良之后为太古洋行华总经理，是杨梅南的前任。① 杨梅南次女嫁给了陈辅臣的第三子陈其照。陈辅臣与其弟陈炳谦均为祥茂洋行买办，并为南洋烟草和英商业广地产的董事。② 杨凤南长子杨润康早逝，次子杨润麟娶崔聘西次女。崔聘西为粤人所办泰和兴银号经理，曾服务于大德昌、泰和昌等广帮汇兑号多年。③ 陈雪佳、陈辅臣、崔聘西均为当时在沪的广东籍商业领袖，陈雪佳父子和杨梅南父子更是相继把持太古洋行华总经理位置 40 余年，这种稳固的地位便是依靠这种同乡加姻亲的关系网络构筑和维持的。

　　当然杨氏的婚姻网络并不局限于香山本县或者广东本省的同乡。杨梅南的长女嫁给了崇明人陈思义。陈思义（1902～1983），曾名陈诵宜，上海崇明人，1927 年获威斯康星大学药学博士，是第一个在美国获学位的中国人。回国后曾执教中法大学，1936 年负责筹建国立药学专科学校（今南京药科大学前身），建成我国第一所独立的药学专科学校，任教务长。新中国成立后任南京药学院药剂系主任、南京药物研究所药剂研究室主任。④ 陈思义出身贫寒，也不从事金融贸易业，而是一个纯粹的学者，这也显示了杨氏婚姻选择的多元化倾向。而杨梅南的三子杨润德更是娶了一位美籍妻子，可见跨国婚姻也开始出现在买办的婚姻关系中。

　　2. 教育

　　由于买办日常需要与西方人打交道，语言是需要过的第一关，英语学习便成为其教育的基础。杨梅南早年就读于中西书院，中西书院由美国传教士林乐知于 1881 年创办，是传教士在上海创办的最有名的学校。

---

① 宋钻友：《广东人在上海（1843～1949 年）》，第 88 页。
② 参见胡光麃《大世纪事变集》第 5 册，台北：联经出版事业公司，1992，第 211 页。
③ 宋钻友：《广东人在上海（1843～1949 年）》，第 214 页。
④ 上海市崇明县县志编纂委员会编《崇明县志》，上海人民出版社，1989，第 917～918 页。

杨梅南在这里受到了基础的英文教育。不过由于当时家境贫寒，杨梅南的读书生涯没有多久就告中断。此后他的英文教育主要通过英文夜校进行，所谓"习羡上旁行之文字"，但却达到了公认的"精于勤"①的地步。

到了杨梅南子侄辈，均受到了当时最好的教育。现存的相关文献记载，1924 年杨梅南的长子和次子都就读于圣约翰大学，次子还于 1922 年赴美国学习，小儿子在私塾学习，两个女儿都就读于圣玛利亚女校，长女 Mary 喜欢音乐，次女 Lily 和孙子喜欢中国文学。② 而根据家谱，杨梅南的儿子杨少南、杨润德、杨润钧和杨凤南的儿子杨润康、杨润麟中学均在圣约翰附中读书，除杨润康早逝外，其他诸子均升入圣约翰大学并读至毕业，而女儿就读的圣玛利亚女校也与圣约翰大学渊源颇深。圣约翰大学创立之初，于 1881 年创立英语部，又称广东部，其起因便是应一些在沪的广东商人要求学习英语而设，可见当时广东商人与圣约翰大学之间的渊源。1883 年，圣约翰大学的一份报告称："学生绝大部分是买办和上海租界高等华人的子弟……看来孩子们受到了极好的教育，为洋行招募办事员或其他良好职位做了良好的准备。"③ 此后卜舫济掌校后，圣约翰大学更成为全国最好的学习英语的场所，在时人心目中，说一口纯粹的英语成了圣约翰大学学生的典型标志，而买办和圣约翰大学之间的关系也日益密切，很多买办都毕业于圣约翰大学，④ 杨氏家族成员的教育背景便说明了这一点。除此之外，杨氏家族还有成员留学海外，如前述杨润德留学于宾夕法尼亚大学，杨润钧毕业于密歇根大学建筑系，再下一代则基本上都有海外留学经历，以上都可见杨氏对家庭成员教育的重视。

---

① 高恩洪：《杨梅南先生六十寿叙》，《南关杨公镇东支谱》。
② F. S. Ramplin, ed., *Far Eastern Commercial and Industrial Activity 1924*, The Commercial Encyclopedia Co. of London-Shanghai-Hongkong-Singapore, 1924, p. 261.
③ 《北华捷报》1883 年 1 月 17 日。
④ 马学强、张秀莉：《出入于中西之间：近代上海买办社会生活》，第 93~95 页。

3. 家族与家风

杨氏作为买办世家，是近代中国最西方化的群体之一，他们一直与西方人打交道，他们的子孙后代也受到西式教育的影响，对西方文明的认识在深入，西化程度也不断加深，但同时他们身上传统文化的烙印仍然很深，这就导致了他们的身上有着深刻的中西合璧痕迹，其家族与家风呈现一种复杂的面貌。

《南关杨公镇东支谱》是南关杨氏在上海的分支家谱，由杨梅南主修，他编纂的目的便是"自欧风东渐，渐惑于平等自由之说"，"不知木本水源，往往于期功之亲，休戚不相关，顾祖免而外，生死不相往来，甚致父子夫妇兄弟之间反眼，若不相识，世衰道向，伦常纲纪荡然无存于此"，有鉴于此，他"欲救其弊"，提倡"爱亲事长，尊祖敬宗"的传统。①

南关杨氏一向重视家风家训，早年辑有祖训，载于家谱卷首。杨桂轩临死之前，又专门叮嘱子孙不要吸食鸦片，让长子牢记。杨梅南一向关注子女教育，他经常说："以教育遗子女为最上之产业。"又说："教子女之法，须使之有康健之身体，丰富之学识、坚纯之道德，方可养成为家庭之令子，社会之良民。"② 他还专门制定家训四则，关注"婚丧礼制，教育方针，修身齐家之大要"，又制定家法三十八条，"以治国之法治家，使子孙增长法律知识，养成自治能力"。③

杨氏的家法非常有特色，第一章是家庭，第二章是家属，第三章是家长，第四章是家务会议，第五章是婚姻，第六章是继承，第七章是财产，第八章是会计，第九章是宣誓，第十章是惩戒，第十一章是附则。杨氏的家法介于中西之间，首先规定"家庭主权在于家长"，"家长为一家领袖，总揽家务，以家中最尊辈为之"，家属应该遵守家法、服从家训；但同时又讲究民主，设有家务会议，家属以会员出席，过半数决议相关议案。关于婚嫁继承、禁治产（即禁止继承权）、准禁治产等身份事

---

① 杨梅南：《曾祖镇东公支谱缘起》，《南关杨公镇东支谱》。
② 余恒：《草拟中山杨镇东支谱序》，《南关杨公镇东支谱》。
③ 《祖训》，《南关杨公镇东支谱》。

件，关于提存公积、分配余利、预算岁费、决算家用等财产事件，关于家族财产各店定章变更、事业缩减、职员黜陟，产业增减等营业事件，均由家务会议一人一票投票决定。婚约须经家长之许可，但必须征得男女当事人同意。婚姻可依西式，但必须祭祖谒祠。家族会议期间，家属必须背诵家训并宣誓，誓词为："敬以至诚，遵守家法，服从家法，如有违背，愿受惩戒。谨誓。"亵渎祀典、妨害家庭、违背家法、侮辱尊亲的家属便会丧失继承权，宣告终止同族关系。如有财产浪费、品行不正的则应该准禁治产。①

　　杨氏家训包括修身齐家、处世接物、子弟教育、儿女婚嫁。修身齐家包括尊崇祖宗，信仰自由；重德义，敦品行；守诚实，励勤俭；父母以慈，教其子弟；子弟以孝事其父母；夫唱妇随，上和下睦；守长幼之序，互相敬爱，避纷争之端，切戒憎嫉；业务必择正当者就之，勿营投机事业；凡举一事，必慎其始，既行之后，须耐其久，不可变更，不可抛弃；举贤选能，用其所长；等等。处世接物包括奉公守法；言忠信，行笃敬；近益友，远损友；待人以礼，虽宴会游乐，不可失敬；凡做一事，必贯注全身精神，虽属琐事，不可苟且；富贵不可骄，贫贱不须忧，惟增智识，修德行，以期真诚之幸福；口为祸福之门，只言片语，不可妄发；人贵慈善，对于亲戚故旧之贫困者，应勉力救济，唯不可失其独立观念。子弟教育包括子弟教育之得失攸关家道之盛衰，为父母者最宜注重，不可怠忽；父母慎其言行，子弟视为模范，家庭教育宜严宜正，以免子弟怠惰放逸；学校教育以子弟身体之强弱，规定功课之宽严；凡子弟幼年之时，使知世间艰苦之状，发达独立自治之气，且男子出外，即当步行，以增其身体之健康；子弟满12岁时，所有自己费用应分别记账，借以唤起注意会计；卑猥之书不得读，卑猥之物不得接，卑猥之人不得近；男子13岁以上，学校休课时，得随正当师友至各地旅行；男子自幼以达成年，衣服应重俭朴，女子出外或接待宾客，亦勿许奢华；男

---

① 《家法》，《南关杨公镇东支谱》。

子教育以勇壮活泼为主，修内外之学，养忠义之气；女子教育养成其贞洁之性，助长其优美之质，顺从为旨，周密为要。儿女婚嫁包括择妇须观庭训，择婿须观家教；夫妇为人伦之始，在夫须和而有礼，在妇须顺而能敬；凡妇女不得习为华丽，寡言慎行，奉舅姑以孝，事丈夫以敬，待妯娌以和，教子孙以慈；娶妻不在美丽及妆奁，惟贤德是尚。值得注意的是，家训专门列举了一些中外名言，包括《易经》所言："男正位乎外，女正位乎内，男女正，天下之大义也。"罗兰夫人云："自由自由，天下古今多少罪恶，假汝之名以行。尔等应知戒之。"加来尔云："不能服从规则，不能自由。"卢梭云："自由无德不能存。"①

　　根据相关的研究，当时买办的家规门风大多表现出中西混合文化的影响和特征。相关资料证明，杨梅南一直倾向基督教义，并于去世前在床上正式成为一名基督徒。② 但是他本质上仍是一个传统的重视家庭的中国人，从来没有放弃过儒家敬宗睦族的传统，也没改变过一家之主的理念。不过这种中西合璧的家庭观念却构建出了一种良好的家风，并被杨氏延续数代的成功所证明。这种既有中国传统文化的烙印，又受社会变革和西式文化影响的中西交融的家庭生活和家庭风尚其实也显示出像上海这样的大都市独特的文化特征。

结　语

　　自 180 年前开埠以来，上海在中外贸易通商的推动下，短短几十年间就由一个滨海县城一跃而成为远东商业巨埠。当时"上海为华洋总汇之区，求学立业，能得风气之先"，③ 大量来自全国各地的人开始被这里吸引，移居至此，"以上海为根本之地"，④ 这些移民逐步构成了上海城市

---

① 《家训》，《南关杨公镇东支谱》。
② 《杨梅南哀思录》，民国铅印本。
③ 《在外侨居家范十条》，《北山杨氏侨外支谱》，1919 年铅印本。
④ 杨桂清：《自序》，《北山杨氏侨外支谱》。

居民的主体。移民群体既天然带有深刻的家乡烙印，也在上海这座城市中逐步交会、融合，聚沙成塔，集腋成裘，成为近代都市人的一分子，提高了上海城市的人口素质，也推动了上海乃至整个国家社会、文化、思想的变革。而以杨桂轩、杨梅南、杨少南数代买办为代表的广东香山南关杨氏便是在上海的移民家族的典型。他们最初在上海兴起、迁移和社会交往，是依靠着血缘和地缘关系，通过家族、亲戚、乡里之间相互联动的方式进行。同时，他们又受到了西方文化和都市文化的影响，努力学习新知识，拓展新领域，不断创新，他们在经济、政治、文化和社会领域所进行的各种活动，为中国近代早期的金融、贸易、航运、工业发展起到了重要的作用，为开埠后的上海的繁荣做出了重要贡献。他们的价值观念、思维方式、经营理念、行为方式和生活方式也影响着开埠初期的上海居民的社会生活，加速了上海城市近代化。同时，在上海这样一个华洋杂居、中外互动、商贾辐辏、社会变革的大都市中，他们也不可避免地受到了这种多元的文化辐射和复杂的社会环境的影响，在这里，他们创造性地将中西文化有机地结合在一起，既保留传统文化，又吸收西方近代文明思想，使得自己成为中西文化碰撞交汇时不可或缺的桥梁和推动力。今天广东与上海之间的关系较百年前更加紧密，越来越多的人互相参与长三角一体化和粤港澳大湾区的建设发展，相信广东与上海之间会谱写出更多更新的美丽篇章。

开平矿务局广东籍职员述略

蔡建忠*◎

【摘　要】　以唐廷枢为代表的广东籍领导层创办开平矿务局，参与这项事业的有广东籍管理技术人员，以及数量更多的广东籍工匠，广东人在建矿初期占有非常高的比重。开平矿务局及其相关产业的发展、决策、执行、推进皆归粤人，包括开凿煤矿、挖掘煤河、修筑铁路、开办耕种公司、开采金银矿、组建船队等，甚至是唐山的城市形成，广东人发挥了聪明才智，贡献了力量。诸多广东背景商人购买开平矿务局股票，通过资本注入的方式协助唐廷枢开拓事业，对煤矿成功开办发挥了重要作用。除此之外，广东人带来了开放的思想意识、先进的科学技术、现代的管理模式、独特的地域文化，这些软实力的作用并不亚于先进的机器设备，其影响甚至超越巨大的资本力量。在这些因素的共同作用之下，开平矿务局得以兴盛不衰，唐山、秦皇岛两座城市借势勃兴。

【关键词】　开平矿务局；广东人；李鸿章；唐廷枢

清光绪四年（1878），唐廷枢在直隶省永平府滦州开平镇主持创办开平矿务局，至光绪二十七年，英国资本家依托开平矿务有限公司，通过《卖约》《移交约》《副约》，从法理上完成对开平矿务局的煤矿、港口、土地、房产及债权、债务等产业的接管，开平矿务局共存在了23年。在二十几年时间里，广东人对开平矿务局的贡献颇多，对唐山城市建设及后来的发展产生的影响延续至今。

---

* 蔡建忠，开滦集团档案馆副馆长。

《唐廷枢研究》第 3 辑，第 128～147 页。
Tong King Sing Studies

本文以开平矿务局时期广东籍职员群体为研究对象，从最初到开平镇创办煤矿，开滦已经跨越 3 个世纪，拥有 140 多年历史，在漫长的历史长河中，广东职员始终具有一定影响力和相应地位。这些人带来了广东的思想文化、管理技术、生活习惯和民风民俗。本文仅着眼于开滦早期，即开平矿务局时期，对广东籍职员展开论述。

一　开平矿务局沿革

清同治末年，海防议起，直隶总督、北洋通商大臣李鸿章与两江总督、南洋通商大臣沈葆桢分别上奏朝廷，要求开办现代化煤矿。次年，即光绪元年，清廷"就李鸿章所筹在磁州试办，沈葆桢所筹在台湾试办"。① 经过一段时间筹备，由于百姓反对、运路不畅、设备不符、招股不顺等，磁州煤铁矿很快就停办了，李鸿章不得不另作他图。

（一）成立之前

1873 年，李鸿章札委怡和洋行买办唐廷枢任上海轮船招商局总办，唐廷枢对招商局进行了改组，经过优化管理层、招股购船、修订章程、开拓业务，招商局的经营很快有了起色。招商局从江南经海路运往天津的漕粮是其大宗业务，轮船运输的动力为煤炭，当时国内只有土法采煤，靠马拉牛驮致使运输价格高昂。天津、上海等地的土煤价格数倍于进口煤，全国各地的机器局、各口岸的轮船只能依赖洋煤。1876 年，招商局股本不足百万两，而以银 222 万两并购美国旗昌轮船公司，使轮船数量猛增至 27 艘，每年轮船用煤需用银近 30 万两。更重要的一点是，天津附近无大宗货物运往南方，招商局轮船只能空回，或者转道牛庄载运东北

---

① 据《清史稿》载："是年［同治十三年（1874）］海防议起，直隶总督李鸿章、船政大臣沈葆桢请开采煤铁以济军需。（光绪元年）上允其请，命于直隶磁州、福建台湾试办。"参见《清史稿·食货五》，中华书局，1977，第 3667 页；孙毓棠编《中国近代工业史资料》第 1 辑下册，中华书局，1962，第 567～568 页。

豆货，这对于远途运输而言并不划算。

早在明万历年间，就有人在直隶省永平府滦州开平镇一带采煤，因排水、通风和提升问题，只能开采浅层煤炭。1869 年，英国商人和德国科学家都对此处煤田进行过勘察。开平镇距天津港口路程不远，地势平坦，这块煤田自然就进入了唐廷枢的视野。1876 年 11 月，上海轮船招商局总办唐廷枢奉李鸿章之命，带领英国矿师马立师①到开平一带勘察，②并带回煤块、铁矿石。

1877 年，经北京同文馆和英国分别化验，开平煤、铁成色优于英国，适合蒸汽机使用。唐廷枢与天津道丁寿昌③、津海关道黎兆棠商议，认为具有广阔的开采价值，但此事关系重大，且为首创，须详议章程，妥善办理。李鸿章批示，"如何试办开采章程，及官督商办如何集资，立法务归妥善之处"，④由丁寿昌、黎兆棠协助办理，同时启动招股开办程序，筹备创办开平矿务局。⑤从李鸿章的批示中不难发现，由于磁州的失败，李鸿章变得非常谨慎，并未对开平矿务局抱太大希望，其仍属试办性质；加强对其监管，表面上看是派丁寿昌和黎兆棠协助唐廷枢，实际上官督的成分更多一些；为避免后续麻烦，开办之初就要详立规章条款，以期妥善。

（二）唐廷枢时期

经过缜密筹备，1878 年 7 月 24 日，唐廷枢在直隶省永平府滦州开平

---

① 马立师（Samuel John Morris），英国矿师，也译为马利师、马立斯，自取华名毛利顺，光绪二年正月受雇聘为湖北开采煤铁总局监工，1876 年为唐廷枢所聘勘察开平煤矿。

② 《照录开平矿务禀词》，《申报》1878 年 1 月 16 日、1878 年 1 月 17 日。禀词名称及日期参考《开平矿务招商章程》及《开平矿务创办章程案据汇编》。详见唐廷枢《察勘开平煤铁矿务并呈条陈情形节略》，《开平矿务招商章程》，光绪三年，第 1~8 页；孙毓棠编《中国近代工业史资料》第 1 辑下册，第 617~622 页。

③ 丁寿昌（1826~1880），字乐山，安徽合肥人，李鸿章同乡兼部属，自淮军初创至直隶为官，一直追随李鸿章，"从余征剿十余年，官畿辅将十年"，为其得力助手，官至直隶按察使。开平矿务局创办后，任会办。

④ 《批开平矿务禀》，《申报》1878 年 1 月 21 日。

⑤ 《接续开平矿务禀词》，《申报》1878 年 1 月 18 日、1878 年 1 月 19 日。另载于唐廷枢等《开平矿务创办章程案据汇编》，上海广百宋斋铅版印，1888，第 208~213 页。

镇正式成立开平矿务局，① 李鸿章任命唐廷枢为总办，丁寿昌、黎兆棠为会办。此时，唐廷枢仍担任上海轮船招商局总办一职，他便借助招商局在各口岸的办公地点，销售开平矿务局股票招集商股，招商局的司事、股东，广东的诸多商号都曾购买开平矿务局股票。唐廷枢一人即购 500 股，计 5 万两，② 由此可推测会办、司事购股不在少数。其余可知有广东省 "吴应记" "罗兰记" 各购买 100 两，广东省香山县 "曹存善堂"③ 购买 1000 两，广东省香山县 "曹存心堂" 购买 4000 两。

1878 年 3 月，黎兆棠新授直隶按察使，丁寿昌接任津海关道，1878 年 10 月，丁寿昌卸任津海关道之职，擢按察使，署布政使，由郑藻如④接任津海关道。唐廷枢禀请李鸿章由郑藻如接替丁寿昌担任开平矿务局会办。

1881 年 6 月，郑藻如被免去津海关道一职，取代陈兰彬⑤出任驻日（日斯巴尼亚，即西班牙）、美、秘使臣。⑥ 郑藻如上任伊始，就着手处理撤回留美幼童一事。12 月，李鸿章上《吴炽昌调办矿务片》，奏请通晓西国语言、熟悉矿务商务的广西候补知府吴炽昌⑦会办开平矿务局。吴炽昌并无其他行政职务，他成了开平矿务局的日常领导者。

---

① 《开平矿务纪述》，《申报》1878 年 8 月 31 日。
② 《唐廷枢致盛宣怀函》，澳门科技大学唐廷枢研究中心编《唐廷枢史料丛刊》第 4 辑《唐廷枢书信选》（下），澳门科技大学、华宝斋古籍书社，2020，第 275～277 页。
③ 曹有，字应贤，号渭泉、益昌，又称曹连益堂、曹存善堂，广东香山人，生年不详，卒于 1896 年。19 世纪后期澳门著名华商。曹氏先祖早年移居澳门，渐在澳门繁衍生息。
④ 郑藻如（1826～1897），字玉轩，又字志翔，广东香山人。曾任江南制造局帮办，1878 年任津海关道，兼开平矿务局会办，参与津沽铁路建设。
⑤ 陈兰彬（1816～1895），字荔秋，广东省吴川市黄坡镇黄坡村人，首任中国驻美公使。1853 年中进士，1872 年，以留学监督身份率领第一批留学生 30 人赴美。1878 年，以太常寺卿身份出使美国、西班牙、秘鲁；后奉调回国，历任兵部、礼部侍郎及会试阅卷大臣等职。晚年归里，先后主编《高州府志》《吴川县志》《石城县志》，著有《使美纪略》《使美百咏调》《重次千文》《毛诗札记》《治河刍言》等书。
⑥ 刘忆江：《李鸿章年谱长编》，河北大学出版社，2015，第 278 页。
⑦ 吴炽昌（1828～1897），字炳勋，号南皋，广东四会人。曾与唐廷枢等在上海创设普育堂。1881 年底调任会办开平矿务局，之前为广西候补知府。1883 年创办北京西山煤矿。1889 年受命办理津沽铁路事务。

开平矿务局虽然得到了政府的支持，但由于国家积贫积弱，官员冥顽不化，社会风气未开，唐廷枢不得不依靠洋人，运用西方科学技术，仿照英国煤矿管理机制。唐廷枢先后建成了唐山矿、林西矿、唐山细棉土厂，与郑观应①、徐润等同乡合股组建塘沽种植公司，参与三山银矿、永平金矿，修筑唐胥铁路，开挖煤河，参与延长至阎庄、大沽、天津 200多里铁路修筑事业，组建了运输船队。唐廷枢最初测算，开平矿务局集股 80 万两就可以开办煤铁矿。由于开平矿务局所聘洋人选用上等工料，置办备用设备，开拓诸多事业，资金入不敷出，股本一再扩充，先是 100万两，后又追加到 120 万两，最终集股 158 万两。截至 1884 年，工程费用就已经超过了 200 万两。正当开平矿务局经营事业蒸蒸日上之时，1892 年，唐廷枢因病在天津去世。

（三）唐廷枢之后

有醇亲王奕譞②侍从背景的张翼，③ 在唐廷枢生前就已经担任开平矿务局会办，唐廷枢死后，张翼任开平矿务局总办，后来他担任督办之职，还兼任督办直隶全省及热河矿务、帮办关内外铁路大臣，是前内阁侍读学士，其影响力和社会地位远远超过了唐廷枢。张翼继续拓展开平矿务

---

① 郑观应（1842~1922），原名官应，字正翔，号陶斋，别号杞忧生、雍山人等。广东香山人，1860 年入宝顺洋行。1880 年起，任上海机器织布局、轮船招商局、上海电报局帮办或总办。参与洋务运动，经办实业、推行洋务教育，著有《盛世危言》等。

② 奕譞（1840~1891），清宗室，道光帝第七子，光绪帝之生父，慈禧太后的妹婿，字朴庵，号退潜居士，封醇亲王，人称七王爷。历任御前大臣等职，参与祺祥政变，深得慈禧太后信任。1885 年总理海军衙门，与李鸿章创办北洋水师。北方昆弋戏爱好者，清同治、光绪年间王府班创办人之一。

③ 张翼（1846~1913），字燕谋，亦作彦谟。顺天通州（今北京通州）人。16 岁投效神机营，受醇亲王奕譞赏识入官邸供职。1883 年任江苏候补道。在军机处存记二品顶戴。1892 年出任开平矿务局总办。1898 年，奉命以四品京堂候补督办直隶及热河矿务，帮办津镇铁路。1899 年，授内阁侍读学士，以开平矿务局总办名义负责筹建秦皇岛港。1900年义和团运动期间，在英国人的威逼利诱下，为求自保以中英合办的方式丧失开平矿务局的控制权。1901 年加侍郎衔任赴德专使参赞官，后任内阁学士，帮办津榆铁路，旋改为总办京津榆关铁路一切事宜。1903 年因开平矿案被革职。1906 年以道员受北洋差遣。1909 年以三品京常用。辛亥革命后避居天津。

局的业务，开办了西北井，并通过借洋款的方式开发秦皇岛港口，购置土地 4 万多亩。1900 年，开平矿务局已有矿工 9000 人，年产 80 余万吨煤炭，资产总额值银 500 多万两，产业遍布全国各地，成为当时利用"西法"开办最成功的官督商办企业。张翼开办新项目的资金，大部分依靠时任会办的津海关税务司德国人德璀琳①筹借洋款支持，这也是洋人势力渗透开平矿务局的又一渠道。

1900 年庚子之乱期间，八国联军分别侵夺了开平矿务局的煤矿、港口、房产和轮船等产业。开平矿务局督办张翼担心洋人借机将煤矿据为己有，出于保护股东利益考虑，以出具护矿手据的方式给予德璀琳全权代理总办权力。之后不久，德璀琳与美国人胡华②签订中英合资办矿合同，1900 年 12 月，从墨林公司接手的东方辛迪加公司在英国注册开平矿务有限公司，随后，德璀琳与胡华签订了移交约，即把开平矿务局的所有产业及债务债权移交给开平矿务有限公司。张翼因没有参与卖约和移交约的签订过程，拒绝承认这些文件的有效性，在英国资本家及朝廷双重压力下，胡华等人又起草了副约，将张翼终身担任督办等事项写入合同，张翼最终签字认可这一事实。

开平矿务有限公司成立并移交开平矿务局全部产业，其官督商办的性质变为中英合办，实质上已经成为英国人掌控的企业，至此标志着一个时代的终结，唐廷枢一手创办的开平矿务局落入了外人之手。

二 广东籍职员情况

因开平矿务局时期档案缺失，能够查找到的档案资料有限，详细了

---

① 德璀琳（Gustav Detring，1842~1913），德国人，1864 年进中国海关为四等帮办，后累升至税务司职，是 19 世纪后期中国外交和天津城市开发中的关键人物。从 1878 年到 1893 年（中间除了 1882 年至 1884 年）的 13 年间，德璀琳先后 10 次被推举为英租界董事长。在八国联军侵华期间，参与夺取开平矿产一事。

② 胡华，即赫伯特·克拉克·胡佛（Herbert Clark Hoover，1874~1964），美国第 31 任总统。曾在开平矿务局任职，中文名胡华。其在自传《冒险年代：美国总统胡佛自传》（钱峰译，上海三联书店，2017）中，用一个章节（第六章"在中国的工程师生涯"）讲述了其在开平矿务局工作的经历。

解广东籍职员情况并非易事。现仅就已发现资料，分三个层面考察开平矿务局广东籍职员情况。

（一）领导层级

1. 首任总办唐廷枢

唐廷枢是广东香山县人，为当时华商领袖，其生平事迹无须赘述。自 1878 年开平矿务局成立，至 1900 年底开平矿务有限公司取代开平矿务局止，在两任总办①中，唐廷枢任期达 14 年之久，张翼仅任职 8 年。在 1884 年之前，唐廷枢除兼任上海轮船招商局总办之外，还有许多其他事务，并不能经常驻扎在开平矿务局办公，开平矿务局日常工作由会办代理。事莫难于创始，唐廷枢在直隶开办煤矿属试办性质，需要面对诸多困难。

一是思想藩篱。百姓因风水问题反对开矿是磁州煤矿未成原因之一。开平矿务局创办之初虽未遭到直接反对，但礼部侍郎祁世长看到李鸿章的《直境开办矿务折》后，于光绪七年十二月初三日（1882 年 1 月 22 日）参奏开平矿务局，在奏折中用怀疑的语气写道："陵寝重地在遵化州界内，山川脉络未必不相毗连。考濡水今名滦河，自遵化州流入迁安县西，又，东南径卢龙、滦州、乐亭，其明征也。今若于该处设局开采，泄坤舆磅礴之气，必非所宜。……地为畿辅奥区，又与陵山要隘不甚相远，收此百千犷悍之众，聚则为我徒役，散则为害闾阎，金厂匪徒前车可鉴。而民间坟茔动遭平毁，州县狱讼转益繁多，犹弊之显见者也。"②李鸿章不得不命唐廷枢回答祁世长的提问，甚至还派出杨嘉善实地勘察，两次证实开矿确与东陵无妨之后，才解除了开平矿务局的这次危机。类似的反对之声还有多次，唐廷枢时刻都需要面对这样的纠缠。

---

① 1898 年之后，张翼任督办，仍掌控开平矿务局实权。
② 顾廷龙、戴逸主编《李鸿章全集》第 9 卷，安徽教育出版社，2008，第 577～578 页。

二是资金难题。唐廷枢深知资金不足数次致招商局陷于困境，自然希望开平矿务局获得像招商局那样的官款扶持。1877年筹备开平矿务局之时，在章程中指出："即领官本，应请亦以年结送核，免其造册报销，以省文牍。"① 之所以如此表述，唐廷枢似在向李鸿章暗示，希望得到政府的资金支持。在1880年以前，开平矿务局的官方借款少得可怜。1881年，唐廷枢向李鸿章上呈《奏请援照台湾之例减轻出口税由》称："又由河头筑硬路十五里直抵矿工，共需银十余万两，统归矿局自筹，未领公款分文。"② 1880年，唐廷枢并未提出借款要求，而是请李鸿章预付煤款，先支付给开平矿务局5万两，用以补充招股不力，解决煤河工程资金问题。"伏念矿局只招股本三十万两，现已多用十万两有零，此时再筹垫十四万两挑河，实为心力不逮，可否吁恳爵中堂终始成全，于机器海防支应两局，酌拨银五万两暂资工需急用，于本年职局所交之烟煤焦炭及船捐三项抵销，如有不敷，亦统于光绪八年年底，无论何项一律缴清，不致宕延公款，除奉发外，其余巨项由职道极力设法挪移。"③ 这一请求并未如愿，"禀报所请，借银五万两，刻值经费支绌碍难多拨，姑由机器局借给银二万两，支应局于海防协饷内借给银一万两"。④ 到了1884年，开平各项工程费用已超过200万两，除了120万两股本外，不得不向招商局挪借以解决资金不足问题。

三是人才匮乏。开平矿务局借鉴英国管理模式，具有现代管理机构的雏形。其督办、总办、会办等相当于现代的董事长、总经理、副总经理，下设的办公所、账房、考工房、材料房、杂物房、监工房等相当于机关工作部门。煤矿、塘沽公司、胥各庄分局，上海、广州等售煤处，相当于集团公司下属子分公司。正副矿师、西医生、煤师、把头、监工

① 唐廷枢等：《直隶开平矿务局章程》，澳门科技大学唐廷枢研究中心编《唐廷枢史料丛刊》第1辑《开平矿务创办章程案据汇编》第2册，澳门科技大学、华宝斋古籍书社，2019，第196页。
② 唐廷枢等：《开平矿务创办章程案据汇编》，第238页。
③ 唐廷枢等：《开平矿务创办章程案据汇编》，第235页。
④ 唐廷枢等：《开平矿务创办章程案据汇编》，第237页。

等技术性较强的岗位，不得不高薪聘请洋人担任。巴尔、金达①等就是矿务局聘任的工程师，广泛参与了矿井建设、煤河勘探开挖、铁路修筑等重要工程。特别是金达还参与了多条铁路的修筑工作，并在中国取得了很高的声望。

四是缺乏配套设施。开平矿务局成立之前及成立之后很长时间，周边没有修理厂、生产原材料供应企业，没有现代化的学校、医院，也没有现代化的公路、铁路，更没有市政配套部门及设施，诸如自来水、煤气管网、餐馆、旅店等。唐廷枢要解决问题必须自己出资兴建这些设施，从最初的铁路、煤河，到后来的培训技术学校、现代化的医院。随着矿工的大量聚集，围绕吃穿住行等生活需求，周围开始出现各种小生意人，以至发展成市场，甚至是城镇。

在诸多困难面前，唐廷枢成功开办唐山矿和林西矿，创建细棉土厂，修筑唐胥铁路后延伸至天津，凿通煤河，组建开平船队，参与承德金银矿开发等。

2. 广东籍会办

黎兆棠，广东顺德人，1853 年中进士，历任礼部主事、总理衙门章京、江西粮台、台湾道台。黎兆棠为正途出身，与唐廷枢捐纳出身自然不同。在开平矿务局筹备期，黎兆棠以津海关道身份会办开平矿务局，后官至福建船政大臣、光禄寺卿。

1876 年 3 月，黎兆棠在给盛宣怀的信中提到"华行之设久未接景星信"，②足以证明黎兆棠、唐廷枢二人早已相识。值得注意的是，开平矿务局成立之初，三位领导人中两位为广东籍。

---

① 金达（Claude William Kinder，1852～1936），英国人。自幼随父去日本，长大后娶日妇并在日本工作，后来华。1880～1881 年为开平矿务局建筑胥各庄到唐山的铁道，并参加中国第一辆机车"中国之火箭"的制造。后任京山铁路总工程师。八国联军侵入北京后，因俄人反对继续任职而离任。
② 《黎兆棠致盛宣怀函》，陈旭麓等主编《盛宣怀档案资料》第 7 卷，上海人民出版社，2016，第 1 页。

1877 年底，黎兆棠与唐廷枢共同禀李鸿章开平煤铁成色，并条陈开采事宜，与唐廷枢、丁寿昌共同起草《开平矿务设局招商章程》。1878 年 3 月，黎兆棠新授直隶按察使，丁寿昌接替黎兆棠任津海关道。

虽然有职务上的变更，但 1878 年开平矿务局成立时，在《禀请札饬地方州县出示晓谕由》的文书中，仍为黎兆棠、丁寿昌、唐廷枢三人共同呈报。到了 1878 年 10 月 22 日，在《禀陈开平矿务开办情形恳请核奏由》中，及"司事工人遵守列为四款，共一百三十八则"，"疏浚水道以便河运节略清折一扣"① 时，就未见黎兆棠之名了。1878 年 10 月，丁寿昌卸任津海关道之职，擢按察使，署布政使，由郑藻如担任津海关道。

按照惯例，唐廷枢与丁寿昌于 1878 年 10 月 28 日上《禀李鸿章请添派新授津海关郑道会办开平矿局由》，② 禀请李鸿章由新任津海关道郑藻如接替丁寿昌，担任开平矿务局会办一职。次日，李鸿章就予以批准，并称"如禀饬委郑道藻如会办，另檄行知"。③ 到了 11 月 18 日，郑藻如的名字就与丁寿昌、唐廷枢共同出现在了《禀李鸿章陈矿务见煤情形并呈煤样乞援台案减税由》之上。④

郑藻如不但是广东人，还是香山人，这应该不是巧合。从郑藻如的履历看，他早年曾任江南制造局帮办，应与唐廷枢早就熟知。现可查最早记录是 1877 年 11 月 26 日，郑藻如和唐廷枢在上海一起欢送何如璋、张斯桂出使日本。兼任开平矿务局会办后，与唐廷枢一起反复勘察水运最佳路线，最后确定由胥各庄修至芦台阎庄。曾参与津沽铁路建设。

---

① 丁寿昌、唐廷枢：《禀李鸿章请添派新授津海关郑道会办开平矿局由（批）》，唐廷枢等：《开平矿务创办章程案据汇编》，第 232 页。
② 丁寿昌、唐廷枢：《禀李鸿章请添派新授津海关郑道会办开平矿局由（批）》，唐廷枢等：《开平矿务创办章程案据汇编》，第 232 页。
③ 丁寿昌、唐廷枢：《禀李鸿章请添派新授津海关郑道会办开平矿局由（批）》，唐廷枢等：《开平矿务创办章程案据汇编》，第 232 页。
④ 丁寿昌、郑藻如、唐廷枢：《禀李鸿章陈矿务见煤情形并呈煤样乞援台案减税由》，唐廷枢等：《开平矿务创办章程案据汇编》，第 232 ~ 233 页。

1881 年 6 月，郑藻如卸任津海关道一职，周馥①继任津海关道。此时，开平矿务局井下工程接近尾声，陆路、水路组合运输路线基本完成，李鸿章并没有按照惯例，由津海关道兼任开平矿务局会办。1881 年 12 月 20 日，李鸿章上《吴炽昌调办矿务片》，称："惟该局煤铁兼营，工程较大，必须有驻局大员督率经理。津海关道政务较繁，唐廷枢又有承办轮船招商事件，均未能常川驻局。查有广西候补知府吴炽昌老成干练，朴实精详，通晓西国语言文字，于矿务商务尤为熟悉。"②

吴炽昌，广东四会人。曾与唐廷枢等在上海创设普育堂。以广西候补知府身份会办开平矿务局。此时的开平矿务局管理架构完备，规章制度健全，矿井建设接近尾声，唐胥铁路、煤河等地面工程亦已结束，吴炽昌的工作是加强日常管理，保证开平矿务局的高产高效，顺利把煤从唐山运到天津。

如果认为此时的吴炽昌无事可做，就大错特错。上任不久，吴炽昌就处理了庄头赵钧阻挠开河、勒索唐玉瓒、唆使何贵不领地租一案，随后又禀请开平矿务局设立刑具，自行审理须枷示一月或三月开释之犯。这对于稳固开平矿务局与地方关系、保证治安发挥了一定作用。1883 年，吴炽昌受命创办北京西山煤矿，后来还参与津沽铁路修筑。

徐润，广东香山人，早年入上海宝顺洋行，自开茶栈，后兼及地产，经营范围广泛，1873 年随唐廷枢入招商局，因唐廷枢并不常川驻局，徐

---

① 周馥（1837～1921），字玉山，号兰溪，安徽至德（原属安徽东流，今安徽东至县）人。咸丰末年，避战乱辗转到省城安庆。1862 年春，李鸿章组建淮军。周馥应募，深得李鸿章赏识，即招往办文案。1875 年冬，李鸿章委派周馥筹办海防支应局，负责北洋水师军饷收放事务。1881 年 4 月，丁忧期满后，仍回海防支应局本任，旋署津海关道。1888 年 3 月，周馥升任直隶按察使。后历任山东巡抚加兵部尚书衔、署两江总督兼南洋大臣、闽浙总督、两广总督。在创建唐胥铁路、唐津铁路、延伸至林西和山海关铁路中，周馥发挥了重要作用。

② 顾廷龙、戴逸主编《李鸿章全集》第 9 卷，第 517 页。此文亦载于《光绪朝东华录》，书中标注为光绪七年十月戊子（二十九）日，即 12 月 20 日（朱寿朋编《光绪朝东华录》，中华书局，1958，第 1225～1226 页）。此文亦见于《光绪七年十一月初十日京报全录》，《申报》1882 年 1 月 20 日。

润则成了招商局日常经营负责人，为唐廷枢重要商业伙伴。据徐润自称，1881 年他曾会办开平矿务局，[①] 1891 年，他再次会办开平矿务局，主持林西矿日常事务，兼及建平金矿等。

1892 年，广东新会人陈善言任开平矿务局会办。陈善言（1846～1905），又名陈贤、陈言，字霭廷，广东新会人。陈善言于 1872 年参与创办《华字日报》，1874 年因《华字日报》泄密，被通缉，改名陈善言。曾任驻古巴总领事，1904 年任淞沪铁路总办和沪宁铁路督办。

除此之外，1886 年 7 月 24 日，唐廷枢的哥哥唐廷桂以开平沪局的名义在《申报》刊布告示，按照章程约定，请三位有股之人，拟于 8 月 7 日在广肇公所共同会算第二届账略。自 1873 年起，唐廷桂担任怡和洋行总买办，此时在开平沪局任职，应该属于兼职。

1891 年 4 月，广东香山人郑观应在广州养病期间，李鸿章札委其为开平矿务局粤局总办，称其"办事勤慎，公正廉明，并熟悉中外商情"，指示郑观应在广州"择地立厂、建筑轮船码头、照料销售"，[②] 以便在广州推广煤炭销售业务。

除了黎兆棠、郑藻如以津海关道身份兼任会办之外，吴炽昌、徐润、郑观应等在开平矿务局任职，均与唐廷枢之关照有直接关系，特别是徐润在上海金融风暴中破产，郑观应诸事不顺在广州养病，唐廷枢照顾成分更为明显。至于陈善言任会办与唐廷枢有无关联，有待新史料的发现。

（二）管理技术层

1877 年，唐廷枢、丁寿昌和黎兆棠等人在拟定章程时，便确立了"所有各厂司事，必须于商股之中选充，方能有裨于事。请免添派委员，

① 1881 年徐润会办开平矿务局一事，仅《徐愚斋自叙年谱》中有相关内容，至今未发现其他佐证资料。
② 夏东元编《郑观应集》（下），上海人民出版社，1988，第 956 页。

并除去文案、书差名目，以节糜费"① 的司事（职员）选用原则，只选
用手中有开平矿务局股票的人，不仅如此，"查股分一万两者，准派一人
到局司事。其能当何职，应受薪水若干，由总局酌定。若其人不称职，
或不守分，任由总理辞退，仍请原人另派，以昭平允而免误公"。② 购买
股票一万两的大股东才有资格派一人充任司事，这样一来，就保证至多
有 80 名司事为股东派充，总办有以不称职、不安分等为由将其辞退的
权限。

　　据唐廷枢在 1885 年刊布的《开平矿务局第一届账略》中记述，开平
矿务局雇用局员共 50 多人，分布在办公所、账房、考工房、材料房、杂
物房、监工房等部门，他们负责账目记录、采办物料、监督生产等工作。
因资料所限，这些人姓名、籍贯都不可考。受唐廷枢、黎兆棠、郑藻如
及吴炽昌等人影响，加之广东客商、招商局员入股开平矿务局的原因，
开平矿务局 50 多名局员之中，广东籍应不在少数。

　　从仅有的文献记载中也可以找到蛛丝马迹。光绪五年秋，张佩纶在
回家葬母过程中，唐廷枢的从侄、开平矿务局司事唐郁君③曾与张佩纶有
过密切接触。1879 年 9 月 18 日，唐郁君陪堪舆师李锡蕃至丰润张佩纶家
中。9 月 21 日，张佩纶送李锡蕃、唐郁君回唐山。9 月 24 日，张佩纶四
兄及九弟至开平矿务局，唐郁君至旅店送银。9 月 25 日，张佩纶送唐郁
君还唐山。④

　　局员之中有据可查的则为留美幼童回国安置在开平矿务局人员，其
人数当在 10 人左右。

　　1881 年 6 月 13 日，总理各国事务衙门决定撤回留美幼童，由郑藻如
取代陈兰彬并起草善后规条，7 月 2 日禀李鸿章"开矿学生五名，拟请拨

---

①　唐廷枢、丁寿昌、黎兆棠：《开平矿务设局招商章程由》，唐廷枢等：《开平矿务创办章程
　　案据汇编》，第 213～216 页。
②　唐廷枢、丁寿昌、黎兆棠：《开平矿务设局招商章程由》，唐廷枢等：《开平矿务创办章程
　　案据汇编》，第 213～216 页。
③　唐郁君，唐廷枢从侄，张佩纶四兄张佩经的帮手。据《张佩纶日记》11 月 1 日和 4 日载。
④　《张佩纶日记》（上），凤凰出版社，2015，第 26 页。

交开平矿局，习练矿务"。①

1881 年 10 月 27 日，第一批 21 名留美幼童回国，总理电报学堂补用道朱格仁、天津电报总局候补道刘含芳禀李鸿章："除唐荣浩②、唐荣俊③两名到津后，由唐道廷枢奉批准留住该局。"④

11 月 1 日，第二批 49 名留美幼童回国，刘瑞芬⑤禀李鸿章："习矿务工艺者各四名，开平矿局三名，派通判吴保福伴送来津，候饬津海关道按名验收，分别安置。即将黄仲良等三名，拨归开平矿务局，随同学习。……内有习矿务之吴仰曾等四名，可否并拨开平矿局学习，抑另有用处，仍悉心察度，并与招商局唐道妥商禀办。"⑥

1881 年 11 月 22 日，周馥禀李鸿章，第二批留美幼童来津 26 名，"职道等会商拨水师学堂九名，机器局二名，制造局一名，关署二名，开平矿厂二名，平泉矿厂二名，医院二名，电报学堂二名，水雷营四名，俾资练习"。⑦

1881 年 12 月 16 日，周馥禀李鸿章，第三批留美幼童唐国安等 23 名来津，"职道等会商续拨水师学堂六名，医院六名，水雷营五名，平泉矿厂一名，开平矿厂二名，关署二名，电报学堂一名"。⑧

综上所述可知，郑藻如在 7 月 2 日的禀中称，留美幼童习矿务学生五人，拟拨开平矿务局，此应为初步方案。到了实施阶段，第一批唐荣浩、唐荣俊二人，刘瑞芬禀第二批黄仲良、吴仰增等四人，周馥禀第二批二

---

① 顾廷龙、戴逸主编《李鸿章全集》第 37 卷，第 172~173 页。

② 唐荣浩，字藻兴，号芝田，唐廷枢长子。

③ 唐荣俊，字秀兴，号杰臣，唐廷枢兄唐廷桂子。

④ 顾廷龙、戴逸主编《李鸿章全集》第 37 卷，第 177 页。

⑤ 刘瑞芬（1827~1892），字芝田，安徽贵池（今属池州）人。1862 年，以诸生入李鸿章幕府，随淮军援上海，主管水陆军械转运。曾督办淞沪厘捐。1876 年代理两淮盐运使，驻扬州。1877 年，任苏松太道。1881 年，升江西按察使。1885 年，受命出使英、俄等国。授太常寺卿，升大理寺，仍留任为出使大臣，改驻英、法、意、比等国。1889 年，被召回国，任广东巡抚。著有《刘中丞奏稿》《西辁纪略》《养云山庄诗文集》《青山诗集》。

⑥ 顾廷龙、戴逸主编《李鸿章全集》第 37 卷，第 178 页。

⑦ 顾廷龙、戴逸主编《李鸿章全集》第 37 卷，第 181 页。

⑧ 顾廷龙、戴逸主编《李鸿章全集》第 37 卷，第 182 页。

人、第三批二人，唐荣浩、唐荣俊、黄仲良、吴仰增等至少六人划拨开平矿务局。

据《徐愚斋自叙年谱》载，黄仲良（广东番禺人）、陈荣贵（广东新会人）二人学习开矿，且归开平矿务局。另有学习开矿者，如第一批容尚谦（广东香山人）、邝荣光（广东新宁人），第二批王凤阶（浙江慈溪人）、梁普照（广东香山人）。因王凤阶丁忧回籍，与 1881 年 6 月 13 日郑藻如禀五名学习矿务的情况完全相符。

吴仰曾（1862～1940）为吴炽昌四子，字述三，广东四会人。中国首批留美幼童之一，曾在哥伦比亚大学矿冶学院就读，后又赴英国学习矿冶。回国后，在开平矿务局工作多年，娶唐廷枢之女。

据《张佩纶日记》，第二批留美幼童曾溥，字子睦，广东朝阳人，李鸿章翻译曾恒忠之子。1879 年回国，早于 1881 年留美幼童整体回国时间。在美国期间学习矿业，精于化学，回国后在开平矿务局工作。1880年 4 月 8 日，张佩纶参观开平矿务局购自外洋的机器，曾溥对张佩纶所提问题均能对答如流。[①]

1905 年 9 月，唐国安在一封写给盛宣怀的信中称："卑职随众归国后，历充美领事署等处翻译，旋由家景星观察招致入唐山煤矿局襄办洋务。景公去世，陈霭廷观察继其任，卑职复与之共事八年。迨霭公离矿局，卑职遂承乏北洋铁路驻营口局综理一切事宜。"[②] 陈霭廷即为前文提及的陈善言，于 1892 年任开平矿务局会办，与唐国安所述基本一致。

据以上资料，留美幼童整体回国前，曾溥已经在开平矿务局工作；整体回国初期，在开平矿务局工作的有唐荣浩、唐荣俊、黄仲良、陈荣贵、吴仰增、梁普照、邝荣光；整体回国后，又有唐国安来开平矿务局工作，前后共 9 人。

---

① "二十九日（4 月 8 日）阴，有曾溥者，粤人，在外国读书八年……曾君精化学，有声于外国，日来携之同至山畔观西人机器，每事询其用法，答对均有条理。"《张佩纶日记》（上），第 41 页。

② 《唐国安致盛宣怀函》，上海图书馆藏，档案号：102409－2。

今唐山市凤凰山（原称双凤山）顶有一字迹模糊的石碑，为《重修双凤山庙像碑记》，据碑文载，山顶有神宇，传始修于唐代，乾隆四十四年重修，"光绪十年，香山唐观察廷枢来办开平煤矿，见山路崎岖，来瞻者每多艰险，爰倡众集资建修石蹬，以便行人。……开平矿务局诸同仁立碑于光绪十六年岁次庚寅孟夏"。在捐资人中，即有邝荣光、唐荣浩（碑文为唐芝田）二人，各捐银二两八钱。

对于留美幼童工作单位一事，各种资料、出版物众说纷纭。本文所采纳均为一手史料，受资料所限，关于留美幼童有开平矿务局工作经历的名单并非全部，有待发现新史料予以补充。

据《重修双凤山庙像碑记》载，在捐款名单中，共有捐款人、商号合计230人（个），共捐银222.25两。其中唐姓29人，名单为：唐荣崧、唐芝田、唐标福、唐梓石、唐宏禄、唐润田、唐廷巧、唐樊隆、唐永叙、唐沧兴、唐斗禄、唐贯禄、唐廷培、唐锦香、唐经伦、唐经富、唐荣福、唐齐钧、唐辉禄、唐荣扬、唐如洲、唐宸裕、唐宗善、唐兴居、唐秩章、唐赞臣、唐云卿、唐植三、唐仕泉。唐姓捐款人占总捐款人及商号的12.61%。据统计，在全国人口中，唐姓占总人口0.62%，主要聚集在四川、湖南等地，碑文中的唐姓人数占总捐款人数比例为全国唐姓占全国总人口比例的20倍。如果说29名唐姓人士皆与唐廷枢有关，则过于武断，如果说与唐廷枢毫无关系，则断无可能。更何况，在非唐姓人士中，除邝荣光之外，肯定有相当数量的广东籍开平矿务局职员，其姓名及数量仍有待进一步考证。

从捐款数量上看，230人共捐银222.25两，人均约0.97两，29名唐姓人士捐27.48两，人均不及0.95两。唐荣崧为唐廷枢七子，捐银三两五钱，唐荣福为唐廷枢八子，捐银七钱。

（三）矿工群体

据美国学者卡尔森在《开平煤矿，1877～1912》中记述，开平矿务局的矿工数量随着煤炭产量的增加而增多。1879年250人，1882年520

人，1884 年 1000 人，1889 年 3000 人，1900 年 9000 人。[①] 据金达记载，1882 年的 520 名工人之中，有 120 人是南方人，他们是从美国加利福尼亚和澳大利亚归国的广东矿工。1891 年时，广东籍矿工达到 500 多名。[②]这些工人既有高超的技术，也有丰富的经验，普遍享受较高的工资收入，差距往往达到惊人的 10 倍左右。但他们不愿意把技术传授给当地工人。在 1882 年还引发了当地工人要求与地方工人同样工资的罢工，而矿务局禀报天津官府，官府亦不知如何办理。7 月 16 日，唐廷枢不得不赴开平解决停工纠纷。

据《英领事商务报告，1883 年分》（第 3 篇，第 273～274 页）记载："［开平煤矿的］产量很少，由于在夏初不容易雇到工人。为了解决这个困难，矿局从汕头雇来了一百个工人。这些工人很好，但是他们的把头极其残忍地掠夺他们。最后，矿局把他们全部都解雇了，而没有只惩罚那几个作恶的人。"[③]

据唐廷枢在 1885 年刊布的《开平矿务局第一届账略》中记述，开平矿务局先后聘用了 20 名左右洋人，雇用了铁匠、木匠等工匠 60 人左右，井下采煤工有 200 人至 300 人不等，与卡尔森的记述略有出入。

据当时的报刊记载，1887 年，广东籍水手（管工）、监工日工资 1 元，煤师翻译、骡夫、机匠、瓦匠 0.2 元，煤石工 0.15 元，看风门、扬旗夫、搬道岔工 0.13 元。如果每月做满 30 天，他们的收入在 3.9 元至 30 元之间。到了 1889 年，矿工每月工资在 3.5 元至 12 元之间，技术工人每月工资在 5 元至 60 元之间。由此可见，技术工人与一般工人的收入差距巨大。

由于生活习惯不同，更主要的是收入较高，广东籍矿工生活条件优越，可以享受更好的生活。当地矿工以玉米面等杂粮为主食，而广东籍

---

① Ellsworth C. Carlson, *The Kaiping Mines*, *1877-1912*, Harvard University Press, 1971, p. 45. 另据《开平煤矿记略》载："矿工三千人，分为三班，每班工作八小时。"见《捷报》1889 年 4 月 12 日。

② 《捷报》第 46 卷，第 494 页，转引自孙毓棠编《中国近代工业史资料》第 1 辑下册，第 1248～1249 页。

③ 孙毓棠编《中国近代工业史资料》第 1 辑下册，第 1245 页。

矿工则可以选择大米。广东籍矿工的子女普遍接受教育，他们的后代也能够维持较高的社会地位，其影响延续此后相当长时间。

三 主要贡献及影响

2018年，在开平矿务局成立140周年之际，唐山市也确定为开埠140周年，并把唐廷枢命名为"唐山之父"，虽然有如此评价及定位，但以唐廷枢为首的开平矿务局广东籍职员身上发生的事迹，我们仍然知之甚少，对开滦集团、唐山市的贡献及影响，有待于进一步挖掘整理。

第一，开创崭新事业。唐廷枢和众广东籍同乡，于晚清在中国北方开办现代化煤矿，随之衍生出铁路、自办船队、金银矿、细棉土厂、沽塘耕种公司等，许多事业在当时均属首创。开平矿务局因开采供应优质煤炭，推动了中国钢铁、水泥、铁路、航运等重工业的发展，催生了周边陶瓷、纺织、机械制造等更多附属产业，缩短了电报、电话、自来水、煤气灯等服务行业的引进时间，使中国提档加速进入蒸汽时代、电气时代。开平矿务局按照每吨煤银一钱的比例为国家贡献税收，解决数万人口就业，养育了数万个家庭，历经140年的发展，使唐山这个当年仅18户人口的村庄发展成今天的三线城市，GDP连续多年稳居河北省榜首。开平矿务局这个企业的成立及发展，应该说唐廷枢及广东籍职员有首创之功。这些影响都有待于进一步评估定位，追根溯源必然联系到开平矿务局，与唐廷枢等广东同乡有着千丝万缕的联系。

第二，现代企业思想。唐廷枢自幼接受西式教育，无论知识体系还是思想意识，更接近西方人的思维模式，在他的意识里，遵守既定规则高于一切，按照合同办事胜过人情。在李鸿章的眼中，当国家利益与企业利益发生冲突时，过于维护企业利益属于"不识大体"。但在唐廷枢的思想深处，无论是国家还是官员，都必须遵守规章制度，都必须按照条款办事，谁也不能违背法律法规侵蚀企业利益。唐廷枢等广东人善于精细管理，开平矿务局创办之初，他们就意识到"产量、煤质、成本、运输"是影响利润的关键四要素。产量从最初每年 3 万吨增加到 40 万吨；努力提高块煤数量，改善煤质；降低物资采购成本，降低各项工资支出；通过挖掘煤河、修筑铁路的方式改善运路。唐廷枢所有工作都是在优化这四个方面，力求降低成本，追求最大利润。企业只有盈利才能立于不败之地，才能取得发展。

第三，不屈不挠精神。唐廷枢及广东同乡在开平矿务局最值得称道的，就是在推进事业之中，无论遇到任何困难，始终体现不屈不挠、功不成不罢休的执着精神。建矿之前，唐廷枢带领英国矿师实地勘察，把矿石煤样分别寄送化验成色，多次勘察打钻、凿井地址，冒雨亲自督送机器设备，无时无刻不体现事必躬亲的科学精神。开始凿井后，又反复勘察运输路线，最终确定了铁路与煤河的组合方案，煤河投入使用仅一年，又因来水太少不敷使用，立刻调整方案。开挖煤河之前，因资金不足，在恳请李鸿章调拨资金未果的情况下，就多方拆借，最终使资金到位，在大量产煤之前完工。开挖煤河过程中有碍旗地，遭到地方势力阻挠，唐廷枢奔走于丰润县及直隶省衙门之间，最终使问题得到妥善解决。开平矿务局最大的危机来自 1882 年初礼部侍郎祁世长的奏折，如若不能妥善解决，开平煤矿有彻底停办的风险。唐廷枢立刻做出回应，针对祁世长所奏——做出解释，最终在杨嘉善实地勘察之后得以验证，才化解了危机。面对诸多困难，唐廷枢筚路蓝缕，始终直面问题，正如李鸿章所评价："百折不回，忠信正直。"①

第四，实施安全管理。在开平矿务局成立当年，正当钻井勘察工程紧张进行之时，唐廷枢咨询洋人矿师，与会办、司事共同起草完成"司事工人遵守四款一百三十八则"，后来改为 5 款 138 则。《煤窑规条》共 33 则接近操作规程，《煤窑专条》66 则类似岗位说明书，《煤窑要略》15 则更像工作制度，《洋人司事专条》12 则强化对洋人的管理制度，《煤井规条》12 则专指主井操作规程。综合这些规条、专条、要略，其内容涵

---

① 《禀批照录》，《申报》1892 年 11 月 3 日。

盖煤矿安全生产全过程、全部位，有对工作现场的规定，有对机器设备工作状况的确认，更多的是对矿工操作程序的约束，可以说，这是目前能够看到最早的煤矿管理制度，具备现今执行的《煤矿安全生产规程》的雏形。差不多在同一时期，唐廷枢在招商局颁布了《航海箴规》，这是针对轮船航行大海时的规章制度。唐廷枢擅长修订章程，制定规章制度，靠制度来管理企业，因为他深知，安全生产事故不仅会毁坏机器设备，甚至会影响生产，还会伤及人身生命。

第五，文化高度融合。广东人的生活习惯与北方存在一定差别，文化背景与北方截然不同。为了凝聚广东同乡，1882 年，唐廷枢赞助在唐山矿北门外广东街北路成立了广东同乡会。同乡会设置的初衷，主要是为广东人解决生老病死、天灾人祸、家庭纠纷，以及与本地人的摩擦等问题。随着广东籍矿工势力的稳固，同乡会发展成为广东会馆，会馆定期选举会长、理事、监事，对会馆事务进行管理。会馆通过单位和个人赞助筹集经费，购买义地并出租取得租金，以此联络同乡感情，举办福利事业。孙中山在担任临时大总统之前，曾两次到广东会馆联络同乡，为革命事业募捐资金。在广东会馆的带动下，催生了唐山地区文化产业、服务业的繁荣。最初兴起的是餐馆、副食，万里香、九美斋、鸿宴饭庄等一大批知名品牌先后涌现。说书、戏曲、皮影戏等曲艺行当、街头卖艺大量汇集，在广东人的影响下，孕育了中国五大戏曲之一评剧，众多手工业者也聚集于此谋生。针对矿井安全事故频发，封建把头借窑神迷惑矿工，窑神还成为个别人敛财的工具。这些事物的产生与发展，与以广东为代表的各地文化涌入融合有极大关系。

1892 年唐廷枢去世后，开平矿务局领导层发生巨大变化。1901 年，英国人取得开平管理权，随着煤矿产量增加，山东和本省矿工数量急剧增加，广东籍职员的绝对数量和相对数量都呈下降趋势。开滦人在革命战争时期的英勇牺牲、生产建设时期的顾全大局、改革开放时期的拼搏进取、转型发展时期的锐意进取，都与唐廷枢的企业家思想、广东人的聪明睿智和斗争精神早已深深植根于开滦人血脉之中有莫大关系。

甲午战争前后中国商务思想的萌发与实践[*]

——以新加坡华文报刊为中心

夏巨富[**] ◎

【摘　要】　甲午战争前后，中国朝野的经济风气已经出现转向的迹象，洋务运动由前期发展军事到后期发展民用企业，由洋务逐渐地向商务转变，虽然是一字之差，但区别甚大，前者体现为被动向西方学习器物层面，后者则属于主动从内部出发学习西方思想层面。甲午战争清政府战败后，引起朝野内外各界的极大震荡，官商民绅各阶层的思想迎来急速转变，加速洋务向商务转变的进程，官商大多数主张振兴商务，不论自上而下，还是自下而上，历经十余年商务舆论的"侵染"，到清末商务思想逐渐从认知层面向实践层面转变，这些离不开郑观应、唐廷枢、徐润等香山商人不断的宣传助力与商务实践。基于此，以"局外人"的视角，通过搜集新加坡华文报刊中关于中国朝野对商务的言论，进一步考察清廷对官商绅界商务主张的扬弃，反映甲午战争前后朝野间对商务认知的异同及其变迁，透视出清廷虽然重视民意且顺应潮流，但是仍有自己的商务主张。

【关键词】　清末；商务思想；新加坡华文报刊；香山商人

---

*　本文系中国用友基金会项目"从祖籍国到居住地：新加坡中华总商会发展史研究（1906－2016）"（项目号 2019－Y09）的系列成果之一。

**　夏巨富，历史学博士，广州大学人文学院暨广州十三行研究中心讲师。

《唐廷枢研究》第 3 辑，第 148～166 页。
Tong King Sing Studies

148

随着鸦片战争叩开清朝的大门，清政府被迫卷入资本主义世界市场，随之而来的西方重商思想开始蔓延沿海通商口岸，冲击着传统官商绅各界，随着商务思想的发展，开始"侵袭"全国非通商口岸地区。樊果认为鸦片战争失败后出现了重商思想，一些思想家和官员纷纷提出"恃商为本""借商以强国"等，主张振兴商务。[①] 王尔敏详细探讨近代商战观念嬗变历程及重商思想的形成，并对商战观的两个主要表现——挽回利权和振兴实业做出翔实的考察。[②] 王文非常具有启示与借鉴意义，已经突破单纯的观念史层面论述，将商战观念运用于指导经济实践。马敏认为晚清重商思想是转型时期一种更为复杂的思想体系，与明清时期早期重商思想和嘉道年间经世思想有历史渊源关系，但更多受到西方资本主义的外来思想影响，基本上是西学东渐的产物。[③] 冯筱才认为重商思想除广义上的重视商业之意义外，在经济学上的意义更主张由政府控制国家的经济，实际上经济民族主义是晚清重商主义的核心。[④] 杨汤琛从域外日记角度考察甲午战争前晚清时期官绅层面商务观的嬗变历程。[⑤] 目前学界对重商思想研究相对丰富，但重商不等于商务，对甲午战争前后商务思想及其实践研究等领域的探讨相对较为薄弱。樊果和杨汤琛虽涉及清末商务观念，但未触及实业实践层面。本文从新加坡华文报刊视角出发，探究甲午战争前后中国商务思想萌发及其具体实践，以期总结中国商务思想的发展与振兴经济之间的关系。

一　中国商务的主要表现形式

甲午战争前后，商务一词不绝于报刊时论报道中，商务成为那个时

---

① 樊果：《中国近代"商务"和"商业"观念研究》，《中国经济史研究》2015 年第 6 期。

② 王尔敏：《中国近代思想史论》，社会科学文献出版社，2003，第 198～322 页。

③ 马敏：《近代中国的商业启蒙》，《中国社会科学》2014 年第 2 期。

④ 参见冯筱才《从"轻商"走向"重商"？——晚清重商主义再思考》，《社会科学研究》2003 年第 2 期。

⑤ 杨汤琛：《甲午前晚清官绅"商务"观的嬗变——以晚清域外日记为中心》，《广东社会科学》2022 年第 4 期。

代的高频词。从清末报刊记载中，可以初步认识该时期商务之意涵，与实业、贸易、工艺制造等相关经济事务。郑观应对商务有独到见解，发表 5 篇《商务论》，大致从商务与国家富强、商务与经济、商务与外贸、中西商务末本之论、商务与本国经济等方面展开论述，其所论皆与振兴经济有关，其内核可概括为如何才可使国家富强。① 1900 年，"近年来中国商务兴盛，气象月异，而岁不同，按己亥商务较诸戊戌商务，实增海关平银九千一百九十一万六千八百零五两，其出口入口货物总价额已及海关平银四亿六千零五十三万三千二百八十八两"。② 纵观古今各界对商务的理解，可知商务包括振兴实业、对外贸易、工艺制造、财政收支、发展经济、设立商事机构、剔除商业弊病等具体方面。简单言之，清末商务的基本含义是指清政府官商参加的与商业一切有关的各项经济活动及商事制度建设。

接下来，探讨甲午战争前后中国商务思想的主要表现形式，当然是仁者见仁，智者见智，立场不同而指向各异，阶层不一同样含义各异。本文主要梳理最为普遍的意指，采纳大多数的主张而概括之。当时商务发展表现之一是主张创办公司。公司之创办源自西方，时人对中西所创办公司的认知有所不同。公司者"合众人之财以成一业，公于人，非私诸己者也"，公司立法极严，公举一人为总经理管理，西人通过设立公司发展商务，西人行商之法"莫善于公司"；而中国公司虽由众股集成，但"事权归总经理之一人，不欲他人掣其肘也"，借公司之名谋个人利益之实，集众股而谋私利，导致商人对公司失去信心，官府应该设法护商才能振兴商务。③ 以公司为媒介发展商务，中西呈现不同的面貌，将公司制度移植于中土，但缺乏相应的监督制度，实际操作起来，人治往往凌驾于制度之上，造成以权谋私、贪污腐败情形，空有其表，并不能促进商务的兴盛，但是商务的兴盛确实依赖公司的发展。直到 1897 年，中国公

① 参见夏东元编《郑观应集》（上），上海人民出版社，1982，第 586~634 页。
② 《商务起色》，《日新报》（新加坡）1900 年 6 月 8 日。
③ 《论商务以公司为善》，《叻报》（新加坡）1891 年 9 月 2 日。

司发展仍然不盛，主要问题是自守一店一铺，各负盈亏，人心不齐，财富难聚集，招股不易，或功败垂成，或不能续招而半途而废，加上清廷立法和资本不足。总之，中国公司数量屈指可数，风气始终未开，商务始终未能振兴，故要兴商务还是要广设公司。① 由此，该时期公司成立承载各类商业经济活动，是商务发展的重要表现。虽然受到欧风美雨的侵染，商务思想"侵袭"着清政府各界，维系商务的公司在神州大地萌芽，却是在步履维艰中缓慢成长。

商务发展表现之二是整理财政。在国家层面上，商务发展可以增加国库收入，因此务必整理财政。商务振兴有利于提高国家财政收入，商务繁盛"则财力充盈，国家隐受其福"，商务衰败则"菁华易竭，国家显失所凭"，故"欲探富强之本"，必然从振兴商务开始。② 由此可见，时人认为国家商务兴衰与国家是否富强密切关联。李鸿章莅任后，强调商务中的理财，并设立商务局振兴商务，以此理财方可顺利。③ 中国的自强求富之道，并非一二端，但理财"莫重于劝工商，劝工商莫善于设公司，公司不举工与商之力不厚，工与商之业不大，利源何由而浚，财政何由而树"。④ 因此，时人认为振兴商务之要策是整理国家财政，从而增强国家财政实力，促进国家富强之路。

商务发展表现之三是重视外贸的经营。商务发展主要目的是与外人争夺利权和市场，因此不可避免与外商争夺经济利益，所以要重视外贸。1900 年，英商独占中国进口原布，中国自织之布与其相争，有人将英国制织棉最精花样携取回国，留心商务者有利可图。⑤ 清末所主张的振兴商务，蕴含着发展对外贸易方面事宜。

实际上，甲午战争前后官商的商务主张远非上面三种表现，还有设

① 《论商务以公司为最善》，《叻报》（新加坡）1897 年 3 月 26 日。
② 《振兴商务条议》，《星报》（新加坡）1896 年 7 月 9 日。
③ 《注意商务》，《日新报》（新加坡）1900 年 2 月 27 日。
④ 《论理财在广设公司》，《叻报》（新加坡）1901 年 4 月 3 日。
⑤ 《留心商务》，《日新报》（新加坡）1900 年 4 月 9 日。

立商部和商会、剔除官商阻碍因素等，但是商人普遍的商务发展主张主要表现在设立公司、整理财政和重视外贸经营等三个方面，当然还兼及商业制度、商业法等方面，最能反映商务内核的还是前面三个方面，时人围绕商务开始提出不同的建议，以供清政府采择。新加坡华文报刊笔下的中国商务，更多关注如何使清政府富强。

二　时人的商务主张

清政府主导洋务运动，重视洋务思想，甲午中日战争惨败宣告了洋务思想的"破产"，举国上下震惊，遂开始寻求新的救国思想，而此时重商主义思想的抬升，促使商务思想的发展，商务发展获得振兴的契机，随之时人纷纷提出各种商务振兴之策。

（一）思想层面上对商务的认知和建言

时人认为有必要调整士农工商地位，而过往的局面是"士为四民首，农工商贾皆其次"，然大利归农百工，但是商居四民之末，似无足轻重，实有必要改变此现状，切勿轻视商务。① 甲午战争之后，国家和民间层面显得更加迫切需要提振商务，时人主张振兴商务的议论更普遍。1896 年，有人论及中国商务振兴之机，泰西各国"最重商务"，富国强兵之道"皆系于商务"，"商务旺则国用以舒，商务坏则国用以绌"，商务与强国之间有因果联系，故建议国家"设立商部以统率而保护之，商本不足可以纠公司，国用不足可以行息借"，日本自仿效西方以来，商务日兴，又强势对内地通商，分泰西之利。中国若再不振兴商务，则"利源之涸可立而待"，主要问题是各商各业各自为战，"一商仅能保一商之利，一业仅能保一业之利，而终不能保一国之利"，如今"内外商情隔绝，皆官不能设

---

① 《论商务不可轻视》，《星报》（新加坡）1893 年 5 月 4 日。

法保护之弊也"。① 由此可见官商之间缺乏有效渠道，商务之弊端无法消弭。但是商务振兴与国家富强的确有着密切之联系，时人有对两者关系的探讨，"商务盛则其国强，商务衰则其国弱"。②

时人对甲午战争前后中国商务的建言献策，在很大程度上反映商务思想内核和国家之急需。首先，甲午战争前后时人主张商务振兴是通过贸易论维系，即大力发展外贸业，与西方争夺利益，增强商务经济方面的实力。1891 年，华洋贸易进出口货物总值悬殊，西方以商立国，寓商于民，寓兵于商，有集股之商务，进出口贸易占据优势。因此时人主张发展贸易，增强工艺制造，建议政府任用商政大臣专事疏通华洋贸易，同时责令出使各国大臣、各领事熟悉各国商务，互通有无，如此统筹商务以固根本，逐渐挽回贸易。③ 因此甲午战争前夕时人主张发展贸易振兴商务。实际上，清朝地大物博，除了自给自足外，还应转输他国，积极发展外贸业，中国货物流通"可行之于内地，而不能遍及乎外邦"，主要原因是未得制造之法，而设法精工制造，"必先自上开其端，教导而磨砺之，而后下之鼓舞奋勉者"，机器制造之法运用得当，民众继而熟练运用，如此推广贸易可期，利源可得。④

其次，当时朝野官商绅都有呼吁商战的主张，⑤ 商战可谓是甲午战争前后社会各界普遍关注的焦点。实际上香山商人郑观应是最为系统全面阐述商战论的，同样郑观应还将其商战思想运用到实践中，其中以轮船招商局并购旗昌案最为典型。郑观应主张商战论，振聋发聩，影响最为深远，其主要内容刊载在著名的《盛世危言》一书中，他提出"习兵战不如商战"，其大致内容是：（1）商战应通盘考虑，了解其消长盈虚；

---

① 《论中国商务有振兴之机》，《叻报》（新加坡）1896 年 1 月 6 日；《星报》（新加坡）1896年 1 月 6 日。
② 《中外通商利弊说》，《叻报》（新加坡）1906 年 12 月 6 日。
③ 《论中国宜通筹商务以固根本》，《叻报》（新加坡）1891 年 11 月 14 日。
④ 《论宜兴制造以广贸易》，《叻报》（新加坡）1892 年 8 月 27 日。
⑤ 有关近代中国商战论的来龙去脉，可详参王尔敏《商战观念与重商思想》，《中国近代思想史论》，第 193～322 页。

（2）注意洋钱的产生漏卮、商务流通和创设商务局；（3）商务之纲目，首在振兴丝、茶二业，裁减厘税，多设缫丝局，与印度和日本争夺利益；（4）士、农、工应为商辅助，促进商务发展。此外，郑观应关于商务的主张还有：（1）商务是"国家之元气也，通商者疏畅其血脉也"；（2）商以贸迁有无，平物价，济急需，有益于民，有利于国，与士、农、工互为表里；（3）重视商务，调查商业政策；（4）以发展土产及土产所制之物为纪纲；（5）国家欲振兴商务，必先通格致、精制造，欲本国有通格致、精制造之人，必先设立机器、技艺、格致书院以育人才。① 由此可知，郑观应的商战思想相当深刻，且涵盖范围相当广泛，兼具较强的实践性。这些商战思想形成与其成长的时代环境、投身实业的切身经历和买办生涯有极大关系。而张弼士主要侧重创办实业层面，郑观应主要侧重在理论层面进行革新商务，商战思想引起当时各界极大反响，郑观应亦兼顾实践层面，发出振聋发聩的时代强音，成为为商战呐喊的舵手，为后世留下极大的精神财富。王尔敏指出商战一词最早于 1862 年由曾国藩提出，但是商战之意义，经郑观应之分析发挥，立即显露其时代精神，与其丰富深远之内涵，以对积弱积贫之中国，指出当时与未来应当努力追求的方向。他指出实际上在 19 世纪至 20 世纪商战观念实为中国人共有之观念，反映同时代共通之理解。② 马敏认为晚清"重商"论者所强调的"商"或"商战"，主要指在流通领域和对外贸易中与国外商品展开竞争，仿效列强，"以商立国"，"以商强国"，改变既往重农抑商的政策，走重商之路。③ 总之，郑观应的商战论整合各界主张，反映了时代之需和潮流之势，遂逐渐发扬光大，并在一定程度上指导实业发展。

---

① 王尔敏认为近代曾国藩于 1862 年最早提出商战论思想（王尔敏：《中国近代思想史论》，第 20 页），实际上，真正发扬光大和系统全面概括商战论的是香山商人郑观应。参见夏东元编《郑观应集》（上），第 586～634 页；郑观应《盛世危言：首为商战鼓与呼》，王贻梁评注，中州古籍出版社，1998，第 292～317 页；郑观应《盛世危言》，陈志良选注，辽宁人民出版社，1994，第 238～263 页。
② 王尔敏：《中国近代思想史论》，第 202、203 页。
③ 马敏：《近代中国的商业启蒙》，《中国社会科学》2014 年第 2 期。

　　再次，时人提出护商论。这种观点提出的背景大致是甲午战争前后洋务运动发展民用工业和民间设厂遇到官府干预，导致公司企业盈利不足，有鉴于此，甲午战争后商界发出保护商人的言论，时称护商论。1904 年，时人提出中国保护商务论。当下世界相互争胜，所持政策莫不争商业之战胜，商战作为立国第一要义，西方认为商业为和平战争，商业不胜无以致富，东方商业过盛，容易形成奢靡之风，不能保持久远；西方以兵力增进商业发展，兵力所到之处即设置通商法律，东方用兵与商务成反比，"非徒无益而又害之"；西方以商兴利，凡有商业进步无不奖励，东方商人"专思利己"，"无益于群，乃抑勒之，不使过度"。由此中国自古无巨型商业，不是因为民经营不善，而是受国家政法习惯贬抑之束缚，故政府应该实行保护商业政策，设商部，建商会，研究商律。① 1905 年，时人认为中国商务振兴，主张中外华商联合一气论。当今是商战世界，"商战胜则其国富而且强，商战败则其国贫而且弱"，中国人多，但缺乏进取之气，不免受他人压制、他族排挤，"气因以涣，情因以隔，力因以弱小而亏耗大而倒塌，商业遂退于最下之程度"，比照西方商人发展历程，中外华商应联合一气，加强联络，挽回利权，杜塞漏卮。中外华商可以互通货物信息，推销土产品，洋货亦可合作购销与仿制。因此中外华商联合则两相成，反则两败俱伤。② 总之，从护商论到主张中外华商联合等，都是从振兴商务内核出发，共同促进商务振兴，代表相当部分商界振兴商务的声音。

　　此外，时人主张人口论，通过扩张人口增加贸易，进而促使商务发展。1896 年，时人认为人口繁盛则商务振兴，通过增加户口，日积月累，渐臻繁盛，商业自然兴起，商务随之而兴。③

---

① 《论中国宜保护商务》，《东方杂志》1904 年第 9 期。
② 伯廷：《论中国商务振兴宜中外华商联合一气》，《槟城新报》（马来西亚）1905 年 1 月 10 日。
③ 《人民繁则商务盛说》，《星报》（新加坡）1896 年 7 月 18 日。

（二）从制度上主张商务

时人建议通过设立各类制度来推进商务发展。1891 年，中外通商以来，西方商务日渐繁盛，中国商务萎靡不振，时人提出振兴商务之策，"必由上改其例，下易其习，然后可言也"。① 1896 年，时人条陈商务之策：其一，设立商学，通过设立商务学堂培养商业人才，无论是交涉还是发展贸易，均有必要；其二，设立商局，通过国家层面上提升其地位，总理贸易等经济活动；其三，设立织布局，专事负责工艺制造和技术改进；其四，创设邮政，互通商旅之间信息，加快商人了解商情。② 某官员条陈振兴商务，主张拓展丝茶两项之销路，除了兴办已经成立农丝各学堂，实乃足以挽回商务。③ 1898 年，有人条陈振兴商务建议：（1）设立渔局，各国都重视渔务，效仿西方制熟鱼方法出口贸易，获利必丰；（2）创设商厂，"工艺为商务之基，商务为工艺之用。欲兴商务，必先兴工艺"，富商及华人集股，均可设立各项工厂，纺织布、枪炮轮船、钢铁、钟表及其他器具，由官府格外保护，股份不足，筹公款作为官股助之；（3）仿造洋货，如西方人喜欢葡萄酒，华人可以酿造葡萄酒，西方人喜欢雪茄，亦可仿制烟；（4）精织葛布，中国夏布、葛草织成后，不论是国用还是出口，数量都很庞大，但是织法粗糙，应该实行精织，用机器改良。④ 此外，根据商务发展存在的问题，时人建议设立商务部，统筹商业发展全局。

（三）从实业上主张商务

首先，清政府提倡工艺制造。国家工艺制造发展得如何直接关系到商务兴衰。1898 年，中国商务振兴出现转机，有人撰文指出重商莫若重

① 《中国商务振兴说》，《星报》（新加坡）1891 年 3 月 28 日。
② 《振兴商务条议》《振兴商务条议续》，《星报》（新加坡）1896 年 7 月 11 日、15 日、16 日、17 日、8 月 1 日。
③ 《条陈振兴商务》，《天南日报》（新加坡）1904 年 12 月 10 日。
④ 《续振兴商务条议》，《叻报》（新加坡）1898 年 11 月 16 日。

艺，大抵"万物出，多土成于人，而后可运四方，工艺之末，实商务之原也"，西方商务盛在于工艺精，工艺精又有赖于格致机器之力。如今"皇上整顿工艺，诚为富强之要图，中国商务之一大转机也"。奖励创造新物，颁给奖章和执照，规定年限，准其专利买卖。此外，应将商务及一切工艺禁令大开，从而鼓励之，数年后中国商务将繁盛，不断制造出物品，华人就不会依赖洋货，西人则不战而退。① 该文建议充实工艺制造，即主张发展制造业。1905 年，时人仍主张发展工艺、提升工艺水平、振兴工艺为富强之道，必以"开物成务"为先，工艺乃重商战之利、富强之本。② 1908 年，时人阐述制造与商务之间的关系，指出中国商务不如外国，主要原因是制造不如外国，中国"不讲求种植商务"是商务不振之近因，"制造不谙"是其远因。③ 总之，政府通过设立商部发展贸易，提倡工艺制造振兴商务，足见当时将商务视为强国的重要举措，可见对商务的重视程度。

其次，时人主张政府开博览会。1897 年，刘桢麟认为振兴商务应该开展赛会。自甲午之后又开通商口岸，振兴商务尤为重要，虽然通过创设招商局、开平矿务局和银行等，可以保华商之利，抵制洋商之权，开赛会增加相互之间货物的交流，供人游览，可增长国人智识，促进贸易发展。同时他归纳七点好处：（1）联交谊，凡是开赛会各国派员前往，官绅皆能交谊；（2）扩物产，增进物产的推广；（3）奖人才，奖励工艺制作精良；（4）察商情，经营商务需了解各国各地商情，赛会有助于此；（5）广贸易，华洋通商，扩大相互贸易；（6）兴商地，创办赛会之地，地理位置优越，开赛会能促进商务兴盛；（7）除积习，借赛会革除奢靡之风，如粤省械斗之陋习。④ 刘桢麟对举办赛会的优点归纳十分详细，可见他十分推崇以赛会方式促进商务发展，足见他见识广远，但囿于各种因素，当时清政府

---

① 《论中国商务有振兴之机》，《叻报》（新加坡）1898 年 7 月 29 日。
② 《论中国商务有振兴之机》，《天南新报》（新加坡）1905 年 1 月 3 日。
③ 《论制造与商务之关系》，《叻报》（新加坡）1908 年 4 月 29 日。
④ 刘桢麟：《论中国宜开赛会以兴商务》，《知新报》第 16 期，1897 年。

并未立即采纳。至 1905 年，仍有人撰文鼓励华商参加赛会，"中国欲兴商务者，宜以赛会为先"，赛会促使各地物产器具等推向世界，华商亦可赚取收益，通过参会评奖，鼓动商人发展商务，因此各商行劝办商会，团结各行商，"渐知集合团体，共谋公益，犹当以赛会为要图"。① 该文分析举办博览会的优势，刘桢麟基本上都提到过，甚至有些方面更为详细。

再次，张弼士主张农工商矿协调共同发展。1904 年，张弼士向清廷建议振兴商务举措，招徕华商，振兴农工矿。海外各埠华侨闽粤籍，十人占九个，督办闽粤农工矿事宜，招徕海外华商，振兴商务。随即张氏拟定华商自办广澳铁路章程，并招华股。② 1905 年，有人主张振兴商务，先发展工农业，解决民生日用，发展各地物产，工农业发达后，有望振兴商务。③ 同年，张弼士主张利用物产兴商务说，向清廷建议振兴商务要策，利用中国地大物博，开矿和种植，悉由商人筹集商股办公司，派商务大臣勘测，开始注册。④ 1906 年，由于东南地区水灾严重，他再次建议对已垦未垦之地筹办水利工程，既可灌溉农田防旱防洪，又可保护农民免于受泛滥之灾。⑤ 由于近年外洋排华严重，华人失业较多，大量招募工役，免于他们迫于生计转而为盗，他建议兴办工业，雇募工役。⑥ 实际上张弼士向政府提出《振兴商务条议》，其主要内容包括：农工路矿宜招商承办议，招商兴垦山利议，兴垦山利种植议，兴垦山利矿务议，招商兴办水利议，已垦未垦均宜筹办水利议，招商设立贷耕公司议，招商兴办工艺雇募工役议，招商兴办铁轨支路议，招徕外埠商民议，权度量衡圆法宜规划一议，增设各省商官议。⑦ 该条议涉及发展矿产、垦殖、水利、

① 廷伯：《论中国亟宜振兴商务》，《槟城新报》（马来西亚）1905 年 1 月 27 日。
② 韩信夫、杨德昌主编《张弼士研究专辑》，社会科学文献出版社，2009，第 18、43～46 页。
③ 《论振兴商务当先兴农业工业》，《东方杂志》第 2 卷第 7 期，1905 年。
④ 《续张弼士侍郎奏陈振兴商务条议》《再续张弼士侍郎奏垦山利种植议》《三续张弼士侍郎奏陈振兴商务条议》《四续张弼士侍郎奏陈振兴商务条议》《五续张弼士侍郎奏陈振兴商务条议》，《叻报》（新加坡）1905 年 12 月 15 日、19 日、20 日、28 日、29 日。
⑤ 《八续张弼士侍郎奏陈振兴商务条议》，《叻报》（新加坡）1906 年 1 月 3 日。
⑥ 《十续张弼士侍郎奏陈振兴商务条议》，《叻报》（新加坡）1906 年 1 月 12 日。
⑦ 广东历史学会张弼士研究专业委员会编印《张弼士研究资料》第 1、2 辑，2006，第 77 页。

工役、华商和度量衡等内容，基本涵盖农、工、商三个方面，均具有较强的实践性。赵春晨考察了张弼士《振兴商务条议》，全面分析了条议提出的背景、内容、涵盖的经济思想和影响。他认为其中体现张弼士鲜明的经济思想包括：（1）抵御外国经济侵略、保护和发展民族经济的"商战"思想；（2）主张以商为枢纽，推动农工矿全面发展；（3）强调招商，发展民营经济；（4）高度重视利用海外华侨资本；（5）善于现身说法。对该条议产生的影响，他的评价十分精当，清廷对张弼士的《振兴商务条议》颇为重视，令军机大臣认真阅读、商议和研究后，由唐文治代拟奏请朝廷，基本上表示认同。而从清廷设立商部后陆续推行的商务举措，也可看到对张弼士《振兴商务条议》内容的吸收，故可认为张弼士的条议对清廷商部的设立以及经济新政的推行都起了一定的促进作用。[①] 张弼士提出的振兴商务举措能够得到清廷如此重视和吸纳，除了作为华侨领袖的号召力外，其实跟他自己成功取得了一系列的实业成果、成为当时南洋地区华商的首领有极大关联。这种言传身教不仅使清政府信服和认可，而且也可得到海内外商人的支持和配合。

总之，在甲午战争前后，时人纷纷对商务发展提出不同看法和建议，但促使商务发展和增强国力的初衷是一致的，值得肯定。由此可知，商务思想发展存在问题，但是时人提出许多救助之策，不无道理，从设立商务部、发展贸易、召开博览会到重视工艺制造，从制度建设到实践层面，均有涉及，可见商务思想已经由下而上，开始引起上层的关注，这将有助于商务走向实践层面。

三　商务思想"走向"实践层面

清政府朝野各阶层人士提出的振兴商务主张，有哪些被政府采纳并

---

① 参见赵春晨《从〈振兴商务条议〉看张弼士的经济思想》，韩信夫、杨德昌主编《张弼士研究专辑》，第129~135页。

实践呢？哪些被弃之不顾呢？这些问题值得深思。清政府在实践层面推动商务发展，仍需民众的支持，得益于商业氛围的转变。

首先，从认知层面上，清政府有了清醒的认识。自甲午战败后，国人痛定思痛，着手图强之策，从洋务向商务转变，以商救国，商务图强，一时成为"时髦"。设立商部，鼓励民间广设公司，推广贸易，以达到富国利民的目的。足见甲午战争之后，清廷十分重视商务发展，也切实推行一系列的举措，推动商务发展，与洋人争利，挽回利权。

其次，甲午战争后，清政府根据现实和国情的需要，设立一系列的商业机构和制度，诸如商部、商务公所、商务局、商会、公司律、商人法等，专门处理商务事宜。1898 年，张之洞主张创设商务公所，以通惠工为要策。① 1901 年，徐花农侍郎认为国家致富在于理财，而理财之源在于推广贸易，各省虽设商务局，商务似有归宿，尚有名无实，"仍局是局，而商是商，上下依然隔膜"，造成如此困境的原因在于缺乏领导机构，各省不能划一，于此徐花农奏请设立商务衙门，成立商部，统筹各省商务，各省均设商务局，以期上下相通。② 1902 年，由于中国风俗素不以商为重，东西各国通商以来，货物互通，而外国商务日趋繁盛，中国商务日趋衰落，五六十年来利源外溢日多。商部大臣总其大纲，实行恤商保商举措，清廷振兴商务，派员考察各处商业盛衰，甚至有时派兵舰出洋保护远商。③ 1903 年，清廷因时制宜地增设商部，择定海军衙门为公署，后借宰门五城中学堂前院为商务公所，任命简振贝子为尚书，以伍秩庸、陈雨沧为副侍郎，考察和办理商务事宜。④ 由此可知清政府采取张弼士等人设商部的建议，商部正式成立，开始统辖全国各地商务具体发展事宜，助力各地商会的创办，促进商业发展。时人论及商部与商业之间的密切关系，认为商部直接管理商行作贾，实业诸如轮船、矿产、保险等行业，保护华商

---

① 《论开商务》，《天南日报》（新加坡）1898 年 7 月 20 日。

② 《书徐花农侍郎奏请添设商部衙门折后》，《叻报》（新加坡）1901 年 11 月 26 日。

③ 《论中国商务振兴之机》，《叻报》（新加坡）1902 年 12 月 19 日。

④ 《商部余谈》，《叻报》（新加坡）1903 年 10 月 7 日。

在外洋的权益，保护内地商人的合法利益，鼓励地方商民设立公司和组建商会，同时商部应该尽快完备法制，各省应设立商部高等法官，以及各省应设立调查部，调查各地行商及物产。①

王奎详细而全面地考察清末商部设置的历史背景、商部组织建设及其运行，以及清末商部组织与农工商部关系、商部与清末工商经济变迁。② 商部设立目的就是促进商务发展，商务发展促进商部的运行。商部设立试图扭转商务的颓势，作为商业发展的中枢，推动商务繁盛，各埠遍设商会，以通官商之间的隔阂，用商战之力与外国角逐，商部订立商律，通商惠工，不遗余力振兴商务。③ 商部通过发放执照方式管理贸易。商部发放出洋贸易执照，商贾出洋贸易，均先呈明商部外部立约发给执照，照咨出使大臣规定年限回华缴销，以便考核实业。④ 1907 年，商部经过考察外洋商务，尤以联合华侨、创设公司为宗旨，集股创设轮船银行保险公司，请中外各埠商人鼎力相助，万众一心，竭力维持，定名为中国振兴商务轮船银行保险大公司，总公司设在上海，中外各埠设立分公司，推行股份制，募集股票，并分别颁布轮船、银行和保险招股简章。⑤ 商部制度不断完善。1909 年，农工商部通饬各省商会筹设商部裁判所，保重商权之意，拟定办法，凡担任商家经费者，得有申诉裁判之利益，其纠葛之事件难以自行了结者，则可向裁判所照章听候裁决。⑥ 由于各地商事纠纷案件增多，1910 年农工商部责令各省限期成立商务息讼所，解决各地日益增多的商事纠纷案，以免拖久，凡关于商务寻常纠葛，先在该所和平了结，免于妨碍商业发展。⑦ 由此可知，政府对设立商部着力

---

① 《论商部与商业之关系》，《东方杂志》第 2 卷第 2 期，1905 年。
② 参见王奎《清末商部研究》，人民出版社，2008。具体详细内容可以参见王氏论著成果。
③ 《论国家设立商部事》，《叻报》（新加坡）1903 年 10 月 14 日。
④ 《出洋贸易取执照》，《槟城新报》（马来西亚）1905 年 1 月 12 日。
⑤ 《中国振兴商务大公司拟集股创办轮船银行保险总论说》《续中国振兴商务大公司拟集股创办轮船银行保险总论说》《再续中国振兴商务大公司拟集股创办轮船银行保险总论说》，《叻报》（新加坡）1907 年 3 月 9 日、11 日、12 日、13 日、15 日、19 日、20 日。
⑥ 《商务裁判所之办法》，《广东劝业报》第 77 期，1909 年。
⑦ 《商务息讼所限期设立》，《广东劝业报》第 98 期，1910 年。

最深，大力发展商务贸易，尤其对外贸易，商部促使各省设立专门机构调处商业纠纷。

再次，甲午战争前后朝野各界在振兴商务主旋律的宣传下，香山商人唐廷枢、郑观应、徐润等先后参与设立西式股份公司，将商务思想落实到实业层面。就轮船业方面，1872 年，盛宣怀向清政府引荐熟悉商务的唐廷枢、朱其昂、徐润等商人筹办轮船招商局，[①] 历经几年招徕商股，承运漕粮。[②] 美国学者罗安妮认为清政府为维护轮船招商局在通商口岸网络中的实际垄断地位，大力扶植航运企业，通常会拒绝其他人再创立公司。[③] 1878 年，叶廷眷令总办唐廷枢和徐润将南北各口总分局揽载运漕用人事宜进行整顿，以期达到兴利除弊之效，以使官本商股不至于亏损。[④]该时期唐廷枢和徐润先后主导轮船招商局各项大小事务，甲午战争前后，轮船招商局在振兴商务感召下，在各沿河沿海城市相继设立分局，扩展其业务的时空范围，这与早期郑观应、唐廷枢、徐润等践行商务思想不无关联，也是商务走向实践层面的成功典范，并且挽回航运相关方面的利权，尤其是在轮船招商局收购旗昌轮船公司时唐廷枢发挥核心主导作用。[⑤] 1897 年，有官员向总理衙门呈请筹办南洋商务，创设轮船公司，由闽粤处往来南洋各岛，运载客货，购设各项机器给内地制造货物，集股权和人事权归商人，将来盈利一成给国家。粤东省城作为总局，印发股

---

① 有关近代中国招商局研究成果相当丰富，主要代表著作有：张后铨主编《招商局史（近代部分）》，中国社会科学出版社，2007；黎志刚编《刘广京论招商局》，社会科学文献出版社，2012；黎志刚《黎志刚论招商局》，社会科学文献出版社，2012；朱荫贵《朱荫贵论招商局》，社会科学文献出版社，2012；易惠莉《易惠莉论招商局》，社会科学文献出版社，2012；朱荫贵《国家干预经济与中日近代化：轮船招商局与三菱·日本邮船会社的比较研究》，东方出版社，1994。

② 李鸿章：《李文忠公奏稿》卷 29，商务印书馆，1920，第 1822 页；盛宣怀：《愚斋存稿》，1939 年盛恩颐等刻本，"附录"，第 17 页。

③ 罗安妮：《大船航向：近代中国的航运主权和民族建构（1860—1937）》，王果、高领亚译，社会科学文献出版社，2021，第 54 页。

④ 李鸿章：《李文忠公奏稿》卷 32，第 1990 页。

⑤ 详见虞和平《唐廷枢与晚清轮船招商局的第一次命运转折——以招商局收购旗昌轮船公司为中心》，林广志主编《唐廷枢研究》第 1 辑，社会科学文献出版社，2020。

票进行募股，而在香港、上海、福州、厦门、汕头、西贡、新加坡、槟城等设分局，次第举办，报总理衙门批准。① 就兴办煤矿业方面，1878年，在李鸿章的授权下，唐廷枢仿照西式公司办法，招集华股，在开平创办煤矿，开采烟煤，接济北洋兵轮机器使用。② 然后唐廷枢苦心经营开平煤矿 20 年，③ 使得其矿产和盈利逐渐地增加，并与外国争夺矿权。当然商人投资振兴商务远非轮船和煤矿两行业，实际上还涉及铁路、百货、玻璃、货栈等领域。

由此观之，清政府重视民间人士振兴商务的建议，如采纳设立商务部、筹办各种公司和发展外贸的建议。当然也有官商对商务振兴的建言献策未被采纳，以致消失在浩瀚史海中。客观而言，这些政策得以最终走向实践，除了时人呼吁主张外，清政府也有深层次考量，源自甲午中日战争中清政府的战败，清政府急需图强变富的考量，因此也不宜拔高时人对商务的建言具有的"魔力"。

结　语

新加坡华文报刊中叙及商务言论及其实践之策，可以一定程度上反映当时海外华人华商对清政府朝野意见和时代主题的关注，④ 反映华商华人虽然身在异乡，却心系故国，为清廷的发展"操心"，透露出民族国家认同的感情，他们大多从商贸经历和实践中提出建议，其中不乏实践性很强的举措，主要包括商务思想认知、商业制度设计和振兴实业主张等

① 《论中国创设南洋商务局》，《叻报》（新加坡）1897 年 9 月 30 日。
② 王彦威：《西巡大事记》，清季外交史料丛刊附本，1933，第 474 页。
③ 参见汪敬虞《唐廷枢研究》，中国社会科学出版社，1983；汪敬虞《唐廷枢——中国工商业现代化的开拓者》，珠海出版社，2010；王杰、宾睦新《中国近代民族工业先驱唐廷枢》，广东人民出版社，2021；云妍《近代开滦煤矿研究》，人民出版社，2015。
④ 樊果：《中国近代"商务"和"商业"观念研究》，《中国经济史研究》2015 年第 6 期。通过数据库搜索"商务"一词，1897～1911 年出现次数较多，表明此阶段"商务"受到较多关注。

方面，值得赞许的是所探讨范围从商务观念到商务实践，具有相当的指导示范意义。清政府根据朝野各阶层的商务振兴之建议，结合国情和实际运作情形加以适当的采择，至于具体采取什么标准进行裁决，这又是一个比较大的研究课题，该课题有进一步的探讨空间，深刻地理解清末新政改革中多少是民间建议和政府独创，也有助于从经济角度对清政府败亡的原因进行解释。但是甲午战争前后清政府向世人展示可以接纳民意的"姿态"确实值得肯定，尽管清政府并非完全采纳朝野各种商务振兴主张，有其明确立场和潜在的采择标准，但是可以看出时代倒逼清政府重视民意的趋势不可逆。

事实上，清政府各阶层所主张振兴商务的举措，虽然有些诉求合情合理与所论尽善尽美，但是在清政府走向具体实践中，仍旧面临着不少挑战和困境，当然时人也有所察觉，并将其概括出来，警示政府规避和改善。首先，中国商务发展积弊太深，短暂之改革并未能奏效，固然与政府缺乏制度保护和商人不善经营有密切关联。时人认为中国商务之弊，皆由"利流于外洋"，中国非无人才和资财，主要原因是政府层面不加保护和商人层面不善精通经营之道。[①]

其次，中国商务不振，囿于当时社会整体风气，官商之间存在沟壑，实际上也非短时间内可以填平，所以商务发展不甚理想。最令人诟病的是官府对公司的立法不足，官商之间隔膜深重，更勿谈保商重商之举。商务发展离不开商人观念的变化。自古以来，很长一段时间政府实行重农抑商政策，形成士农工商的排序格局。直到 1890 年，中国重农抑商政策沿袭久远，士农工商地位根深蒂固，而泰西"四民之中所重者为商，凡属巨商，且可以分朝廷之事权，谋地方之政"。清廷应重视商务，而清朝"则有所不然，成见未融，拘泥未化，每鄙商为孽孽，计利之辈，因列于四民之末"，按照现世发展情形，理应重视商人，崇尚商务，争回利

---

① 《商务论》，《星报》（新加坡）1892 年 9 月 13 日。

权。① 由此可见，商人位于四民之末的观念深入"骨髓"，很难短期扭转。1896 年，时人评述中外商务，"士居四民之首"，"士商并重癫矣"，立足于以商立国。② 时人开始呼吁重视商人。中国官商两途，其"不能相合也久矣。官之欺商也甚矣，商之畏官也亦甚矣，其视之如鱼肉如土苴，束缚而驰骤之如犬马。商人出一新法制、一新物或另求一事或另辟一途，动辄以奸商，惟利是图，百般讥骂。而实则官之贪利，无耻有十倍百倍于商者。彼此两缝不能发觉，商亦不敢骂之"。商人通过捐纳做官，名利兼收，导致官员增多，商人日渐减少。此意道出了官商之间地位的不对等，既然要发展商务，也应重视商人，妥善处理官商关系。③ 如何处理官商关系确实值得深思。时人论及杜绝官商之间隔阂的艰难，中国官吏"多为利来"，中国商民"多为利往"，商民志在营业，其"逐逐而为利也"，官员反而以商民为利，不重视商人，商人因爱利不敢亲官，此为官商隔阂最大原因，从而导致商务不振，于是杜绝官商之间隔阂成为要图。④ 官商之间隔阂也非一日形成的，解决隔阂需要政府和商人共同努力，顶层制度设计方面尤为重要。由此观之，该派商人认为甲午战争前后中国商务不振的主要原因是社会商务风气和官商隔阂两个层面，实际上这与第一种观点也有密切联系，时论均触及商务弊端中的制度和人的因素。

再次，该派认为中国商务发展受战事的影响，战争造成中国商务急速萧条，打断商务发展正常秩序，诸如甲午中日战争和八国联军侵华不仅对各自战区商务造成打击，而且拖累国家财政收支，不断对商人收取各种税收，导致时人论及商人被官员视为"鱼肉"，形成官商阻隔的经济内因。1900 年，时人认为战事阻碍商务实践的发展，"兵事之大碍商务"，"自兵事发端以来，南方幸无兵祸，而各处商务之萧条，已有朝不保暮之势，日

---

① 《商务宜重说》，《叻报》（新加坡）1890 年 1 月 13 日。
② 《论中外商务》，《星报》（新加坡）1896 年 2 月 7 日。
③ 《中国以官权办商务说》，《叻报》（新加坡）1897 年 5 月 19 日。
④ 《论杜绝官商阂隔之难》，《叻报》（新加坡）1907 年 10 月 25 日。

来沪上又亏倒"。挽救商务之法，在于"速停兵事，以开和局而已"。①

　　总之，甲午战争前后中国商务思想的萌发及其走向实践，与国家官商绅各界的努力分不开，也反映了时代发展之客观需要。商务思想由民间向政府自下而上输入路径传达，最终促使清末中国商务走向实践，有其进步意义。当然这些离不开时代主题背景，同样也不能忽视香山商人开风气之先的作用，诸如郑观应《盛世危言》中主张振兴商务思想，到唐廷枢和徐润等香山商人将商务思想推行到实业层面的具体实践。但囿于中外各种因素，实际上该时期中国商务思想走向实践层面的效果极其有限，所涉及范围大多集中于沿海通商地区，因此不宜拔高。

---

① 《挽救商务说》，《日新报》（新加坡）1900 年 11 月 8 日。

《唐廷枢年谱长编》（1873）

高　俊[*]◎

　　编者按：《唐廷枢年谱长编》于 2019 年 10 月正式启动，具体编撰工作遵循"三条主线"和"四个时期"的体例及框架。"三条主线"为唐廷枢及唐氏家族、香山人物、洋务运动重要事件；"四个时期"指唐廷枢生平主要经历，包括港澳经历、怡和洋行、轮船招商局、开平矿务局四个时间段。目前，年谱的编写工作现已接近完成。为纪念唐廷枢 190 周年诞辰，兹将唐廷枢离开怡和洋行、跻身官僚体制的 1873 年初稿作为征求意见稿先行刊登，祈请学界批评指正。

1873 年（同治十二年癸酉），四十二岁

　　1月1日（十二月初三日）　经唐廷枢多年布局，怡和洋行旗下华海轮船公司正式成立，额定资本 50 万两，分 5000 股，每股 100 两，先收 65 两，总共实收 32.5 万两，拥有船只 6 艘，1 艘定期航行于上海至福州一线，5 艘（总吨位 4569 吨）航行于上海至天津。唐氏本人投资和直接招募的股份达总股份的 15% 以上，并成为该公司 4 名董事之一，"唐景星

---

　　[*]　高俊，历史学博士，澳门科技大学唐廷枢研究中心研究员，上海社会科学院历史研究所研究员。

《唐廷枢研究》第 3 辑，第 167～201 页。
Tong King Sing Studies

简直成了它（指怡和洋行）能获得华商支持的保证"。①

同日 署理两江总督张树声②批示轮船招商局组建事项。

> 李伯相原函由，奉批，禀悉。轮船兼装北漕，前据朱守等禀，
> 业已购定两舟，复有由商人购一舟。以现有三舟核计，每月可运漕
> 粮二次，每次可装三万石。自明年正月半起至六月半止，共可装米
> 三十余万石，有增无减。除承装江浙二十万石外，尚有十余万石可
> 装，合之江北起运米数相符，不致临时贻误等情。即经本署部堂于
> 请归海运案内随折声明，何以该守具禀北洋大臣，又有周转不及之
> 语。所购轮船仅有伊教一号，其余二号既已购定在先，何以尚未报
> 关领牌，均不可解。时已冬尽腊初，江浙新漕亟须开兑，究竟朱守
> 认装之数目有无把握，是否不至临时贻误，该道目击情形，责无旁
> 贷，仰即查明先行据时禀复。一面督饬局员，招雇沙卫各船，排泊
> 候兑。无论轮船是否分装，总须查照向章，多多益善，不得稍行松
> 动，仍转行招商局朱守等遵照指饬事理，刻日禀复，毋任迟误干咎，
> 缴折存等因到道，奉此。合就录批移会，为此照会贵局，请烦查照
> 宪批，据实禀复，并移道备查，望速施行，须至照会者。右照会总
> 办轮船招商局朱。③

1 月 6 日（十二月初八日） 上海琼记洋行经理罗伯特·I. 费伦（Ro-
bert I. Fearon）写信给在香港的阿尔伯特·F. 何德（Albert F. Heard），高

---

① 刘广京：《唐廷枢之买办时代》，台北《清华学报》1961 年第 2 期。
② 张树声（1824~1884），字振轩，安徽合肥人，淮军将领。廪生出身，咸丰三年（1853）
  在乡办团练，同治元年（1862）随李鸿章来到上海，与刘铭传等分领淮军进攻太平军，
  后参与镇压捻军。1872 年任江苏巡抚，该年 11 月至次年 2 月，署理两江总督。后历任贵
  州、广西巡抚，两广总督等职。1882~1883 年，任直隶总督。1884 年 11 月病逝于广州，
  谥"靖达"。
③ 聂宝璋编《中国近代航运史资料》第 1 辑（1840—1895）下册，上海人民出版社，1983，
  第 791 页。

度肯定唐廷枢的英语水平及经营能力。[1]

1月14日（十二月十六日）　轮船招商公局在上海注册，这是近代中国第一家股份制企业，也是洋务派创办的第一家官督商办企业，以官商联合挽回经济主权和追求商业利润为目标，即"商为承办，官为维持"。其中官股10万两，李鸿章5万两，朱其昂、朱其诏兄弟各10万两，轮船4艘，从事江浙漕粮运输及各种客货运输业务。

1月17日（十二月十九日）　轮船招商局于南永安街（今黄浦区永安路）正式开局，朱其昂主持局务，"是日在沪官宪及候补人员，齐至局中道喜"。[2]《申报》报道当时盛况："闻轮船招商公局于十九日开办，已于前报奉闻矣。前晚微有雨雪，昨晨忽转晴霁，天气和暖，中外官商及各国兵船统领均往道喜，车马盈门，十分热闹，足见舆情之辑睦，其兴旺可拭目俟焉。"[3]

1月19日（十二月二十一日）　招商局"伊敦"轮由上海港装货驶往香港。

2月3日（正月初六日）　招商局发布公告，呼吁各地商绅踊跃入股。

敝局奉直隶爵阁督宪李檄委筹办轮船招商事宜，节经妥议章程，禀奉批饬照议，试行筹办于同治十一年十二月十六日，在上海新北门外永安街地方设立公局，办理招商。现查商局轮船，业已购定四艘，均系新样坚固。津沪栈房、码头，并经置备齐全，俟协运本届江、浙漕粮完竣，即拟分拨汉口、九江、镇江、福建、广东、宁波、天津、烟台等各口，揽货贸易。除沪上各帮股商已经陆续入股外，

① "星期六，老裕昌（Old Yuechong，音译）、广生（Guang Sung，音译）和唐景星（怡和买办奕周的股份现在归他所有）来商谈'苏晏拿打'号轮船的账目。由唐景星说话，他的英语说得像一个英国人。他说，受其他人委托他来表达大家在这件事上的意见。简言之，他们除了以前遭受的重大损失外现在不会再出钱了。他们通过琼记洋行的买办投资于'苏晏拿打'号。当初认为这艘船会获大利，几年来结果却完全相反。在他为怡和洋行干了十多年后，此时40岁的唐廷枢在上海的社会中已很出色。很快他就要把自己杰出的经商经验用于为国家服务。"参见刘广京《唐廷枢之买办时代》，台北《清华学报》1961年第2期。
② 《中国商船开局》，《教会新报》1873年1月25日。
③ 《招商轮船开局》，《申报》1873年1月18日。

所有各处殷实绅商亦复不少，闻此善举，定当望风乐从。惟因程途较远，一时未能招致，自宜移请员董前赴各该处，广为招徕，以副大宪委办商局本意。贵绅熟悉情形，易于劝办，除详报直隶爵阁督宪外，合亟照会。为此合移贵绅，请烦查照。布即前赴浙省，邀集殷实绅商，将商局规条分送，妥为劝办，招徕入股，望切施行。①

2 月 9 日（正月十二日）　李鸿章致函上海道台沈秉成②，示意对招商局时时督促，以收成效。

沪上招商公局于封篆日开办，经执事知会各国领事暨税务司届期到局，并亲率厅县前往照料，舆论翕然，洋人亦无异说，甚慰远念。仍望随时商饬朱守等妥慎筹办，冀收成效。苏漕分运十万石，浙漕仅拨七万余石，该局既有五船轮替承运，计多不敷，但能取信众商，添招股份，驶赴各口装运商货，亦可借资补苴。③

2 月 22 日（正月二十五日）　"伊敦"轮驶往汕头，此行满载货物，获利甚丰。④

---

① 《为筹办轮船招商事宜照会》，胡政主编《招商局珍档》，中国社会科学出版社，2009，第56～57 页。
② 沈秉成（1823～1895），原名秉辉，字仲复，号听蕉，自号耦园主人，浙江归安人，咸丰六年（1856）进士。1871 年任苏松太道（即上海道台）道员。后历任河南、四川、湖南按察使，顺天府府尹、刑部左侍郎、广西巡抚、安徽巡抚等职。1891 年兼署两江总督。沈秉成是近代著名收藏家，编纂《鲽砚庐书目》4 卷。
③ 《复江海关道沈》，顾廷龙、戴逸主编《李鸿章全集》第 30 卷，安徽教育出版社，2008，第 497 页。
④ "闻招商公局有船名'阿敦'者（即伊敦），于前日开往汕头，船已满载，计所得水脚亦颇丰厚，此招商局第一次创行之船也。俟二月间在英国定办火船三只到沪后，当畅行各埠，于公事大有便。闻该三船甚为合用，能多载货物，而吃水不深，驶行海面捷速之至，用煤并且不多，船值亦甚廉，惟外观或不如他船耳。夫船以适用为贵，又何必徒饰外观乎？该公局中尚拟再购火船十余只以应用，惟须俟此三船到后，试行一次，详审其果否合式，或稍改式样为善，然后再行办理，亦小心办事之一法也。前阅邸抄，内有浙抚奏本年漕运事，知今年海运抵津迅速于从前，盖有轮船相助故耳，然则此局之设，上则可以利国家，下亦可以利该局，岂非大举哉。"参见《招商局阿敦轮船开赴汕头》，《申报》1873 年 2 月 24 日。

2月23日（正月二十六日） 同治皇帝亲政，下诏"恪遵慈训，敬天法祖，勤政爱民"。

本月 招商局在英国购买的"代勃来开"号蒸汽轮船驶抵上海，改名为"永清"轮，随后即运载9000石漕米首航天津，成为第一艘行驶于北洋航线上的中国商船。其载货可达1.8万石（核装漕米1万石），航速每小时10海里。

3月初（二月初） 访问香港并同怡和洋行大班惠代尔会谈多次，力促华海轮船公司的工作能顺利进行。为与旗昌集团竞争，提出建立一支由3~4艘轮船组成的船队以扩大航运投资，设立一家由怡和管理的新的股份公司。该想法未得到惠代尔及合伙人克锡的认同，后者并不认为航运业是安全或有利可图的。后经唐氏多次游说，怡和洋行始有意在华商协助下拓展航运业务。①

3月10日（二月十二日） 李鸿章致函浙江督粮道如山，对招商局轮船承运浙江漕粮及相关建设寄予厚望。

> 轮船试运浙漕，石泉中丞②力顾大局，执事综核条款，精密周详，均堪敬佩。承运轮船顺带货物，免税二成，已由苏抚批准咨部，计可允行。朱守委办轮船招商局，固知其才识开敏，艰巨克膺，惟创办之初，群议繁兴，骀从前至沪上察阅码头、栈房并轮船契约，均属坚实老到，尤望该守精心果力，杜绝私见，终始不渝。迨试办一年，诸臻妥协，则得失自堪共见，而推广亦更易行耳。此时头批

---

① 其时旗昌在华商中的业务推动工作已经落后于怡和及太古。在唐廷枢辞去怡和买办职务8个月后，旗昌与华海轮船公司订立齐价合约，标志着怡和已经在中国航运业中牢牢地站稳了脚跟。——编者注

② 杨昌濬（1825~1897），字石泉，号镜涵，别号壶天老人，湖南湘乡人。先以童生考取秀才，后追随曾国藩创办湘军，以军功历任衢州知府、浙江布政使、浙江巡抚等职。1877年因"葛毕氏谋害亲夫案"（即"小白菜案"）被革职。1878年，左宗棠督办新疆军务，杨昌濬重获重用，后担任甘肃布政使、漕运总督、闽浙总督、兵部尚书等职。

商船计已放洋，其"伊敦"轮船已到大沽，尚因搁浅超剥，未免耽延。[①]

3月16日（二月十八日）　李鸿章复函沈秉成，示意推广招商，以消除官商入股的顾虑。

轮船商局现经试办，必须行之日久，商情见信，始可踊跃。昨接敏斋来函，云叶令[②]愿暗中附股，不自出名，借察局中虚实，所见亦是。仍望执事随时筹商，遇有殷实商户，切实开导，总期多多益善，渐求推广，冀善举不致中辍。执事荩抱公忠，必能筹顾大局，妥为维持也。"伊登"（即"伊敦"轮）、"伏波"两船装运漕米八千余石，现已驶至紫竹林起卸。惟"伊登"吃水较深，进口颇形吃力。[③]

3月21日（二月二十三日）　以怡和洋行总买办身份，与香港轮船主遮吸臣签订上海至广州黄埔港的货物运输保险单，内含16款。

立此保险单以为保卫商民血本并防不测事。兹有唐景星由上海装货至黄埔口报值资本贰仟叁佰两，该货装于香港轮船夹板船主名遮吸臣，保其由上海装货至黄埔地方卸货。今将保货价值并议定章程开列于后。计开：
第一款　一议船在洋面遇风打破照保若干如数赔偿
第二款　一议遇风跨浅船破货没照保若干如数赔偿
第三款　一议该船不测火烧盗劫照保若干如数赔偿

<hr>

① 《复二品顶戴浙江督粮道如山》，顾廷龙、戴逸主编《李鸿章全集》第30卷，第502页。
② 即上海知县叶廷眷。
③ 《复江海关道沈》，顾廷龙、戴逸主编《李鸿章全集》第30卷，第505页。

第四款　一议在洋遇风抛弃货物银钱照英国保险规例赔偿

第五款　一议遇风跨浅求救驳力需费照英国保险规例赔偿

第六款　一议倘遇风打坏船身并失去家伙等件并所有修理需费照英国保险例赔偿

第七款　一议缺用粮食或中途坏事往别口添买修理等事与保险单无碍

第八款　一议船上私装火药或作弊致被中国官员阻滞与保家无涉

第九款　一议船若飘往小吕宋暹罗避沽被该处官员阻滞与保家无涉

第十款　一议十月至十二月间在天竺国洋狂风大浪如有失害与保家无涉

第十一款　一议船停洋面相救别船与保险无碍

第十二款　一议所保之货系上船日起至到埠卸货落驳为止倘驳船失陷与保家无涉

第十三款　一议船货遇风不测须至该处投报本行或经手人查明给发实据带至本行核验相符须俟一个月之后方能偿还

第十四款　一议船货飘荡别处一连六月杳无信息者须至本行报明俟一个月之后照数赔还

第十五款　一议船到埠限十日起清如过十日倘有失陷与保家无涉

第十六款　一议船在洋面被敌国兵船劫去与保家无涉

今欲有凭特发保险单一纸以作凭据。货值贰仟叁佰两正。保险费拾柒两贰钱伍分。第一百八十二号。一千八百七十三年三月廿一日、同治十二年二月廿三日。①

---

① 怡和洋行档案，剑桥大学图书馆藏，档案号：MS JM/H1/70。

3 月 25 日（二月二十七日）　《申报》报道英国驻沪领事麦华陀①倡议创办宏文书院，以招收华人研习西方科学，并称该倡议得到唐廷枢大力支持，有意愿入书院学习者可直接在唐氏处报名。

宏文书院

上海一隅，各善举云起。今闻英领事麦公倡议，开一宏文书院以处华人，其意欲华人得悉泰西各学之门，且冀彼此较相亲近，勿视为远方不相识之人也。凡西书之翻为汉文者，皆备置院中，机器等亦各供列，内延博物之西士在院讲论西学，以供众闻，而除西书外，凡中国各堂新报及著名汉书，概皆预备。其亟需计本银一千五百两，此银拟在中外商士捐凑，开设后，凡有入院者，按月纳给半元以供月费，惟其院所犹未择定地方，大约须一大院宇，内有大厅事以容书籍椅凳，并须另有别室数座，方足其用。又以此役虽系西人倡首而实为华人所设，故西人并不在内念书也，所需本银数已可得至。华士之名登籍内者，先以一百名为率，嗣后愿入院者，须得初入院两人代荐，始可注籍耳。斯举乃仿照西人公会所，既可为念书之所，且可为众人聚谈结友之处。他日院中积项既多，又可广办，中国一切著名文书，乃以每月所出半员者，遂得遍购各种贵书，诚善举也。所冀各商士踊跃披助，以成是役，以便他年大举，庶不虚麦公

---

① 沃尔特·亨利·麦华陀（Walter Henry Medhurst, 1822–1885），旧译麦特赫斯脱，著名传教士麦都思之子，出生于荷属东印度巴达维亚（今印度尼西亚雅加达），曾在英国布兰德尔中学（Blundell's School）和澳门接受教育。1839 年随父亲麦都思来中国。在鸦片战争期间，他担任总司令乔治·懿律和砵甸乍爵士的中文翻译。后历任英国驻福州、上海、杭州和汉口领事。1854 年 6 月，曾代表英国驻华公使包令到南京访问太平天国。1861 年领导上海外侨进行抵抗太平军的上海保卫战。1868 年，麦华陀受英国驻沪领事阿礼国派遣，积极干预扬州教案，率军舰前往南京，迫使两江总督曾国藩将扬州知府撤职并重申保护教会，同年 7 月代理英国驻沪领事，1871 年 7 月获正式任命，1876 年促使公共租界设立了招收华人的非教会学校格致书院。1880 年 3 月离任。著有《在远东中国的外国人》。上海公共租界有一条以其姓氏命名的马路——麦特赫斯脱路（Medhurst Road），即今天的泰兴路。

创设之谊焉耳。闻唐君景星亦愿于此出力，凡有意入院者，即向伊处报名登簿可也。①

本月　郑观应著《救时揭要》在上海刊行。

4月1日（三月三日）　太古洋行接手公正轮船公司船队，正式开始经营长江航线。此前，太古洋行与旗昌洋行为布局长江航线已经进行了多轮价格宣传战。垄断长江航线多年的旗昌将上海至汉口的运费由每吨5两降到了2.5两；太古则宣布了更低的运费，每吨仅需2两，每遇旗昌轮船停泊待货时甚至更低。太古还千方百计兜揽华商生意，"对所有的货运捎客，不论大小，都设宴招待"。②

5月间（四月上、中旬）　经盛宣怀引荐，唐廷枢应李鸿章之召，赴天津商谈轮船招商局事务。此次天津之行本是由于轮船招商局开张后经营极不顺利，时主持局务者朱其昂系旧式沙船商人出身，对现代轮船航运业较为陌生，加之华商对招商局这一新生事物仍存狐疑，原本有意入股者如胡雪岩等巨商，也都以各种借口退却。招商局创立数月即亏损银4万余两。在此情形下，商场经验丰富，又谙熟轮船业务的唐廷枢成为首选之人。③从怡和洋行到轮船招商局是唐廷枢一生中的重大转折，决定了其余生走向。记录此事件的主要文献如下。

　　直隶总督李鸿章光绪七年二月十一日奏："同治十一年已故道员朱

---

① 《宏文书院》，《申报》1873年3月25日。

② 刘广京：《英美航运势力在华的竞争（1862—1874年）》，上海社会科学院出版社，1988，第150页。

③ 据国子监祭酒王先谦光绪六年十月二十六日奏："溯查该局开办之始，道员朱其昂等领官款，集商股，购第一船名伊敦，船大而旧；第二船名福星，舱通而小，均即沉溺。余船合用者少，致连年皆有漂没，而购买价值反较洋行新造之头等好船尤贵。用人之滥，靡费之巨，殊骇听闻。……津海关道员陈钦禀明直隶督臣李鸿章，派候补同知广东人林姓往上海，邀怡和洋行管事之道员唐廷枢，凑集商股数十万，竭力补救。"参见中国史学会主编《洋务运动》（六），上海人民出版社、上海书店出版社，2000，第38页。

其昂购买'伊敦''福星''永清'三船，于上海、天津各立码头运漕揽货。因创办之始，外洋及贸易情形未熟，船价稍贵，其用人滥而糜费多，亦所不免。次年添派道员唐廷枢、徐润会办，增置轮船码头，颇有余利。"①

徐润自叙："同治十二年五月李中堂面谕并札林委员月槎会同朱观察，约商唐景翁与余接创商局，某时名办事者为商总、商董，是年六月唐景翁乃奉札充总办，除运漕事归朱道经办，其余劝股、添船、造栈、揽载、开拓船路、设立各处码头，由唐一手经理。"②

郑观应复函张振勋（弼士）："昨承函询，轮船招商局原委起自何人，是否商股等因。官应前闻唐君景星云，伊昔年由沪返港，其船避风，船主限给每客水一铁壳，约重一磅，日中解渴洗面均在内；……于是在港集股银十万元，先租两船往来港沪。适直隶候补道盛君杏荪、朱君云甫亦集股购船，往返津沪，禀请北洋大宦，李傅相札委唐君景星总理揽载事务，由唐君复禀李傅相札委徐君雨之会办，朱君云甫、盛君杏荪会办漕运事务。"③

盛宣怀三子盛同颐忆述："先是洋商旗昌、怡和、太古各公司轮船，已久在长江及闽、粤、津、沪海面往来如织。府君请于文忠，号召熟悉商务之粤绅唐廷枢、徐润等为总董，倡招华股，以乘其后。"④

6 月初（五月上旬） 结束长达 10 年的怡和买办生涯，怡和洋行总买办一职由唐廷桂接替。⑤

---

① 中国史学会主编《洋务运动》（六），第 51 页。

② 徐润：《徐愚斋自叙年谱》，梁文生校注，江西人民出版社，2012，第 18 页。

③ 《复张君弼士书》，夏东元编《郑观应集·盛世危言后编》（三），中华书局，2013，第 1020 页。

④ 盛同颐：《盛宣怀行述》，中国史学会主编《洋务运动》（八），2000，第 44 页。

⑤ 据《唐景星禀李鸿章》（《招商局档案》复印件）："所有怡和行事件，已交职兄廷桂接手，刻下赶紧招徕股商入股。计应需之数，已得其半。一面履勘地址，择要开办，容稍有端倪，谨再将办理情形禀闻。先肃丹禀，恭叩崇祺，伏乞垂鉴。卑职唐谨禀。"转引自聂宝璋编《中国近代航运史资料》第 1 辑（1840—1895）下册，第 858 页。

6月2日（五月初八日） 费伦再次写信给何德，对轮船招商局的未来发展持乐观态度，认为以唐廷枢的经营能力，"不难找到为数众多的股东，只要他们知道这个公司是由唐景星在妥善地加以经理"。①

6月4日（五月初十日） 获李鸿章札委，成为轮船招商局正式成立后的第一任总办。

> 太子太保武英殿大学士直隶总督部堂一等肃毅伯李为札委事，照得本阁爵部堂前经奏明、设局招商、试办轮船、分运漕粮、顺装各口客货。先因创办伊始，由天津练饷局拨借制钱二十万串，交浙江候补知府朱守其昂承领，为购买轮船、建立栈房、码头等项之用。现在诸事办有头绪，惟轮船公局以招商为名，亟应广招股商入股，庶符设局本意。查有候选同知唐丞廷枢，熟悉商情，明白笃实，应令驻局，作为商总。据津沪各关道详请给札，并呈送议办章程前来。除批准咨行外，合行札饬。札到，该丞即便遵照，将轮船揽载行运事宜悉心经理，秉公持正，联络各省股商，逐渐推广，随时与朱守及商董等和衷妥筹，务期众商信服，规模远久。其朱守上年借领练饷制钱，即归该丞等公领，仍照原议交息。如须提用本钱，务即照章解缴，不得借词延欠，切切。此札。②

6月9日（五月十五日） 《申报》报道唐廷枢即将出任招商局总办消息，称李鸿章知人善任，认为唐氏阅历丰富，谙熟洋务，轮船招商局必大有可为。③

6月12日（五月十八日） 第二批30名留美幼童在黄胜率领下从上

① 郝延平：《十九世纪中国之买办》，哈佛大学出版社，1970，第140页。
② 《札候选同知唐丞廷枢》，胡政主编《招商局珍档》，第78~79页。
③ "招商轮船局向系朱君云甫办理，李爵相已改委唐君景星总办矣。按唐君阅历外务，洞悉西船运载法制，以此任属之，真可谓知人善任者也。想轮船公事，从此日见起色，其利益岂浅鲜哉。"参见《轮船总办有人》，《申报》1873年6月9日。

海启程赴美，① 其中香山籍幼童 12 名，包括唐廷枢举荐的族弟、日后成为清华学校首任校长的唐国安②。

6 月 19 日（五月二十五日） 德商载生洋行发布公告，指责轮船招商局背弃前约，不愿接受此前委托该公司在英国订购的"利运"轮船。③

6 月 25 日（六月初一日） 正式出任轮船招商局总办一职。④ 朱其昂改任会办，专管漕运。⑤

---

① 徐润：《徐愚斋自叙年谱》，第 19 页。

② 唐国安（1858 年 10 月 27 日~1913 年 8 月 22 日），字国禄，号介臣，生于广东省香山县恭常都鸡拍村（今珠海市唐家湾镇鸡山村），和唐廷枢同辈分，近代著名外交家、教育家。幼时在家乡读私塾，1873 年，经唐廷枢推荐入选为第二批留美幼童，就读于耶鲁大学法律系，1881 年回国后曾到开平煤矿工作，后到上海圣约翰书院任主讲，并任寰球中国学生会会董。1907 年入京任外务部司员，参与中美"庚款办学"谈判，后任游美学务处会办。1909 年亲自护送第一批庚款留学生赴美。1911 年清华学堂成立后历任副监督、监督，1912 年 10 月担任清华学校第一任校长。

③ "本行前奉招商轮船局之命，在英国代伊特买轮船一艘，该船系暗轮之制，其名则为'利运'，既到上海，该局欲违前约，然其船已为验者所称适合于沿海往来之用，实为中国最好之船，乃该局犹迟迟乎交兑成买，故本行今拟为事所关者代卖与他客也。其船尺寸制度列如左：此船下水时为英本年正月，船身长二百三十一尺，阔二十九尺，货舱深十四尺九寸，中面至上面高七尺；机器系最新查之制，凝汽不用冷水，烫汽免涵湿气，其器亦双而直动者；舱内有装水铁箱，本以代压载石者，如货物多时，则将箱内之水放去，仍可装以货也；载力若装重货一千零三十二吨，则吃水十二尺七寸半，若载量货一千五百吨之数，则吃水十三尺六寸矣；驶海每点钟可走九个英语所谓'革纳'者；用煤每十二时十吨，即以勿儿士之煤所算者；船中面系铁所成，可居客三百余人。此船机器造以新法，水柜中所装淡水时久不变咸，可免水气积盐于汽管、水柜中之害也。此法甚精，自来至中国之各船皆未尝有者也。既有此制，则水柜较之他船，其更可垂久也必矣。凡知器用者，祈留意焉。'利运'轮船在英国验查各船公局名'来得士'局者验明，已得第一等执牌，其余代验船者所出验船之券，亦皆称其好，若欲查看，请来本行可也。"参见《为事所关者发卖轮船》，《申报》1873 年6 月 21 日。

④ "浦东烂泥渡官设轮船招商总局，节经本馆列入各前报中，起先系奉直督李中堂檄委本处之朱云甫太守经办，现在改委唐景星司马接手，前亦列报。兹定于六月初一日交替，届时官场必往道贺，自然热闹非常。并闻今唐划带银二十万两，前往行运，再有向在怡和洋行之南浔等四号轮船，并归此局云。若是则生意之广，何虑不兴矣。"参见《唐总办接替招商局日期》，《申报》1873 年 6 月 18 日。

⑤ "现派粤商唐丞廷枢作为商总，专办局事，并令分举各口董事，广为招劝。朱守原领练饷制钱，亦由该丞等认领，按年缴息。惟兑装漕粮，交涉两省公事，仍由朱守承办，各专责成，仍系合办一事也。"《复江苏苏松太道沈》，顾廷龙、戴逸主编《李鸿章全集》第30 卷，第 530 页。

《招商月刊》1932 年第 3 期首页刊登"本局第一任总办
唐廷枢先生遗像"

同日　《申报》刊文，报道轮船招商局与载生洋行已经谈判妥当，仍照前议接收"利运"轮船。①

7 月初（六月上旬）　主持建造轮船招商局新码头。据《申报》："招商轮船公局今拟于浦滩建造码头，自十六铺桥迤南，至大关码头为止，凡沙涨地面之未经升科者均系官地，故即以此为驳岸之基云。此事闻已定议，不日当兴工筑矣。"②

---

① "探得'利运'轮船别售一事，近已由招商局商议停妥，仍照前议成交矣。其中总机器各件大约均已验明，固与前议之样式制度不为不同也。夫轮船购之西国，原为格外坚固、格外灵巧起见，则成交之先，殆不可不审之又审乎？亦可见承办者之精细矣。"参见《利运轮船闻已成交》，《申报》1873 年 6 月 25 日。

② 《招商局建造码头》，《申报》1873 年 7 月 8 日。

7月2日（六月初八日）　太古洋行经理老斯瓦尔①在写给合伙人斯科特的信中说："如果可能的话，我们应与怡和和谐地一起工作。"鉴于与旗昌、怡和在航运领域都存在竞争，为避免四面树敌，太古刻意避开津沪航线，专攻长江航线，对怡和的方针是"小心翼翼地避免一切可能会引起怡和恼火的行动"。②

7月10日（六月十六日）　招商局"永宁"轮从上海驶向汉口，开始了长江航线上的首次航行。截至年底，招商局共拥有江海轮船 4 艘，总吨位 2319 吨，通过"永宁"轮和"洞庭"轮主营长江航线。③

7月29日（闰六月初六日）　李鸿章复函船政大臣沈葆桢，谈及招商局近期进展，肯定唐廷枢业务能力，"招致精习船务生意之粤人唐廷枢为坐局商总，两月间入股近百万，此局似可恢张"。④

同日　《申报》报道唐廷枢任总办一月间招商局各项进展以及开辟中日航线的规划。⑤

本月　派轮船招商局汉口分局商董刘绍宗⑥赴日本考察航运业务。

8月4日（闰六月十二日）　《申报》刊发时事评论长文《运煤说》，详论中国煤税征收之诸项弊端，建议在土煤开采之地和商埠码头之间

---

① 约翰·塞缪尔·斯瓦尔（John Samuel Swire, 1825－1898），英国商人，1872 年在英国伦敦注册成立太古洋行，主要在华经营棉花及蔗糖，后拓展至航运业，曾与旗昌洋行争夺长江航线。

② 张仲礼、陈曾年、姚欣荣：《太古集团在旧中国》，上海人民出版社，1991，第 55 页。

③ 胡政主编《招商局船谱》，社会科学文献出版社，2015，第 25 页。

④ 《复沈中丞》，顾廷龙、戴逸主编《李鸿章全集》第 30 卷，第 547 页。

⑤ "闻招商轮船局现已赁定怡盛洋行旧基之房屋，方在修理，约半月竣工，即可迁居矣。查此局近殊盛旺，大异初创之时，上海银主多欲附入股份者，惟该局本银已足现用，计共银百万之数，分为一百股也。至日后复行添办轮船，或再行招银入股耳。盖由渐推广，由渐练习，实创始至妥之道也。前日发船至长崎、神户，盖拟在东洋、上海常川往来者也；其船名伊敦，惟颇费煤，较多用于他船，然长崎煤价甚廉，沿途随办，虽费而亦可甚省矣。此亦可见探远考微、细心办事之小效也。或疑秋时既有台湾之役，则国家必雇用此局之船，以供载运之繁，倘实有此事，则春夏运米、秋冬载兵，生业实莫盛于此焉。"参见《招商局情形》，《申报》1873 年 7 月 29 日。

⑥ 刘绍宗，广东香山人，曾为汉口琼记洋行买办，时为轮船招商局商董。其子刘学询在广州经营"闱姓"（一种赌博游戏），富甲一方，在广州、上海、杭州等地购置多处园林产业，曾资助孙中山革命。

修筑铁路，再安排招商局轮船转运销售，以此减少洋煤依赖，避免白银外流。

> （节选）此煤若行，不但开矿之人得利益也，即各项用煤之事无一不得便宜，而且有一利焉。吾闻招商轮船局之船往往由津门返沪，苦无回货，以致空载出洋者，若使此煤合用，则诸船之回沪者皆有煤可载矣。既不须常遣一船赴东洋以购煤，更不须使中国银日漏泄以利外国也。惟须造一火车单小铁路，而诸务毕举矣。况乎中国近日制造水师轮船日多一日，招商局公司轮船亦年胜一年，需煤必多，苟有可以开矿之处，总须开成，令商民运至上海，以成为中国自擅之利，不使大项之银日入于外国，惟恃在上者设法以图成耳。至于洋煤之税似乎太廉，似可少增；若不能增，而土煤之税亦似宜少减，以恤商耳。①

8月7日（闰六月十五日） 主持招商局迁至三马路（今汉口路）新址，官称轮船招商总局，于天津、牛庄、烟台、福州、厦门、广州、香港、汕头、宁波、镇江、九江、汉口以及外洋之长崎、横滨、神户、新加坡、槟榔屿、安南、吕宋等地陆续设立分局。②

8月8日（闰六月十六日） 艾小梅在汉口创办《昭文新报》。

8月29日（七月初七日） 致函盛宣怀，盼其参与主持招商局，并代徐润致意。时值七夕。

> 杏荪仁兄观察大人阁下：久违芝采，正切葵倾，兹奉惠函，备承关爱。辰维勋华懋著，动定增绥，为慰为颂。弟荷蒙宪恩委办斯

---

① 《运煤说》，《申报》1873年8月4日。
② 据招商局账略载：同治十二年（1873）除上海总局外，在以上19处陆续设立分局；光绪三年（1877）增设宜昌、芜湖、温州，及英界之士打、仰光、英贡、马的里士7处，共计26处。

事，窃忆此事阁下及弟与雨翁三人本有原议，后复不果。今弟与雨翁在此共事，所以日前台从赴津时，弟曾谆邀入股，蒙许缓商。然弟自维浅陋，招商一层尚可勉力从事，并得雨翁匡赞其间，或免陨越。第运漕一节，云翁既未在局，且恐其荣委荣补，弟与雨翁何增兼此重任，正深焦虑。兹闻爵相器重长才，有委会办局务之意，将来云翁即有他往，得阁下主持其间，弟等亦不致仔肩独任，闻信之后，不禁喜出望外，已与云翁会衔驰禀请示矣。把晤在即，一切细情容当面叙。专肃奉复，敬请勋安，诸维爱照，不具。愚小弟唐廷枢顿首。七夕。雨翁附笔致意，不另作复。①

同日　徐润致函盛宣怀，谈及轮船招商局改易局旗一事，"至于双鱼旗，现已改用黄红日月"。②

本月　"伊敦"轮首航日本神户、长崎，此为近代中国商船在国际航线上的第一次航行。

轮船招商局第一面局旗"黄底蓝双鱼"旗

（1）

---

① 《唐廷枢致盛宣怀函》，上海图书馆藏，档案号：SD074939。
② 《徐润致盛宣怀函》，陈旭麓、顾廷龙、汪熙主编《盛宣怀档案资料选辑之八·轮船招商局》，上海人民出版社，2002，第 7 页。

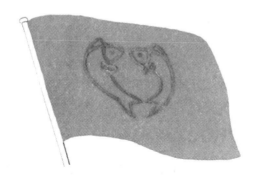

轮船招商局第二面局旗"红底蓝鱼"旗（1873 年 1 ~ 7 月）

（2）

轮船招商局第三面局旗"红底黄月"旗（1873 年 10 月至 1942 年）

（3）

本月　附股史柏丁的轮船"满洲号"[①]。

本月　呈李鸿章禀文，请檄委盛宣怀、徐润为轮船招商局会办。

　　敬禀者，窃奉宪台檄委卑府、卑职等办理轮船招商局务，遵经

---

① "'满洲号'是 1873 年 8 月向旗昌轮船公司买进的。史柏丁是这只船的注册船主，实际上他只拥有该船四分之一的股份，其余的四分之三为唐景星和当时旗昌洋行的一个合伙人 F. D. 席契（F. D. Hitch）所共有。由于唐景星支持史柏丁和他向'洞庭号'入股的动机之一，原是为了给旗昌轮船公司制造麻烦，所以席契会参加这样一项冒险事业，首先是令人惊奇和难解的。不过旗昌的董事更急于脱手'满洲号'的心情是人所共知的，为了把它卖掉，他们只把这只船作为往返上海、长崎之间的运煤船使用。"参见 Edward Kenneth Haviland，"American Steam Navigation in China 1845 – 1878，Part V," *The American Neptune*，1957，Vol. 17，No. 3，p. 218。

会同开办，并将历办情形，迭次禀报在案。兹查局务以漕运、招商揽载为二大端。其招揽事宜，卑职荷蒙委任，总当逐渐推广，次第开拓。然职在商总，各口分局，皆须亲自前往，妥为商办，未能常川在局。局中经理诸事，尚须请员会办，容俟随后禀请。而漕运一事，卑府需次浙省，每奉委办海运，恐未能随时在沪。日前曾经面禀宪台，查有候选道盛宣怀，人甚可靠，家道殷实，卑府等亦素识其人，可否仰恳恩慈，俯念卑府不克时常在沪，檄委该道来局会办，于承载漕运大宗，必有裨益，借资臂助，是否可行，理合禀请宪台，俯赐鉴核批示饬遵，实为公便。（夹单）敬再禀者，卑职办理招商揽载事宜，各口分局均须前往料理。而总局诸事，亦必得熟悉商情之人，暂付主持，以期无误。查有卑局商董四品衔候选郎中徐润，结实可靠，商情悦服。开办以来，得力颇多。合无仰恳宪恩，檄委该郎中会办局务，于招揽一切，必能集收广益。是否可行。公牍中未敢直陈，合肃再禀。①

本月 鬓角生一毒疮，经寓居上海的南京名医叶桐君以汤药调治痊愈。②

9月3日（七月十二日）《申报》援引上海西报消息，报道招商局购置房产、订购轮船事宜，"汉口琼记洋行房屋已卖与招商轮船公局，其价闻系银四万两云。又闻该局总办唐君景星又购成火船一艘名'永宁'者，其价亦系银四万，此船将在上海、长崎、神户一路往来也"。③

9月7日（七月十六日） 李鸿章批复《禀请檄委盛道宣怀会办由》，札委盛宣怀为招商局会办，令徐润前来天津晤面，嗣后再做任命决定。"该局甫经创办，头绪纷繁，据禀该守等均未能常川在局，自应添派妥员，前往会办。已另札委盛道宣怀赴局会办，所有该局运漕揽载及一切

① 聂宝璋编《中国近代航运史资料》第1辑（1840—1895）下册，第877页。
② 《新到明医》，《申报》1873年8月22日。
③ 《译西字新报》，《申报》1873年9月3日。

规画事宜，均应悉心商办，随时禀候核夺，仰即遵照。郎中徐润，闻颇熟悉商情，应令来津谒见后，再行核夺。"①

9月8日（七月十七日）　自上海赴苏州（江苏巡抚衙门驻地）述职。②

9月11日（七月二十日）　自苏州返回上海。③

9月12日（七月二十一日）　盛宣怀致函朱其昂，详陈采买及漕运事宜，表示接受入招商局任会办。

　　云甫三哥大人阁下：日前交亲兵赍上寸缄，谅登签掌。采买一折，据户部云南司言已拟驳。大意总以解部折色不敷采运本色之价，确难办理。因董大司农请假，尚未画稿，部事机密，准驳犹未可料也。湖北、江西自行采买径运一层，部中甚以为是。鄙论京仓若专赖江浙，万一江浙全荒，天庚正供何在？此语颇能动听。致欲图规复江楚漕运，须乘今届江浙报歉之岁先行试办。弟初又虑该省所收折价仅一两三、四钱，但能敷采买米价；径运水脚，何从筹措？特在户部详查，湖北省北漕正耗米十五万石有奇。今拟试办海运正耗米十万石，照此次中堂奏定，采办径运每石定数二两七、八钱，除照湖北减定折漕章程每石解正银一两三钱、耗银一钱三分外，实短银十三万七千两，即敷二两八钱之数。查湖北减漕原奏内有提存贴北漕兑银七万余两，又提存随漕浅船军士安家帮津资后等银十二万余两，本为将来兑运北漕而设。即令全办，十五万适敷采办径运定价。现在试办十万石，核计有盈无绌。江西漕有七十万之多，其新章一两三钱之外，亦有提存六钱，预留规复漕运地步。倘匀出全漕之提留，以补十万石之不足，核计亦有盈无绌。总之，在部中少解银一两三、四钱，便多得米一石，必无疑难。在江楚多运米一石，便少提留银一两三、四钱，恐不甚愿。既为不甚愿之事，中堂虽已

---

① 《批禀请檄委盛道宣怀会办由》，胡政主编《招商局珍档》，第89～90页。
② 《苏省抚辕事宜》，《申报》1873年9月16日。
③ 《苏省抚辕事宜》，《申报》1873年9月18日。

专函商办，仍虑空牍往还，转瞬即来不及。如派员前往，亦嫌著迹。适有湖北伍次荪太守引见回鄂，道出津门，似进谒节辕。弟深知次荪为人素谙大体，当胡文忠厘定漕章，次荪在文忠幕中，颇悉根底，现在鄂中，当道亦甚相倚重。可否请吾兄回明中堂，俟谒见时即嘱令到楚面禀筱帅，疏通各情。在他省必虑径运为难，吾兄似可将汉口由轮船运至上海，由上海运至天津，由天津驳至通州水脚约开大数，交次荪面呈筱帅，使湖北洞知海运之稳便，水脚之实数，只须伊省买米便可交代，或索性包与我处买米，亦听其便。得次荪前往开陈一番，当可早见眉目，楚成则江亦随之矣。想吾兄必以为然。特嘱次荪趋晤台端，俟吾兄上院请示后，再嘱进谒可也。昨阅手致翼兄函内知蒙兄与唐景翁禀请弟入局会办，议已定夺。弟一无所知，只可随同列名，未必于事实有裨益耳。弟八月十六即可出京，到津后便拟旋里。吾兄是否先返沪一行？赈项津钱万串承垫付，甚感，须加苏筹还也。肃此缕布，敬请勋安不一。弟宣怀顿首。七月二十一日。①

9月15日（七月二十四日）　福建船政大臣沈葆桢奏陈船政学堂学童训练情况，称在训各童，"其驾驶心细胆大者，则粤童张成、吕翰为之冠；其精于算法、量天尺之学者，则闽童刘步蟾、林泰曾、蒋超英为之冠"。② 福州船政学堂创办之初，唐廷枢曾奉命在香港挑选学童。据本年《教会新报》报道，"前福州船政局，招罗俊秀学习驶船事业，一时与选入局者三十余人，香港七人与焉，兹今学习有年，各有成艺"。③

① 《盛宣怀致朱其昂函》，吴伦霓霞、王尔敏编《盛宣怀实业函电稿》（上），中研院近代史研究所编印，2005，第 8~9 页。
② 中国史学会主编《洋务运动》（五），第 139 页。
③ 《船政局奖赏学习轮船人（选录香港中外新闻）》，《教会新报》第 255 期，1873 年 10 月 4日，第 7 页。

本月　主持轮船招商局沿黄浦江一带扩建仓库、码头。①

10月3日（八月十二日）　与徐润联名致函盛宣怀，告知与朱其昂交接局务以及添置资产事宜。②

　　杏荪仁兄大人阁下：八月初九日奉到七月二十七日自都复函，敬悉一切。前日奉爵相檄文，俯准局禀，札委执事会办局务，得符从前原约。以后诸事有所就政，同舟共济，何快如之。江北河运不能停止，其湖广、江西试运本色，深蒙大力维持。奉部议准，此间已奉行知，并蒙函禀爵相再致信各省，以冀必成，则局务更见生色矣。云甫兄于前月杪到沪，会晤数次，大帐曾经结算。局中又于本月初十日付过银一万两，照弟等算来，实已透付二万五千余两。兹将云甫兄应交及局中应收、应查以及划付、现付各款，另开清单附呈，执事阅后，必能知其底细，并非局中不肯再付，盖局务必须遇事公正，使有股众商无从借口，方得诸事扩充，固非弟等执拗也。望于爵相前婉为禀达。至华洋合置轮船附局经理一事。已奉宪驳。盖弟等本意并非如是，未蒙俯察。因又将本意所在及接办后局中大概情形，禀请陈道宪转禀爵相，如蒙邀准，于局务必有弥益。兹特将禀稿抄呈察阅，望将此层及禀中另叙各情，便中于爵相前曲为转禀是祷。润猥以轮材，在局裏办各事，已恐力有不及。兹荷爵相批饬赴津谒见，并蒙函嘱。润当于中秋节后二十左右赴津，行旌望缓发几日，以便一同进谒，面商一切。轮船一节，因在沪之船所看甚

---

① "沿浦二十五保七图地方，祥记码头新涨滩地，自云集码头起，朝南至老太平码头止一带，出浦涨滩，经招商局总办请归公department司，起造栈房、码头、业经丈勘，禀奉道宪批准，以为新涨滩地不论何人，可以承买，饬即报升缴价等因。现已由县移局缴价，不日即须择期兴造。惟是滩内毗连业户，闻得尚有龃龉，然涨滩而早不报升，即属匿税，况官地官买谅亦无以借口也。"参见《招商局沿浦造栈议已定》，《申报》1873年9月27日。
② 招商局人事改组后，奉李鸿章之命对全部资产进行核算，发现前期亏空多达4.2万两。局方提出应由朱其昂认赔，朱对此不服，并提交开支明细，为自己辩解。参见张后铨《招商局近代人物传》，社会科学文献出版社，2015，第53页。

多，皆难合用。若将就购成，将来时时修理，受累不浅。所以在外国觅得新造合式之船一号，计银二万四千磅，合价银八万余两，此船冬间可来，明年即可运载新漕；尚有一号未经酌定。局中大概近情已详叙致陈道宪禀中。此外一切，统俟润到津后面谈种种。先此奉复。敬请勋安。诸维亮詧，欲言不尽。小弟唐廷枢、徐润同顿首。八月十二日。①

随函附朱其昂所列招商局前期开支明细：

计开朱云甫兄来帐

一收奉发练饷制钱二十万千文。每扯一六零三，合规银十二万四千七百六十六两

一收天津股分五百五十股，库平银五万两。一零九六，申规银五万四千八百两

一收上海股分规银一千九百两。此项以各股不愿搭入，已经划还

共收规银十八万一千四百六十六两

一付上海置买栈房地基，规银二万三千四百五十两。一、付上海添造栈房码头，规银一万二千七十七两七钱七厘。两共三万五千五百二十七两七钱七厘。应付二万五千两

一付买"伊敦"船本，规银五万（零）三百九十七两。应付三万两

一付买"永清"船本，规银九万五千七百五十两。应付九万两

一付买"福星"船本，规银八万八千九百五十七两七钱。应付八万五千两

---

① 《唐廷枢、徐润致盛宣怀函》，陈旭麓、顾廷龙、汪熙主编《盛宣怀档案资料选辑之八·轮船招商局》，第 9~12 页。

一付麻袋船本，规银一万七千七百十二两六钱七分四厘，候点见再付。一、付麻袋成本，规银二千一百十四两七钱四分二厘，候点见再付。两共一万九千八百二十七两四钱一分六厘

一买叫庄货，规银二千三百九十三两三钱八分八厘，候点见再付

一付船主"伊敦"、"永清"、"利运"预借六月份辛工，规银一千一百七十五两三钱，候查明收到再付

一付置备什物，如中外纸笔帐簿一切等物，规银九百六十九两七钱四分六厘，候查见收到多少再算

一付奉发练饷钱扣息一万四千千文，每一六零三，规银八千七百三十三两六钱二分四厘，内除七个月应认规银四千七百〇三两七钱六分九厘外，实付银四千另三十两八钱五分五厘

一付装运钱箱赴沪水力、保险、扛力等项，除津贴二千千外，净付规银一千七百四十三两四钱六分九厘

一付置办生财家伙等件，规银一千六百三十七两八钱二分八厘，候查有无再付

一付"伊敦"添置生财，规银七百二十一两一钱四分六厘，候查有无再付

一付"永清"添置生财，规银一千一百九十二两八钱七分，候查有无再付

一付"福星"添置生财，规银五百七十三两八钱八分三厘，候查有无再付

一付"永清"修理，规银三千一百十三两六钱八分，并入船价内

一付"福星"修理，规银一千三百五十六两五钱九分，候查

一付"利运"垫付各手工食及修理木作工料等，规银二百三十两六钱三分，候查

一付"利运"垫付小工，规银五十两九钱五分二厘，候查明点见再付

一付置买芦蓆，规银一百七十五两二钱七分五厘，候查明点见再付

一付上海码头余地种树，规银四百四十六两六分七厘，并入码头内

一付上海码头开地挖泥，规银二十五两九钱二分五厘

一付领船库费，规银九百九十两

一付天津买地筑码头、造栈房，并买存木石灰砖等物，规银一万三千五百七十九两九钱二分四厘

一付买"利运"定价，规银二万一千二百两

一付置办密妥士洋房栈房地基码头，行平银二万五千一百五十两，一零六，申规银二万六千六百五十九两

一付天津局栈生财家伙，行平银一千另九十四两三钱五分，一零六，申规银一千一百六十两一分

一付芦蓆，照原本三百五十八两五分，对折作行平银一百七十九两二分，一零六，申规银一百八十九两七钱六分

一付装修，行平银七十九两一钱九分，一零六，申规银八十三两九钱四分

共付规银三十七万二千四十五两三钱一分九厘

除前收外，计垫付规银十九万五百七十九两三钱一分九厘。现收唐景翁交到规银十万九千七百二十一两三钱。除收尚垫付规银八万八百五十八两一分九厘；又还各股分规银一千九百两，又加麻袋成本规银二千一百十四两七钱四分二厘，共八万四千八百七十二两七钱六分一厘。现在点交见生财，照原价实行银七百五十四两八钱五分；现在点芦蓆一千领，应另作价。

10 月 7 日（八月十六日）　与徐润再次联名致函盛宣怀，就朱其昂改任会办负责漕运诸事，请托其居中转圜，维护局内团结；告之徐润应李鸿章召见，将于近日前往天津拜谒。

　　杏荪仁兄大人阁下：是月十二日，曾布一信，并禀稿帐单，想邀察入。帐目屡经面算，未能定局。弟等之意诚如前谕，将来漕运一切，总须仰仗云翁之力，情愿吃亏，不致有失和气，所以自云翁回沪以来，已付过银贰万两，云翁意中亦只须此数，其帐再结。至如何结算之法，俟弟润到津后，再与执事面谈种种。弟等因张振帅即日到沪，理应在此候见，定于二十日动身，决不更期。务祈台从稍缓启程，二十五、六必可抵津，以便同见爵相。因弟润初次进谒，一切须赖执事领袖，且尚有诸事奉商，万望宽留数日，勿即赴沪，是为感祷，专此奉布，余俟面叙，敬请勋安，统祈亮察不宣。愚弟唐廷枢、徐润顿首。八月十六。①

同日　与朱其昂联名呈李鸿章禀文，汇报招商局近期办理情形。

　　敬禀者，窃奉宪委办理轮船招商局务，遵将办理情形，随时禀报在案。伏查局务以添购轮船扩充生意为第一要着。自六月以来，股分渐集，即逐日留意轮船，均难合用。若将就购成，时须修理，非特停日甚多，修费重大，且难垂久。卑职廷（枢）接办后，即画船式，托人在外国访购新造之船。兹接来信，新船将已造成，颇为合式，计价二万四千磅（镑），合银八万余两。明年春初，必可抵沪，堪备漕运之用。理合禀乞、除禀请爵宪中堂赐题船名以利攸往除俟、并俟该船到沪后，将船身、丈尺、吨数、船价另案俱报外，再此外另有一船，尚未定见。合并声明，肃禀。②

10月18日（八月二十七日）　制定轮船招商局交易规则，刊发于当日《申报》，声明"凡本局轮船上总管大铁、大伙人等，如向各行铺定做器

　　① 《唐廷枢、徐润致盛宣怀函》，上海图书馆藏，档案号：SD073104。
　　② 聂宝璋编《中国近代航运史资料》第1辑（1840—1895）下册，第989页。

具，或买用杂物，如无本局字条，均归各本人自行清理，概与本局无涉"。①

10 月 22 日（九月初二日） 李鸿章札委徐润为轮船招商局会办。

　　照得前饬设局招商、试办轮船、分运漕粮、顺装各口客货，业经檄委朱道其昂、盛道宣怀、唐丞廷枢会办上海总局，并于天津、汉口、广东、香港等处，酌派商董经理各在案。现总局事务纷繁，必须添员会办。查有四品衔候选郎中徐润，熟悉商情，堪以饬派。合行札委，札到，该员即便遵照，常住总局，会同盛道、朱道、唐丞等，将运漕揽载及一切规画事宜，悉心商办，随时会禀核夺，毋负委任。仍将到局日期通报查考。等因。除札徐郎中润外，合行札饬。札到，该局即便遵照会商妥办。此札。②

　　同日 总理衙门与日斯巴尼亚（西班牙旧译）驻京大臣签署《古巴华工条款》，规定中国政府可派委员前往日国古巴查明华工情形，所查各事可以咨询外国驻古巴外交官员；两国预请英、美、法、俄、德五国驻京大臣，代为公平定断中国委员所查明古巴华工情形。

　　11 月 28 日（十月初九日） 招商局股东许仲烎致函盛宣怀。许氏在信中就朱其昂任上亏空 4.2 万两表达看法，认为由朱其昂单独赔付有失公允，建议朱其昂、唐廷枢各认一半。③

　　11 月 30 日（十月十一日） 朱其昂亦致函盛宣怀，就招商局前期亏

---

① 《交易须知》，《申报》1873 年 10 月 18 日。
② 胡政主编《招商局珍档》，第 98～99 页。
③ "局中前已付过云翁实银二万一千两，今遵相示办理，则前次云翁所取二万一千两，实在又将作何结算。且四万二千两空股票，朱、唐各认一半，唐景星又岂甘心。正在踌躇间，云翁今早又来局传述中堂面谕：四万二千股票均归云翁一人独认。官利二十万串，三厘利息及逐年余利，尽数弥补四万二千股票；弥补足后，三厘利及余利统归众商分得云云。似此办法，既于众商无碍，复于朱、唐两手无伤。中堂亲笔手书三纸，仿弟加封密寄，速办禀复，并面谕此信不准给朱道阅看。相国妙算无遗，实令人钦佩万状。祈执事与徐雨兄速为照办，是所要要。"《许仲烎致盛宣怀函》，陈旭麓、顾廷龙、汪熙主编《盛宣怀档案资料选辑之八·轮船招商局》，第 12～14 页。

空 4.2 万两缘由进行说明，剖明心迹。①

　　12 月 7 日（十月十八日）　朱其昂再次就前期亏空事致函盛宣怀。②对李鸿章体恤下情深为感激。③

　　12 月 12 日（十月二十三日）　李鸿章密函轮船招商局，认为从国外购置轮船费用过于昂贵，建议租用福州船政局自造船只；对唐廷枢计划赴福建考察一事甚为重视，指示宜禀报沈葆桢并做妥善安排。

　　杏苏仁弟世大人、景星尊兄、灵甫尊兄阁下：

① "杏生仁兄大人阁下：前昨叠接手书，只以甫行到省，公私粟六，未及裁答为歉，辰维诸大吉羊为祝。禀请添拨苏漕，已经院批令处，又经阁下备文咨请，声明采办一项与沙船无涉，具征周到。浙省起运交仓漕白米数，核较上年不及十分之七，商局几乎减派。弟一再禀请，竟许照旧，且可添派一、二万石，其中情节容再晤谈，惟外面幸勿声言，恐惹宁船晓舌。局中栈房麻袋、轮船，望转致景、雨翁早为预备，开春即须赶先运津，是所至祷。所有折价四万二千，承示禀稿，已仔细阅过，但此事必须与家兄商酌，且其中尚有曲折，一时未能书行。来稿暂留弟处，容弟月底、月初到申带上，并须面商一切，再行上禀。总之，此事弟力量浅薄，惟景、雨翁谅之，并望善为筹划，俾彼此过得去，是则诸君之惠也，弟之□也非所敢望也。敢布腹心，临颖神驰，曷胜祷盼，余容面罄。专此，敬请勋安，统希台鉴。愚弟朱其昂顿首。阳月十一日。"《朱其昂致盛宣怀函》，陈旭麓、顾廷龙、汪熙主编《盛宣怀档案资料选辑之八·轮船招商局》，第 14 页。
② "杏苏仁兄大人阁下：握别芝仪，时殷苓溯，辰维勋祺纳吉，荩祉延绥，定符心颂。弟前月杪到津后业将一切面禀中堂，奉谕：'湖广省等漕粮既为数无多，而刻下京仓亦尚不缺米，似可毋庸入都，饬即在汉具禀延仓宪后即可回浙，部中如有咨文，日后自可举办'等因。弟即将经手事件料理清楚，禀辞南旋，于十六日清晨抵沪。所有弟与景翁核算折价四万二千一款，蒙中堂极为体恤，因弟已认亏款，无令再行赔累，奉谕拟在二十万生息内逐年弥补，亦不令景翁、雨翁有累。中堂已有亲笔函致阁下与景、雨翁矣。想长才硕划，自能善为调护，曲予周全，俾弟不至仍呼负负也。其余俟六舍弟来沪，当与阁下、景、雨翁面谈种切。惟六舍弟赋性率直，于谈论之间恐有过激，设或吐词未当，惟祈阁下与景翁诸君曲原为幸。弟因浙省屡次函催，亟须买棹回杭，拟于今晚即行起程。局务一切，想檠才综筹，定能日有起色，欣佩何如。匆匆书达，不尽欲言。敬请勋安，统希涵照，不一。愚弟朱其昂顿首。十八日。"《朱其昂致盛宣怀函》，陈旭麓、顾廷龙、汪熙主编《盛宣怀档案资料选辑之八·轮船招商局》，第 15～16 页。
③ 最终招商局前期亏空以李鸿章提出的"公私兼顾"的原则处理，即朱其昂承认亏损，但"无令再行赔累"，所欠的 4.2 万两在招商局所欠官款利息内"逐年弥补"。也就是说，招商局开局之初的营业亏损并未由朱其昂个人认赔，也没有让招商局吃亏，最终由官方承担了盈损责任。朱其昂在信中尤表感激："蒙中堂极为体恤。"这在一定程度上体现了官方在招商局创业初期承担经营风险的政策。参见张后铨《招商局近代人物传》，第 54 页。

密启者：顷准总署冬月二十日来函，以闽厂造船工竣，筹办善后事宜，议令递年添造两船，招商租领，以为修造养船地步，商询一切。兹将原函抄奉尊览。闽厂续造各船，招商局是否合用，能否租领；若由商局租领，运漕载货，较自赴外洋购买轮船，当更合算。前曾面商，一虑闽船装载少而费煤多，须拣择洋船新式，嘱其照造；一虑估价多，保险重，万一失事，商人包赔不起。鸿章前致沈幼帅函，已请其格外体恤，核减作价。此等皆必须妥人前往，面行筹议。景星秋间有赴闽之说，似未果行，即请执事熟商，酌定一人早日赴闽厂察勘，禀商沈帅，妥细定议，禀候核办。至租领闽厂现成之船，只求合用，可省造费。该厂既有学生上船帮同照应机器，不必专雇洋人，一切经费，亦稍撙节，以后修理，更易顺手。惟每年必定租领二船，资本粮货，能否应手，总期通盘筹画，日久不致另有窒碍为幸。专泐奉布，敬颂台祺。不具。李鸿章顿首。①

12 月 17 日（十月二十八日） 李鸿章复函盛宣怀，言及唐廷枢定购轮船一事，提醒应汲取朱其昂此前教训，对轮船性能多加核验。"景星定购'和众'轮船，能否言称其实，勿又如灵甫定办各船，不适于用。"②

本年 会同徐润等拟定轮船招商局规章，说明招商局创设目的、集股方式、机构架设、员董选举及账目审核等办法，计开 14 条。

轮船招商局规

一招股合资，置办轮船，起造码头栈房，为装运漕粮及揽载各口客货而设，其赀本以一百万两为率，先收五十万两，作为一千股，每股五百两，俟生意畅行，船只须加，或按股添赀，或另招新股，

---

① 《致上海轮船招商局》，顾廷龙、戴逸主编《李鸿章全集》第 30 卷，第 610 页。
② 《复上海轮船招商总局分发题补道盛》，顾廷龙、戴逸主编《李鸿章全集》第 30 卷，第 611 页。

届时再行集众商办。

一总局设立上海，名曰轮船招商总局，其各口为分局，如天津名曰轮船招商津局，其他仿此。除中土通商口岸之外，东洋、吕宋、安南、暹罗各国，将来均可体察生意情形，添设分局，以扩充之。

一选举董事，每百股举一商董，于众董之中推一总董，分派总局各局办事，以三年为期，期满之日，公议或请留或另举，仍由总局将各董职衔、姓名、年岁、籍贯开单禀请关宪转详大宪存查。

一商总为总局主政，以一二商董副之。如商总公出，令商董代理。其余商董分派各分局任事，仍归总局调度，商董者不称职，许商总禀请大宪裁撤，另行选举，商总倘不胜任，亦应由各董联名禀请更换。

一总局分局栈房司事人等，由商总商董挑选精明强干朴实老诚之人，查明来历，取具保结，方可任用，设有差池惟该董原保是问。其轮船之主大伙铁匠司事水手人等，归总局选用，仍须查明来历，取具保结，毋得徇情。

一总局分局逐日应办事宜，应照买卖常规办理，遇有紧要事件，有关局务以及更改定章，或添置船只与造码头栈房诸大端，须邀在股众人集议，择善而行，弗得偏执己见，擅动公款，致招物议。

一各分局银钱出入数目，按船逐次清厘，开列细账，连应解银两一并寄交总局核收，每届三个月结小总，一年汇结大总，造册刊印，分送在股诸人存查。平时在局收付诸账，任凭在股诸人，随时到局查阅。

一总局银钱，由商总会同商董，选择殷实钱庄存放生息，务宜格外留心，以免疏虞，倘有拖欠短缺，惟经手是问。

一本局专以轮船运漕载货取利，此外生意概不与闻，毋论商总董司事人等，均不准借口营私，任意侵挪，即薪水工食，各按定章，毋得逾越分文，亦不准丝毫挂宕，如有违规，一经察出，立即撤退，并向原保追偿。

一本国机器局如有商轮船发给本局领用，应当按船议租，如华商中有轮船托本局经管，照所得水脚每百两扣五两，以充局费，惟海运漕米，非本局在股船不装。

一本局刊立股分票取息手折，每股各收一纸，编列号数，填写姓名籍贯，并详注股份册以杜洋人借名，其股票息折由商总商董会同画押，盖用本局关防，以昭凭信，如有将股让出，必须先尽本局，如本局无人承受，方许卖与外人，一经售定即行到局注册，但不准让与洋人。设遇股票息折遗失，一面到总局挂号，一面刊入日报，庶使大众咸知，俟一月后准其觅保出结核对补发。

一本局各账，以每年六月底漕米运竣之后截止总结。凡有股份者定于八月初一日午刻到总局会议，所有官利余润，亦于是日分派，其有在股者或宦游他省，或经商别处，即将所给息折，或由总局或至分局核数派付，听随其便。

一股分人内或有年老归山，或因修短不测，其亲属人等欲将股票更换名号，必须先觅殷实之人赴局出具保结方准。

一将来生意畅旺，必须添购轮船增立栈房码头，除官利股息其余溢之项，公同会议酌量提留以充资本，若生意平常，毫无余溢可提，或按旧股多招二成，或另招新股二成，倘仍复清淡不敷缴费，势须停歇，邀集有股者会议，除官款缴清，按股派回。[①]

本年　拟定八条轮船招商章程，明确招商局内人事职责、经费使用、漕运交收、轮船保险及人才选用等具体办法。

奉宪核定轮船招商章程

一办事商董，拟请预先选定，以专责成也。商局设于上海，议交唐丞廷枢专管，作为商总，以专责成。再将股份较大之人公举入

---

① 胡政主编《招商局珍档》，第 103～114 页；参见胡政、李亚东点校《招商局创办之初（1873－1880）》，中国社会科学出版社，2010，第 6～8 页。

局，作为商董，协同办理。兹查有候选州同朱其莼、候选郎中徐润，均寓上海，拟为上海局商董，天津分栈则拟举宋缙为商董，汉口、香港、汕头三处皆将来轮船分赴揽载之区，拟举刘绍宗、陈树棠、范世尧三人充当商董，分管汉口、香港、汕头三处事务，俾期联络，以后如另有别口贸易，或遇附入股份较大者，再行酌量选充。

一轮船归商办理，拟请删去繁文，以归简易也。查商人践土食毛，为国赤子，本不敢于官商二字，稍存区别。惟事属商办，似宜俯照买卖常规，庶易遵守。兹局内既拟公举商董数人，协同商总料理，其余司事人等，必须认真选充，不得人浮于事，请免添派委员，并拟除去文案、书写、听差等名目，以节糜费。其进出银钱数目，每日有流水簿，每月有小结簿，每年有总结簿。局内商董司事，公同核算，若须申报，即照底簿录呈，请免造册报销，以省文牍。

一局内需用经费，拟酌定数目，以示限制也。事无撙节，断难经久。兹拟局内商总董事人等年中辛工饭食以及纸张杂用，拟于轮船运粮揽载水脚之内，每百两提出五两，以作局内前项经费。其栈内经费，则酌将耗米开支，船内经费则将所定船内月费开支，统俟年终核计，一年所得水脚银两，除每百两提去经费五两，又照各股本银每百提去利银十两之外，如有盈余，以八成摊归各股，作为溢利，以二成分与商总董事人等作为花红，以示鼓励。其分配花红之处，随时公同核议。

一兑漕交漕请分任以资熟手也。查交收漕粮向来朱守其昂，经理多年，情形熟悉。兹轮船运粮，所有在沪收米，在津交米各事，仍归朱守一手办理，拟将运粮所得水脚，每百两提出五两，专为朱守办公之用，似此交收粮米之事，系朱守其昂专司。而轮船各务，凡局内船内之事，系唐丞廷枢专司，各尽各职，庶免锣辖，而专责成。

一轮船应领中国牌照，旧新关完税，以免洋商借口也。查中国船只向归旧关完税，惟此时创办轮船若非统归新关，洋人定必借口。前经总理衙门议有轮船夹板章程，自应按照定章办理，赴本口监督衙门，请领牌照，遵用中国旗号，归新关按照洋商税则完税。

一栈房轮船均宜保险，以重资本也。栈房原为轮船利于装卸起见，客商货物，应由原人自行保险。惟所存漕粮，一时未能运峻，万一失火，关系非轻，应由商局向保险行保火险。至海面水险一层，保费较重，虽经入奏有案，并未奉准，应请仿照宁船定例，遇风沉没，准商局禀请豁免。至轮船船价甚巨，亦应保险，惟每年每船约需保费万金，决非长策。应请俟三年之后，将所得余银，除提利息花红外，另立一保险公款，自行保险，俟保险资本积有巨款，不但可保自船，即他船亦可兼保。一起两得，其利自溥。

一海运局交收漕粮，拟请仍照沙船向章办理，以免歧异也。查沙船领运漕粮，在上海则由沪局交米到船，及船抵天津，由津局收米过驳，是沙船只管运米之事，不管交米收米之事。今漕粮酌拨轮船领运，自应仍照沙船向章，凡漕粮在沪时，由沪局交至上海栈房码头，迨轮船抵津，则由津局在津栈房码头验收过驳，轮船专责亦系只管运米。倘粮米在船在栈未经海运局验收，遇有短缺，自应为轮船商局是问。至运粮水脚，以及耗米麻袋，并准免成税，均请仿照沙宁各船向章办理，俾示体恤。

一轮船宜选择能干之人，学习驾驶，以育人才；而免掣肘也。夫不精于针盘度线风潮水性者，不足以当船主大伙，不识机器水器者，不能管机器，此辈中土不多，即中土有可用之人，洋行亦不保险。开办之初，似应向保险洋行雇用外洋人船主大伙等项三五人，应派能干华人副之，俾可留心学习。将来学有成功，商船所提保险资本，又积有巨款，则可全用华人驾驶矣。①

本年　为承运漕米运输，招商局年初从浙江拨借"伏波"轮。
本年　太古轮船公司承运货物已占整个长江货运总量的一半。

---

① 胡政、李亚东点校《招商局创办之初（1873－1880）》，第 3～5 页。

大事记

外白渡桥落成　6月初，上海公共租界工部局经由纳税人会议批准，决定于苏州河上修建一座新桥，预定于9月建成开放。[①] 修筑工程由耶松船厂[②]承建。8月2日，新桥建成，共计耗银18513两。此前，苏州河上有一座修筑于1856年的韦尔斯桥。怡和洋行经理人查尔斯·韦尔斯伙同宝顺洋行、兆丰洋行等20多名英美商人筹资成立苏州河桥梁公司（Soochow Creek Bridge Company），并于年底建成一座以其姓氏命名的纯木结构桥梁，即韦尔斯桥。韦尔斯桥大大方便了苏州河两岸美租界与英租界的来往，但因其为私人投资的营利性基建设施，过往行人须支付一定的过桥费，故而为上海民众所诟病。1870年后，该桥因年久失修成为一座危桥，工部局虽一再督促翻修，却屡遭苏州河桥梁公司漠视。工部局于是选址在韦尔斯桥西数米处修筑了这座新桥，同时拆除旧桥。因新桥不再收取过桥费，民众谓之"白"渡。外白渡桥落成后历经多次翻修。1906年，工部局决议将外白渡桥改建成一座纯钢结构的新式桥梁以适应电车通行。1908年1月20日，外白渡桥作为近代中国第一座全钢结构铆接桥梁建成通车。

《昭文新报》创办　8月8日（闰六月十六日），艾小梅在汉口创办《昭文新报》，初为日报，后改为五日刊，内容以奇闻逸事居多，间有诗词杂作，"仿香港、上海之式而作"。[③] 后因销路不畅，发行不到一年便停刊。该报被认为是中国人自办的最早的一份华文报纸，"我国民报之产

---

① 《苏州河桥》，《北华捷报》1873年6月7日。

② 耶松船厂，英商 S. C. 佛南（S. C. Farnham）于同治四年（1865）创办于上海，是上海最早的洋商经营的船舶修造厂之一，长期租用浦东两船坞公司的船舶，19世纪80年代能造2000吨汽船。1896年兼并和丰船厂，更名耶松船厂公司，后又与祥生船厂合并，改称耶松有限公司。

③ "汉镇创设《昭文新报》馆，盖亦仿香港、上海之式而作者也。今承该馆邮致十六日报，得窥压略，兼识例言，读之不胜雀跃。查新报之设，创于泰西，所以使下情能达，时事周知也。倘能于各行省及大都会之处，遍设此馆，则南北不至有风尚之殊，山泽不至有情事之隔，将来汇而存之。"《汉口创设昭文新报馆》，《申报》1873年8月13日。

生，当以同治十二年在汉口出版之《昭文新报》为最早"。① 《昭文新报》
的创办，改变了外国人垄断中国新闻事业的局面，标志着中国近代报刊
业的开始。

黑旗军纸桥大捷　第二次鸦片战争后，法国趁势扩大在中国西南边
疆的势力范围。1862 年攻占西贡，迫使越南割地赔款，开埠通商。此后
以越南为跳板向云南、广西等内陆腹地渗透。本年 4 月 6 日，广西巡抚刘
长佑上奏，称"越南之患，法国为最"，提出"合两粤之力，宽以数年之
期，步步设防，节节进剿，庶几夷可期复振，而他族不至生心"② 的应对
之策。9 月，法国殖民当局以越南政府禁止法商在红河通航为由，组织侵
略军以安邺③为统帅于 11 月 20 日攻占河内，12 月 5 日攻占宁平，10 日
攻占南定。越南阮朝嗣德帝阮福时④急请驻扎在胜保的刘永福黑旗军前往
助战。刘永福遂调集 2000 多人赶赴河内城外 10 里处扎营。12 月 21 日上
午，安邺率领法军前来挑战，黑旗军与之在安决社的纸桥展开激战，刘
永福指挥得当，黑旗军将士士气高昂，法军溃不成军，向河内西城门败
退。黑旗军乘胜追击，在河内城根下击毙安邺及其麾下高级军官数十人，
缴获枪械数百支。战后，越王阮福时授予刘永福"三宣副提督"衔，以
表彰黑旗军功勋。

英国解散东印度公司　5 月 15 日，英国国会通过《东印度公司股息
救赎法案》，宣布解散东印度公司，法案自明年元旦起正式生效。运营

---

① 王韬：《倡设日报小引》，《循环日报》1874 年 2 月 6 日。
② 龙继栋编《刘武慎公遗书·奏稿》第 16 卷，台北：文海出版社，1967，第 14 页上。
③ 马利·约瑟夫·弗朗西斯·安邺（Marie Joseph Francis Garnier，1839 年 7 月 25 日～1873
　年 12 月 21 日），又译晃西士加尼或加尔尼埃，法国海军军官、探险家。生于法国军官家
　庭。早年进入布雷斯特海军学校，1860 年参加第二次鸦片战争。1861 年赴越南西贡参加
　志和战役。1862 年任法国在交趾支那的殖民政府西贡监察安境事务都司。1863 年任堤岸
　市长。1873 年在纸桥战役中阵亡。
④ 阮福时（1829 年 9 月 22 日～1883 年 7 月 19 日），越南阮朝第 4 任皇帝，1847～1883 年在
　位，年号嗣德。原名阮福洪任，是宪祖绍治帝阮福暶的儿子。嗣德帝在位期间强化了对
　天主教的镇压，拒绝与法国拿破仑三世的来使交涉。自 1859 年起，法国以保护传教士和
　天主教徒的名义，入侵并占领嘉定省、边和省、定祥省、永隆省，越南南方沦为法国殖
　民地。

274 年之久的英国东印度公司自此走入历史。东印度公司（East India Company，EIC）通称为不列颠东印度公司，创立于 1600 年，最初的名称是伦敦商人在东印度贸易的公司（The Company of Merchants of London Trading into the East Indies）。当年 12 月 31 日，英国女王伊丽莎白一世授予该公司皇家特许状，给予其垄断印度贸易的特权。此后的两百年间，东印度公司从一个商业贸易企业逐步演变成印度的实际主宰者，并积极参与鸦片贸易和贩卖黑人奴隶的罪恶勾当，扮演了英国海外殖民扩张急先锋的角色。19 世纪初，英国工业资本急需拓展海外市场以倾销产品，与东印度公司的商业资本模式发生冲突，而后者又因连年发动侵略战争濒临经济崩溃，不得不向英国国会乞求帮助。1813 年，国会出台保障工业资本家权益的《印度贸易垄断废止法》，东印度公司失去在印度垄断贸易的权力。1857～1858 年，印度爆发反抗英国殖民统治和争取民族独立的民族大起义，英国政府将其归结于东印度公司统治不力。1858 年 8 月，国会通过《印度统治法案》，印度归属英王直接统治。随后，东印度公司将其在印度的财产逐步移交给政府，公司仅帮助政府从事茶叶贸易，直至最后被彻底解散。

世界经济危机爆发 5 月 9 日，维也纳债券交易所内股票暴跌，接踵而至的是信用全面瘫痪和有价证券交易中止。维也纳交易所危机成为引发资本主义世界金融市场动荡的导火索。9 月 13 日，美国纽约证券交易所同样发生了股票暴跌事件，即"黑色星期五"。这次经济危机爆发之前，德国在普法战争中获得了巨额的战争赔款，促进了德国的投资高潮和投机狂热，成为经济危机的一大诱因。美国南北战争结束后，扫除了南部奴隶制障碍，掀起了铁路建筑的高潮，致使冶金业、煤炭业和石油业等的过度发展。经济危机在德国和美国爆发后，迅速波及英国、法国等主要资本主义国家，形成了世界性经济危机。此次危机直到 1879 年结束，是 19 世纪资本主义世界遭遇的最严重的一次危机，标志着资本主义从自由竞争阶段过渡到垄断资本主义亦即帝国主义阶段。

澳门科技大学举办"香山文化论坛"纪念唐廷枢190周年诞辰

2022 年是香山建县 870 周年、唐廷枢 190 周年诞辰、郑观应 180 周年诞辰。5 月 19 日，澳门科技大学、招商局集团、开滦（集团）有限责任公司、中国中车股份有限公司以线上线下、同步直播的方式在澳门联合举办"香山文化论坛 2022——纪念唐廷枢 190 周年诞辰暨'香山商帮与洋务运动'学术年会"。

中央人民政府驻澳门特别行政区联络办公室教育与青年工作部部长徐婷，澳门特区政府教育及青年发展局局长龚志明，文化局局长代表、澳门博物馆馆长卢可茵，中国银行澳门分行副行长蔡春彦，南光（集团）有限公司常务董事、副总经理宋晓冬，永利澳门有限公司副主席、执行董事以及永利关爱基金会主席陈志玲，美高梅总裁、首席战略及财务官冯小峰，珠光（集团）有限公司董事长黄智饶，澳门科技大学校监廖泽云，副校监兼校长李行伟，副校长唐嘉乐、谭广亨、姜志宏、庞川、邝应华、苏育洲，唐廷枢研究中心主任戴龙基，社会和文化研究所所长林广志等出席论坛。开滦（集团）有限责任公司党委书记、董事长苏科舜，中国中车股份有限公司副总裁马云双等领导出席论坛。

李行伟校长在致辞中表示，香山文化以其开放、务实、进取的特质在岭南文化中独树一帜。作为香山文化的杰出代表，唐廷枢直接参与和推动洋务运动发展，是中国近代工商业的开创者和奠基人，被誉为中国民族保险业之父、中国铁路机车之父、中国水泥工业之父、河北"唐山之父"。他与兄弟廷桂、廷庚等编著的《英语集全》被誉为"洋务运动的语言文本"。研究和发掘唐廷枢、郑观应的奋斗精神和"商战"经验，可以丰富澳门科技大学的教学和研究资源，而大数据、人工智能、人文社科等学科的融合发展，可以深化对唐廷枢、郑观应乃至香山、澳门历史文化的研究。澳门科技大学愿与国内外机构开展广泛合作，持续推进唐廷枢、郑观应以及澳门学研究，办好"香山文化论坛"，为"一国两制"新实践、粤港澳大湾区建设和澳门融入国家发展做出应有的贡献。

苏科舜董事长、马云双副总裁在致辞中表示，唐廷枢是开滦集团、中车集团的开创者和奠基人，他实业救国、敢为人先、任事担当、坚韧不拔、开放务实、至公无我的精神，永远值得我们学习、研究和传承。作为大型百年国企，将不忘初心，深入挖掘、大力弘扬"唐廷枢精神"，立足新时代、贯彻新理念、融入新格局，用世界眼光和中国智慧，筑牢百年基业，再创国企辉煌。

龚志明局长致辞时表示，教青局高度重视中国历史文化和澳门本土历史文化的研究与教学，认真落实《澳门特别行政区经济和社会发展第二个五年规划》，积极支持高等院校加强澳门建设"以中华文化为主流、多元文化共存的交流合作基地"的研究与实践。近代香山精英容闳、唐廷枢、郑观应、孙中山等与澳门关系密切，是"西学东渐、东学西传"的引领者，是爱国图强、民族振兴的践行者。澳门科技大学举办"香山文化论坛"，对整合文化资源、凝聚文化共识、建设"一基地"以及"人文湾区"具有积极意义。

林广志所长从史料整理、学术研究、人才培养和交流合作等方面介绍了澳门科技大学唐廷枢研究所取得的进展。他表示，唐廷枢、郑观应从澳门出发，走向世界，为中国近代化乃至现代化做出了重要贡献。开展唐廷枢、郑观应研究，是香山亦是澳门历史文化研究的任务，也是澳门史学界参与国家近代化历史叙述的必然路径，更是加强"爱国爱澳"教育、融入国家发展的重大课题。澳门科技大学唐廷枢研究中心自成立以来，先后策划出版《唐廷枢史料丛刊》、"唐家湾历史文化丛书"、《全球地图中的澳门——香山卷》、《唐廷枢研究》、《香山研究》、《澳门学》

等丛书和集刊。目前正在开展的项目包括《唐廷枢系年资料》《洋务运动大事编年》《唐廷枢年谱长编》等。开幕式中还播放了《唐廷枢——招商局集团的开拓者》《唐廷枢——开滦集团的开创者》《唐廷枢——中车集团的奠基人》纪念短片，并举行"'唐廷枢杯'中英双语演讲大赛"启动仪式，由澳门科技大学讲座教授汤开建、中国社会科学院近代史研究所研究员虞和平、澳门科技大学社会和文化研究所特聘教授张富强分别作了"通事、买办及行商：鸦片战争前活跃在广州对外贸易中的香山商人""唐廷枢与轮船招商局的命运转折——以招商局收购美商旗昌轮船公司为中心""香山商帮如何登上近代中国政商舞台——以唐廷枢、郑观应、徐润为例"的主题报告。

论坛由澳门基金会赞助，珠海市社会科学界联合会、中山市社会科学界联合会、澳门科技大学唐廷枢研究中心、珠海市唐廷枢历史文化研究中心、唐廷枢（唐景星）研究会作为协办机构，中国银行澳门分行、南光（集团）有限公司、珠光（集团）有限公司、珠海大横琴集团有限公司、澳门霍英东基金会、永利关爱基金会、美高梅、世界（澳门）唐氏宗亲联谊会作为支持单位，澳门广播电视股份有限公司、《澳门日报》、澳门莲花卫视传媒有限公司作为媒体支持单位。内地与澳门高校及历史文化社团等领导、嘉宾、学者，澳门科技大学校董、咨询委员会委员、师生等百余人出席论坛现场。

Contents

Monographs

Why Did the Xiangshan Comprador Gentry and Merchants Enter the Political and Commercial Stage of Modern China
—Take Tang Tingshu, Xu Run, Zheng Guanying as an Example

Zhang Fuqiang / 1

Abstract: The Westernization Movement was a "self-improvement movement" presided over by the Westernization Movement in the late Qing Dynasty from the 1960s to the 1990s. It started with the establishment of modern national military and civilian industries. Through the introduction and transformation of western advanced machinery and equipment and science and technology, it took "self-improvement" and "seeking wealth" as the call, promoted reform within the country and "strived for profit and power outside the country", so as to get rid of the plight of "poverty and weakness" bullied by Western powers as soon as possible and realize national rejuvenation and national prosperity. Meanwhile, Tang Tingshu, Xu Run, Zheng Guanying and other modern Xiangshan comprador gentry and businessmen groups were able to respond to the call of the state at the critical moment when the national interests and rights overflowed and the country urgently needed to set up enterprises and talents, firmly grasp the opportunities given by history, and quickly transform from compradors with sufficient capital and enterprise management experience among foreign-funded enterprises into the first batch of outstanding entrepreneurs, educators and Enlightenment thinkers in modern times who were brave in innovation. It is obviously influenced by very complicated factors such as international, domestic and personal factors that have successfully stepped onto the political and commercial stage of modern China and made fruitful contributions. In summary, it is mainly caused by the interweaving of three major factors such as "potential", "righteousness" and "benefit".

Keywords: Modern Comprador; National Entrepreneur; Three Heroes of the Steamship Merchants Bureau; Political and Business Modernize

An Attempt to Ascertain Reasons for the Abrupt End of Tang's Trip to Brazil *Jin Guoping* / 33

Abstract: Tang Tingshu's main task during his time running the China Merchants Steam Navigation Company was to develop markets. After setting up domestic routes, his sights were set on overseas. After opening up international routes in Asia, such as Nagasaki, Kobe, Singapore, Penang, Annam and Luzon, he opened up the San Francisco route in the United States in 1879, the British route in 1881, and in 1883, he visited Brazil himself, proposing to open up the China-Brazil route to transport Chinese workers to South America on board the ships of the China Merchants Steam Navigation Company. The strong opposition of the British government and the British and Foreign Anti-Slavery Society was the most important factor in the failure of Tang's trip to Brazil. The failure of Tang's visit to Brazil was not only a personal failure for him and the China Merchants Steam Navigation Company, but was in fact the result of a battle between Chinese capital and international capital, represented by Britain.

Keywords: Tang Tingshu; Visit to Brazil; China Merchants Steam Navigation Company; Chinese Coolie

The Language Text of the Westernization Movement

Abstract: English has been an important medium of communication between China and the West since modern times. Tang Tingshu learned English in Macao and Hong Kong when he was young, and later worked as a translator, co-editing *The Chinese and English Instructor* with his brothers Tang Tinggui and Tang Tinggeng. It based on mandarin and was a cultural reading book compatible with China and the West. It can also be described as a "pre-Chinese-English dictionary", which has a certain value in the history of Chinese-English lexicography and cultural exchange. Tang brothers' compilation of *The Chinese and English Instructor* and their support for modern English education in China contributed to the spread and popularization of Western knowledge in China and helped Chinese people to understand the Western world. Its publication and distribution provided a reference book for Westernization personnel to learn English, laid a language foundation for the Westernization Movement, and also spread the knowledge of Westernization, which was the language text of the Westernization Movement.

Keywords: Tang Tingshu; *The Chinese and English Instructor*; Westernization Movement; Cultural Exchange

Tang Tinggui, Leader of the Early Overseas Chinese in San Francisco

Abstract: Tang Tinggui (then named Tong Achick) as an early Chinese-American, was valued by American missionary William Speer for his English proficiency and excellent background of American social culture, to help him preach to the Chinese in San Francisco. During the period of its, Tang Tinggui translate California law *The Foreign Miners' License Tax Act* into Chinese, and act as an interpreter in Court of San Francisco, participated in maintaining Chinese rights and interests activities, and also organized a Cantonese Theatre "Hong Fook Tong" troupe to tour the United States to comfort Chinese and show Chinese culture, so as to be elected the head of "Yeung-wo Association", thus to provide more service for Chinese. Tang Tinggui organized Chinese to donate money to build Chinese church, participate in the Independence Day parade, received visiting American important figures, and actively coordinated the contradictions between Chinese and the local, integrated into American society, as well as actively displayed Chinese image. Tang Tinggui was outstanding and his contribution was obvious. Based on Tang Tinggui case study, it is worthy to understand the early status of contemporary Chinese, especially, to explore the history of economic and cultural exchanges between Chinese and American.

Keywords: Tang Tinggui (Tong Achick); Chinese in America; Yeung-wo Association; William Speer; Hong Hook Tong

A Review of the Relationship between Tang Tingshu and Zheng Guanying

Shao Jian / 77

Abstract: After the Opium War, a large number of Guangdong compradors went north to Shanghai, the largest port city in China at that time. With the advantages of being familiar with the Westernization Movement and abundant funds, they developed into a social group with considerable influence in a relatively short time. At the same time, they also had a lot of cooperation with the westernization officials and the gentry and merchants in Jiangsu and Zhejiang, and formed a relatively complex social relationship with each other. Tang Tingshu and Zheng Guanying, as representatives of the Guangdong compradors, came to Shanghai in the same year. In the long years since then, they have always maintained a deep friendship and good personal friendship, which is not easy. This paper focuses on the communication, cooperation and investment between Tang and Zheng, explains the evolution of their relationship, and then reveals the main reasons why this relationship can be maintained.

Keywords: Tang Tingshu; Zheng Guanying; Guangdong Compradors; Shanghai

Several Discoveries Concerning Tong King Sing and His Native Fellows from *Nathan Papers* in Oxford University   *Yun Yan* / 93

Abstract: The Nathan Papers in the Bodleian Library of Oxford University covers the history of the Kailuan Coal Mines' operation in Chinese modern times since 1898. Although Tang Tingshu had already passed away before the *Nathan Papers* were produced, some of the archives still contain important information about Tang himself and his activities during his lifetime. Especially in the volumes concerning the proceedings of the case of *Chang Yen Mao v. C. A. Moreing and others* in the High Court of London in 1905, some details of Tang's death in 1892 and the operation of the Chinese Engineering and Mining Company (as "Kaiping Kuang Wu Ju" in Chinese, a predecessor of the Kailuan Coal Mines) in the last few years of his tenure were discovered, providing new evidence of his personal state and situation before his death. In addition, some names frequently appearing in the archives such as Chen Oi Ting who served as Resident Manager during the period of 1892 – 1898 and Woo Shuit Sam and Kwong Yung Kwang as colliery viewers in the 1890s, proved to be Cantonese and all employed since Tang's tenure, which shows an enduring and steady influence of Cantonese network even after Tang's death. Thus in spite of the fact that Cantonese compradors gradually lost their highest posts in the 1890s, we can also find the visible existence of Cantonese capital and corresponding human resources in this business. On the other hand however, such visibility should not be exaggerated, after all, the Cantonese element has been weakened in the meanwhile. Those discoveries help to the understand the characteristics and the development trajectories of large collieries in the early industrialization practice in Chinese modern times.

Keywords: *Nathan Papers*; Tang Tingshu; The Chinese Engineering and Mining Company

Immigrant Families in Xiangshan of Guangdong during the Modern Shanghai: Taking Yang Family of Nanguan as the Example

Ye Zhou / 110

Abstract: The opening of Shanghai Port symbolized that Shanghai had taken the lead in passing the threshold of the traditional rural society and developed into an international metropolis where China and the West encountered. With the increasing development of social economy in Shanghai, the immigrant obtained a rapid expansion. People from Xiangshan of Guangdong who were familiar with operation knowledge and English became the first group of compradors in Shanghai. They gradually formed commercial and social network by blood and geographical relationships. As migrants with the ties of lineage and countrymen, they accelerated the urbanization process of Shanghai and the formation of civil society and commercial society in Shanghai. This paper attempts to study how the family of Xiangshan immigrated to Shanghai with Yang of Nanguan as a case.

Keywords: Modern Shanghai; Guangdong Xiangshan; Emigrant Family; Yang Mei Nan; Butterfield & Swire Co.

A Research on Guangdong Staff of the Chinese Engineering and Mining Company in Nineteenth Century

Cai Jianzhong / 128

Abstract: With the advancement of the Westernization Movement, Cantonese people, represented by Tang Tingshu, founded the Chinese Engineering & Mining Company in Zhili Province. There were Guangdong management and technical personnel and a large number of Cantonese craftsmen who participated in this undertaking. Cantonese people accounted for a very high proportion in the initial stage of construction of the mine. The development of the Chinese Engineering & Mining Company and its related industries, decision-making, implementation, and promotion were all owned by Cantonese, including coal mining, coal river excavation, railway construction, farming companies, gold and silver mining, fleet formation and so on. Even in the formation of Tangshan, Cantonese people have exerted their ingenuity and contributed their strength. Many businessmen with Cantonese background brought stocks of the Chinese Engineering & Mining Company and injected capital to assist Tang Tingshu to develop his career, which played an important role in the success of the coal mine. In addition, Cantonese people had brought open ideology, advanced science and technology, modern management model, and unique regional culture. The role of these soft powers is no less than that of advanced machinery and equipment, and their influence even exceeded that of huge capital power. Under the combined effect of these factors, the Chinese Engineering & Mining Company was prosperous and the two cities of Tangshan and Qinhuangdao took advantage of the situation to flourish.

Keywords: Chinese Engineering and Mining Co. ; Cantonese; Li Hongzhang; Tang Tingshu

The Emergence and Practice of Chinese Business Ideology before and after the Sino-Japanese War

—A Discussion Centered on Chinese Newspapers and Periodicals in Singapore

Xia Jufu / 148

Abstract: Before and after the Sino-Japanese War, the economic ethos of the government and the folk showed signs of turning. The Westernization Movement developed from military affairs in the early stage to civilian enterprises in the later stage, and gradually changed from barbarian affairs to commercial affairs. Although it was a trivial difference, the difference was very significant. The former passively learned the level of objects from the West, while the latter actively learned the level of Western ideas from the inside. After the Qing government was defeated during the Sino-Japanese War, it caused great shocks from all walks of life inside and outside the Qing Government. The thinking of officials, businessmen, and gentry at all levels ushered in a rapid change, which accelerated the process of the transformation from Westernization to business. From the bottom to the top, after more than ten years of "infection" of business public opinion, Business Ideology gradually changed from the cognitive level to the practical level in the late Qing Dynasty. Based on these, from the perspective of "outsiders", by collecting the opinions of government and the opposition on business in Singapore Chinese newspapers and magazines, these paper further examined the Qing government sublation of the business propositions of the officials, businessmen and gentry, and reflected the similarities and differences between the government and the opposition and their changes in business cognition before and after the Sino-Japanese War, which showed that the Qing government attached great importance to public opinion and followed the trend, it still had its own business propositions.

Keywords: Late Qing Dynasty; Business Ideology; Singapore's Chinese Newspaper and Periodicals; Xiangshan Merchant

征稿启事

　　《唐廷枢研究》是澳门科技大学唐廷枢研究中心主办的学术集刊,由社会科学文献出版社公开出版。本刊秉持"务实求真、开拓创新"的理念,以唐廷枢、郑观应为代表的在中国近代化进程中有重要影响的人物群体,澳门与香山历史文化,澳门、香山与中国近代化等为主要研究领域。本刊宗旨是研究历史,服务现实,深入挖掘唐廷枢、郑观应等洋务运动代表人物及中国近代化历史人物的宝贵精神遗产,研究总结澳门、香山在中国史及全球史中的地位与作用,为国家建构与发展历史文化和弘扬民族精神、繁荣粤港澳大湾区文化做出应有贡献。本刊诚挚欢迎海内外专家学者惠赐佳作。

　　一、本刊接受简体中文稿件,字数以 10000~15000 字为宜。

　　二、稿件必须为首次发表且必须为原创,凡已公开发表,或违反学术规范存在抄袭、剽窃等问题的文章一律不予采用。如所发文章侵犯了他人著作权的,须由作者承担全部责任并赔偿一切损失。

　　三、来稿请直接通过电子邮件方式投寄,请勿一稿多投。作者若三个月内未接到获得采用的通知,可自行处理。不予采用的稿件本刊编辑部不再另行通知,也不做退稿处理。

　　四、编辑部有权对来稿做文字性修改或提出修改意见由作者修改。凡不同意者,请予以注明。

　　五、稿件一经采用,将向作者赠送当期刊物 2 册,并奉稿酬。

　　六、本刊整体版权归属编辑部所有。任何转载、翻译、出版等均须征得本刊编辑部的许可。

　　编辑部联系方式:

　　联系地址:澳门氹仔伟龙马路澳门科技大学社会和文化研究所《唐廷枢研究》编辑部

投稿邮箱：tks@ must. edu. mo（请注明投稿字样）

联系电话：（ +853）88972929

撰稿格式

稿件以 word 文档形式提交，如有图片，应同时以附件形式提供清晰度在 300dpi 以上的 jpg 格式的电子版。稿件内容应包含题名、摘要、关键词、作者的中英文姓名，以及最高学位、工作单位、职称、正文、注释等。全文（注释除外）采用小四号宋体，1.5 倍行距；注释采用五号宋体，1.15 倍行距。

一　题名

应简明、具体、确切，概括文章的要旨，必要时可加副标题。

二　作者信息

标题下面注明作者姓名，并使用 * 在脚注处注明作者个人信息，包括作者姓名、最高学历/学位、工作单位和主要研究方向。如：梁××，历史学博士，××大学教授，主要从事×××、×××等研究。

三　摘要

简洁精练，突出重点，字数为 300 ~ 500 字，使用第三人称对全文进行概括。

四　关键词

选取最能反映文章内容的术语 3 ~ 5 个。关键词之间使用分号隔开。

五　正文

（1）正文标题序号层级请参照以下：一　二　三……；（一）（二）（三）……；1. 2. 3.……；（1）（2）（3）……。一级标题汉字数字后不添加标点符号，空一格添加标题；二级和四级标题后紧接题文；三级标题阿拉伯数字后添加点号"."。

（2）重要引文另起段落的，引文第 1 行起首空 4 格，从第二行起，每行之首均空 2 格。引文首尾不加引号。

（3）数字用法：①公历世纪、年代、年、月、日用阿拉伯数字，如 19 世纪 60 年代、公元前 463 年、1628 年；②民国采用公元纪年，如 1922 年 12 月初；③表的顺序号、数据及计量单位均用阿拉伯数字；④非公历年、月、日使用汉字数字，中国朝代的年号及干支纪年后加括号用阿拉伯数字标出公元年份，公元前在年份前加"前"字，公元以后只标年份，如元封四年（前 107）、乾道六年（1170）。

（4）表格由表题（包括表序和表名）、表头（即栏目）、表身（即文字内容）、表注（资料来源）组成。

六　注释

注释一律采用脚注，并使用带圈自然数①、②、③、④……每页重新编号。正文中的注释序号统一置于包含引文的句子、词、词组或段落的标点符号之后。本刊注释采用"脚注－编号格式"，主要文献标注格式附后。

主要文献标注格式

一　中文文献

（1）专著

标注格式：×××（作者）：《×××》（书名）××（卷册），××××（出版社），×××（年份），第×页。

示例 1：金冲及：《二十世纪中国史纲》上册，社会科学文献出版社，2012，第 295 页。

示例 2：陈旭麓、顾廷龙、汪熙主编《盛宣怀档案资料》第 8 卷，上海人民出版社，2016，第 234 页。

（2）析出文献

①论文集、作品集及其他编辑作品

标注格式：×××（作者）：《××ד（篇名），×××（作者）《×××》：（书名），×××（出版社），×××（年份），第×页。

示例：李鸿章：《筹议制造轮船未可裁撤折》，顾廷龙、戴逸主编《李鸿章全集》第 5 卷，安徽教育出版社，2008，第 109 页。

②期刊

标注格式：×××（作者）：《×××》（文章名），《×××》（期刊名）×××（年）第×期，第×页。

示例：林建成：《论陕甘宁边区的历史地位》，《民国档案》1997 年第 3 期，第 8 ~ 10 页。

③报纸

标注格式：×××（作者）：《×××》（文章名），《×××》（报纸名）×××年×月×日，第×版。

示例：鲁佛民：《对边区司法工作的意见》，《解放日报》1941 年 11 月 15 日，第 3 版。

（3）转引文献

无法直接引用的文献，转引自他人著作时，须标明。

标注格式：×××（作者）：《×××》（书名或文章名），转引自×××（作者）《×××》（书名或文章名）××（卷册），×××（出版社），×××（年份），第×页。

示例：章太炎：《在长沙晨光学校演说》，转引自汤志钧《章太炎年谱长编》下册，中华书局，1979，第 823 页。

（4）未刊文献

①学位论文

标注格式：×××（作者）：《×××》（论文名），××（博士或硕士学位论文），××××（作者单位），×××（年份），第×页。

示例：陈默：《抗战时期国军》，博士学位论文，北京大学，2012，第134页。

②档案文献

标注格式：《×××》（档案名称）（×××）（档案形成时间），××（藏所），卷宗号或编号：×××。

示例：雷经天：《关于边区司法工作检查情形》（1943年9月3日），陕西省档案馆藏陕甘宁边区高等法院档案，档案号：15/149。

（5）古籍

①刻本

标注格式：×××（作者）编《××》（书名）××（卷册），××（版本），第×页。

示例：张金吾编《金文最》卷一一，光绪十七年江苏书局刻本，第18页b。

②影印本

标注格式：×××（作者）：《×××》（书名）××（卷册）《×××》（卷册名），×××（出版社），×××（出版时间），第×页。

示例：杨钟羲：《雪桥诗话续集》卷五上册，辽沈书社，1991年影印本，第61页下栏。

③地方志

示例1：民国《上海县续志》卷一《疆域》，第10页b。

示例2：同治《鄜县志》卷四《炎陵》，《中国地方志集成·湖南府县志辑》第18册，江苏古籍出版社，2002年影印本，第405页。

二 译著

标准格式：×××（作者）：《×××》（书名），×××（译者），×××（出版社），×××（年份），第×页。

示例：迪特·海因茨希：《中苏走向同盟的艰难历程》，张文武等译，新华出版社，2001，第76页。

三 外文文献

原则上使用该语种通行的征引标注方式。兹列举英文文献标注方式。

（1）专著

标注项目：作者，书名（斜体），出版地点：出版社，出版时间，页码。

示例：Randolph Quirk et al. , *A Comprehensive Grammar of the English Language*, New York：Longman Inc. , 1985, p. 1143.

引用三位以上作者时，通常只列出第一作者的姓名，其后使用"et al. "。

（2）译著

标注项目：作者，书名（斜体），译者，出版地点：出版者，出版时间，页码。

示例：M. Polo, *The Travels of Marco Polo*, trans. by William Marsden, Hertfordshire：Cumberland House, 1997, pp. 55 – 56.

（3）期刊

标注项目：作者，文章名（加引号），期刊名（斜体），卷册，出版时间，页码。

示例：Douglas D. Heckathorn, " Collective Sanctions and Compliance Norms：A Formal Theory of Group Mediate Social Control," *American Sociological Review*, Vol. 55, 1990, p. 370.

（4）学位论文

标注项目：责任者，论文标题（Ph. D. diss. /master's thesis，提交论文的学校，提交时间），页码。

示例：Adelaide Heyde, The Relationship between Self-esteem and the Oral Production of a Second Language（Ph. D. diss. , University of Michigan, 1979）, p. 32.

详细格式请参阅社会科学文献出版社《作者手册（2014 版）》第 22 ~ 29 页，https：//www. ssap. com. cn/upload/resources/file/2016/09/12/120283. pdf。

图书在版编目（CIP）数据

唐廷枢研究. 第 3 辑 / 林广志主编. -- 北京：社会
科学文献出版社，2023.4
ISBN 978 - 7 - 5228 - 1675 - 3

Ⅰ.①唐… Ⅱ.①林… Ⅲ.①唐廷枢（1832 - 1892）
- 人物研究 Ⅳ.①K825.38

中国国家版本馆 CIP 数据核字（2023）第 060650 号

唐廷枢研究（第 3 辑）

主　　编 / 林广志

出 版 人 / 王利民
组稿编辑 / 祝得彬
责任编辑 / 张　萍
文稿编辑 / 顾　萌
责任印制 / 王京美

出　　版 / 社会科学文献出版社·当代世界出版分社（010）59367004
　　　　　　地址：北京市北三环中路甲 29 号院华龙大厦　邮编：100029
　　　　　　网址：www. ssap. com. cn
发　　行 / 社会科学文献出版社（010）59367028
印　　装 / 三河市龙林印务有限公司

规　　格 / 开本：787mm × 1092mm　1/16
　　　　　　印张：14　字数：200 千字
版　　次 / 2023 年 4 月第 1 版　2023 年 4 月第 1 次印刷
书　　号 / ISBN 978 - 7 - 5228 - 1675 - 3
定　　价 / 98.00 元

读者服务电话：4008918866